바둑 新 사전 시리즈

궁도 및 맥점 형태를 간단, 명료하게 정리한 실전 종합사활사전!

종합사활사전

양재호 九단 해설

BM (주)도서출판 **성안당**

머리말

 사활문제는 크게 두 가지 유형으로 나누어 볼 수 있다. 하나는 궁도(宮圖)를 넓혀 살거나 궁도를 좁혀 잡는 것이고 다른 하나는 맥점과 급소를 이용해 살거나 잡거나 하는 것이다. 이 책에서는 편의상 앞의 것을 '궁도 사활', 뒤의 것을 '맥점 사활'이라고 표현했다.

 이 책보다 조금 앞서 나온 '공통사활'과 이번에 선을 보이는 '종합사활'은 말하자면 한 쌍을 이루는 것으로서 '사활집 자매'라고 할 수 있는데, 이미 눈치를 채셨겠지만, '공통사활'이 아우이고 '종합사활'이 형이다.

 아우인 '공통사활'은 수준으로 말하자면 초급부터 중급까지 정도이며(사활이 중급 수준도 모자라는 세칭 1급도 많음), 따라서 주로 실전적인 기본형을 대상으로 '궁도형'의 차원에서 다루어졌다. 한편 궁도 사활이란 순수한 궁도 차원에서의 사활을 의미하는 것이며, 따라서 사활과 연관지어 궁도의 속성을 이해할 필요가 있다. 이 책에서는 이것을 '죽음의 궁도'란 개념으로 표현했다. 궁도형이라고 해서 무조건 다 쉬운 것은 아니다. 궁도형도 범위를 넓히자면 한이 없는 것이고, 난해한 문제도 얼마든지 있다.

 맥이란 정석, 공방, 사활, 수상전, 끝내기 등 바둑 전반에 걸쳐 광범위하게 활용되는, 반드시 익혀 두어야 할 종합기술이다. 맥점에는 좁은 의미의 맥점이 있고, 넓은 의미의 맥점이 있다. 예컨대 건너붙임, 배붙임, 코붙임, 쌍립되는 곳, 제1선의 마늘모 등과 같이 이름이 붙어 있는 것들은 좁은 의미의 맥점이라고 할 수 있다. 그러나 바둑을 두다 보면, 이름이 붙어 있는 맥점들 말고도, 곤경을 멋지게 타개하거나 상대를 일거에 꼼짝못하게 만드는 수들을 허다히 보게 된다. 그런 수들이 바로 넓은 의미의 맥점인 것. 다시 말해서 우리가 흔히 묘수·기수(奇手)·귀수(鬼手) 등으로 부르는 그런 수들 전부가 넓은 의미의 맥점인 것이다. 따라서 맥점형 사활은 바둑의 기술적 부분 전반에 걸쳐 어느 정도 이해가 되어 있고 숙달이 되어 있다면 더욱 좋을 것이다. 궁도형보다는 주로 어렵고 복잡하지만, 그만큼 재미와 흥미도 더하다.

이번 '종합사활'에서는 궁도의 순수 개념적 차원에서 패턴을 분류하였고, 공통사활에서 다루지 못했던 난이도 높은 궁도형 실전사활과 더불어 맥의 수법 중 가장 실전적이고 사용 빈도수가 높은 사활을 선별하여 체계적으로 수록하였다.

사활의 기본 유형을 체계적으로 분류한 '공통사활'과 난이도 높은 응용 부분 및 맥사활의 실전 유형을 집대성한 '종합사활', 이 두 권을 기획하면서 우리는 한 가지 야심을 갖고 있었다. 초중급자나 아마 유단자 수준이냐를 막론하고 사활에 대해서만큼은 이제 어느 정도 자신을 갖게 되었다고 말할 수 있도록 한다는 것이었다. 공부하는 요령은 '공통사활'에서 '종합사활'로가 보통의 순서이지만, 책마다 특성이 있으므로 수준 및 필요에 따라서는 그 반대일 수도 있겠다. 그러면 사활의 다양한 맛을 음미한 후, 다시 기본부터 차근차근 정리하게 되는 셈이다. 첫 단추는 초급수준이므로 어느 책으로 먼저 시작하더라도 만나는 길은 결국 같을 수 밖에 없기 때문이다.

구체적으로 죽느냐, 사느냐에 봉착하기 전에, 장차 이 대마가 쫓길 것이냐, 쫓겨도 살아날 길은 있느냐 하는 것을 판단하고 확인하는 것도 넓은 의미에서는 사활 문제의 영역이라고 할 수 있다. 그러나 그것은 전문가 수준의 능력을 요구하는 사안이고, 아마추어로서는 죽느냐, 사느냐가 현실로 닥쳤을 때가 문제인 것인데, 그러한 때 손을 빼도 살아 있는 말에 가일수를 함으로써 상대에게 요처를 빼앗긴다거나, 확실히 살아두어야 할 장면에서 손을 뺐다가 봉변을 당하는 일은 비일비재하다. 최소한 그런 실수를 줄이는 것만으로도 승률은 높아질 것이며, 스스로 실력의 향상을 느끼는 즐거움을 누릴 수 있다.

이 책이 여러분의 친절한 길동무가 되어 기력향상의 즐거움에 일조를 하게 된다면 그 이상의 보람이 어디 있겠는가.

양재호

종합사활 新사전

종합7

종합8

종합9

종합10

제2부 맥점 사활 ······································· 242

종합11

종합12

종합 13

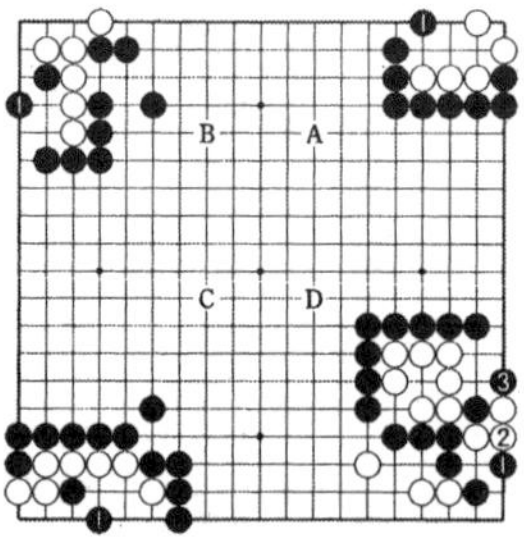

종합 14

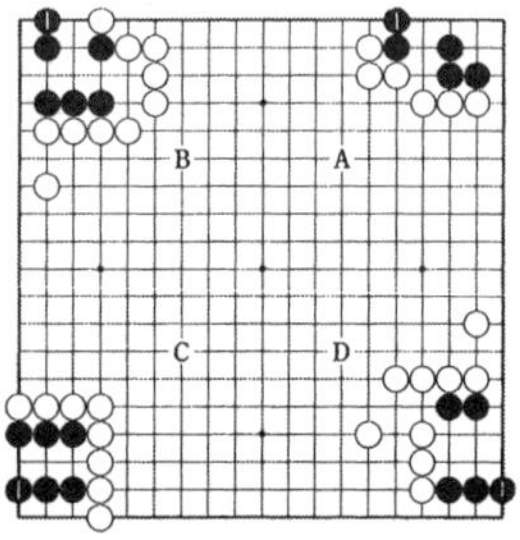

종합 15

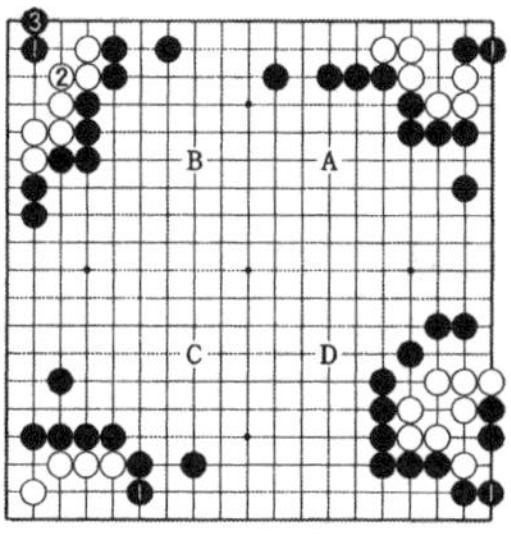

종합 16

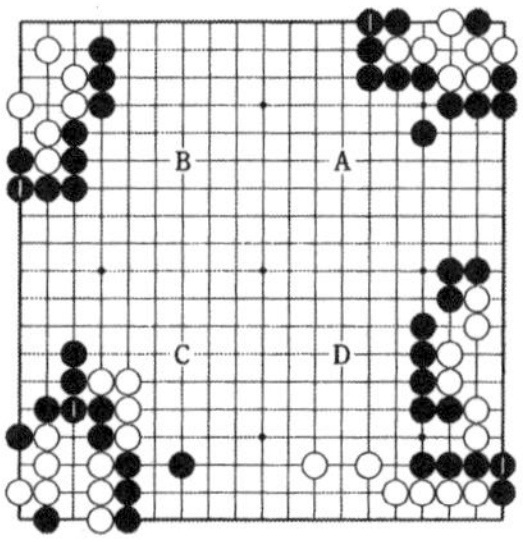

종합 17

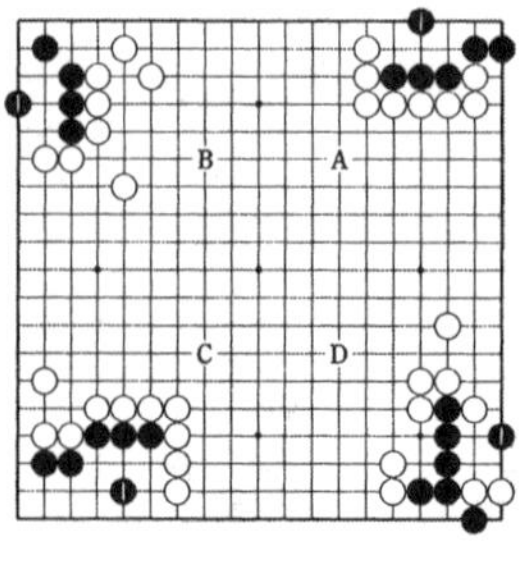

종합 18

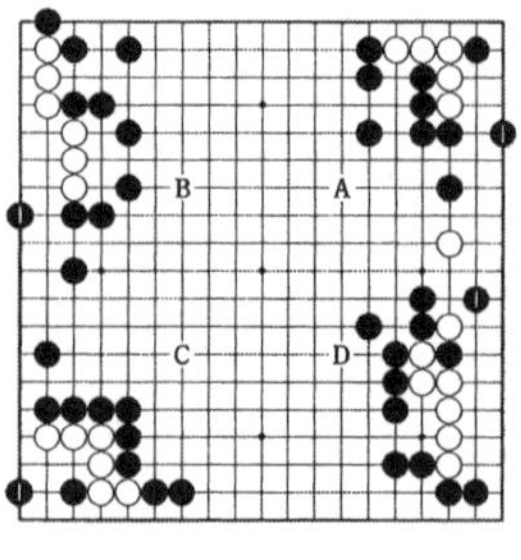

종합사활 新사전 차례

종합19

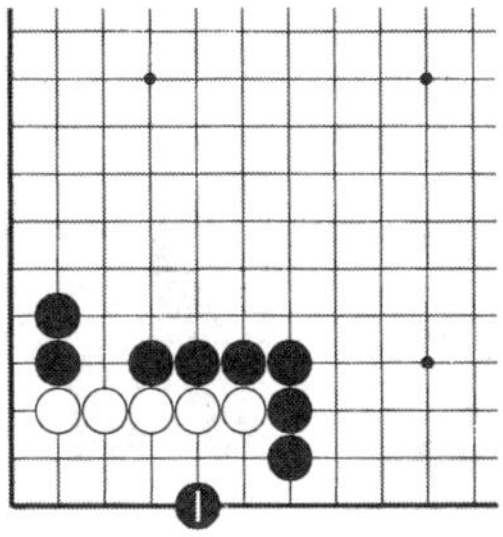

종합20

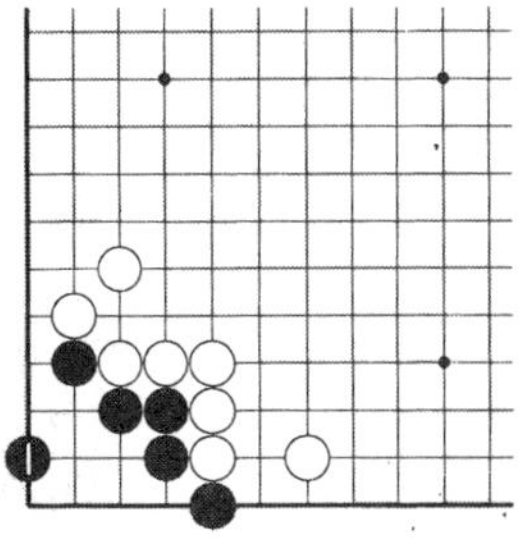

종합21

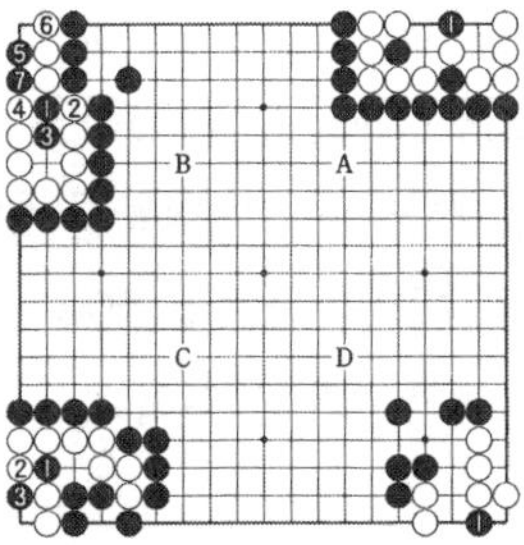

종합22

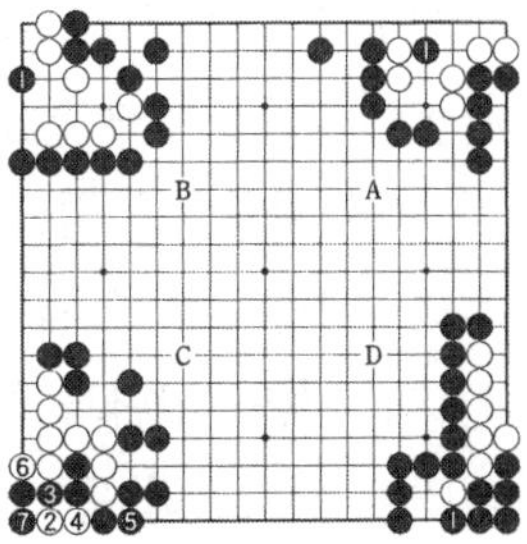

종합23

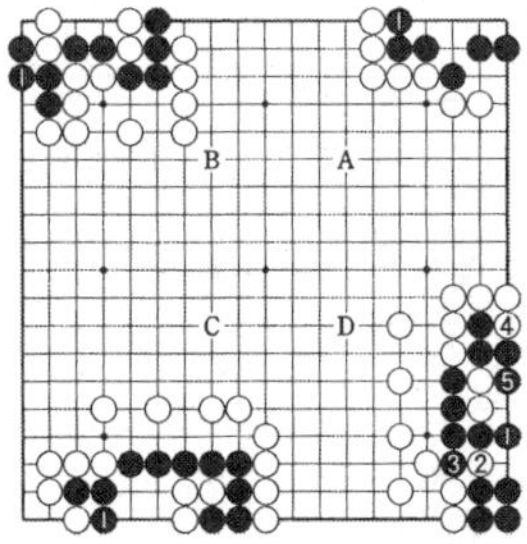

종합24

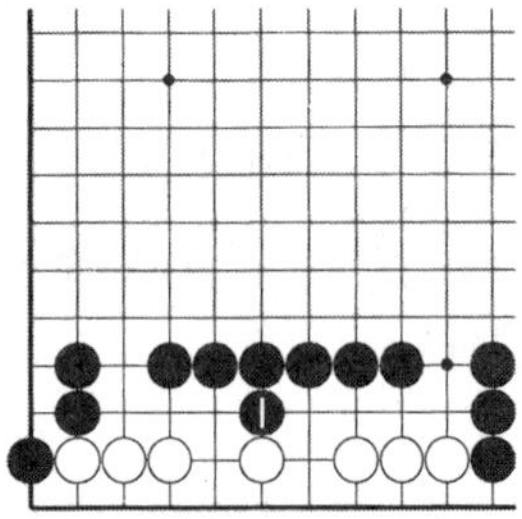

제1부

궁도 사활

❖ 4궁, 5궁, 6궁에서의 죽음의 궁도

오른쪽 전도 1~4 4개의 그림은 모두 죽음의 궁도이다.

전도 1의 A, B는 자체로 죽어 있는 4궁이며 C, D는 ×에 치중하면 죽는 4궁이다. 전도 2와 전도 3은 오궁도화(五宮桃花)라고 하는 죽음의 궁도로 역시 ×에 치중하면 죽는 5궁이며, 전도 4는 매화육궁(梅花六宮)이라고 하는 죽음의 궁도로, 이 그림도 ×에 치중하면 죽는 6궁이다. 바둑에서 죽음의 궁도는 이 4개의 그림과 전도 5의 귀곡사가 전부이며, 이 외에는 모두 삶의 궁도라고 생각하면 된다.

❖ 귀곡사에서의 죽음의 궁도

전도 5는 귀곡사(隅曲死 : 귀는 모퉁이라는 뜻을 가진 우리 말이다)라고 하는 특수한 모양인데, 한국과 일본의 룰에서만 죽음의 궁도로 규정하고 있다. 귀곡사는 A, B, C 3가지가 전부인데, D는 ×에 흑돌이 없을 뿐 사실상 A와 동일한 것이다. 바둑에서는 4~6궁의 5가지 모양(바보형·삿갓형·십자형·자동차형·매화형)과 더불어 귀곡사의 4가지 모양을 전부 죽음의 궁도라 부른다.

❖ 빅 및 변8·9궁에서의 죽음의 궁도

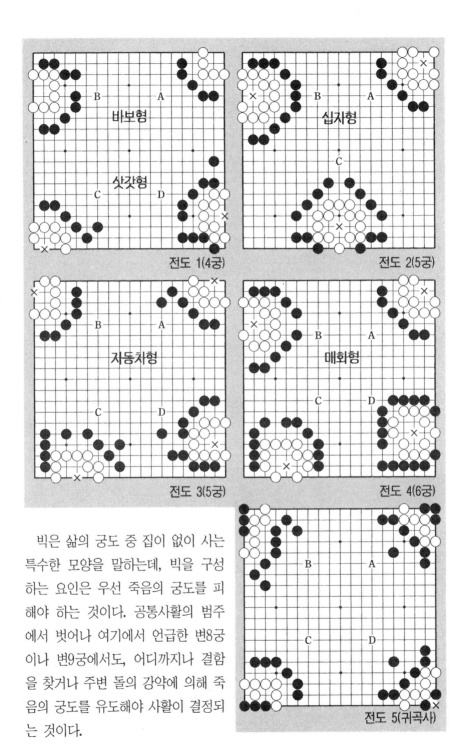

전도 1(4궁)

전도 2(5궁)

전도 3(5궁)

전도 4(6궁)

전도 5(귀곡사)

빅은 삶의 궁도 중 집이 없이 사는 특수한 모양을 말하는데, 빅을 구성하는 요인은 우선 죽음의 궁도를 피해야 하는 것이다. 공통사활의 범주에서 벗어나 여기에서 언급한 변8궁이나 변9궁에서도, 어디까지나 결함을 찾거나 주변 돌의 강약에 의해 죽음의 궁도를 유도해야 사활이 결정되는 것이다.

4궁(바보형)

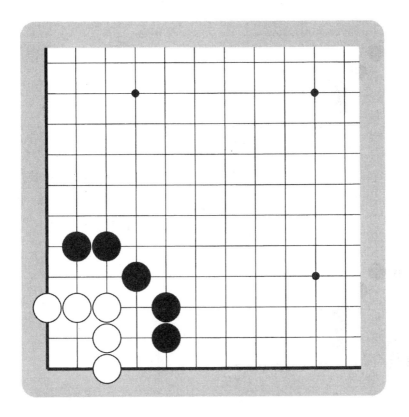

　이 모양은 가장 확실한 죽음의 궁도로서, 치중할 필요 없이 자체로 죽어 있는 모양이다. 바둑에 있어서 가장 대표적인 우형을 따낸 모양이라고 생각하면 될 것이다.

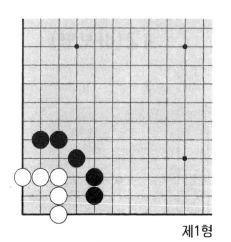

제1형

【제1형】

이 궁도가 만들어지는 가장 큰 원인은 우형의 대표적인 흑돌 4개를 잡았을 때이다. 그림으로 설명하자면 –

1도, 2도, 3도와 같이 흑1로 두면 백이 이 흑돌을 따내도 본형과 같은 죽음의 궁도가 되는 것이다.

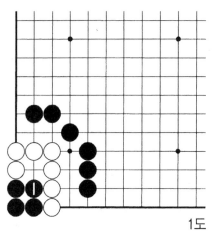

1도

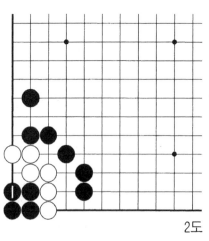

2도

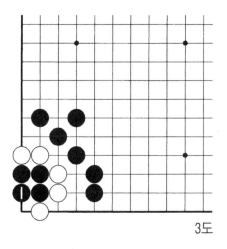

3도

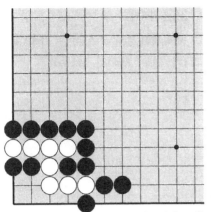

【제2형】

본형은 제1형과 같은 모양으로 유도하여 잡을 수 있는 응용형이다. 언뜻 보면 자충을 이용하여 달리 잡을 수도 있을 것 같지만 그때는 백에게도 끈질긴 저항수단이 있다.

제2형 (흑선)

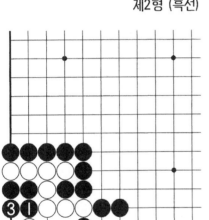

1도(정해)

1도(완전 자충)

본도의 수순은 너무 간단해 실전에서 오히려 보이지 않을 가능성이 있지만, 이 수순이 단 하나의 정해다. 백은 자충으로 a에 둘 수 없는 것이다.

2도(실격)

2도(자충처럼 보이지만)

본도가 기력이 높은 사람이 가장 범하기 쉬운 수순이다. 흑3 다음 백이 a에 둘 수 없어 이것으로 끝인 듯 보이지만 문제는 이제부터다. 계속해서 –

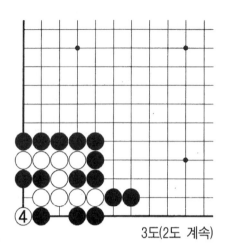

3도(귀수)

백에게는 4로 저항하는 귀수(鬼手)가 있는 것이다. 이후 —

3도(2도 계속)

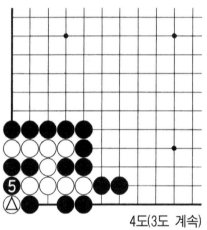

4도(수단의 여지)

흑5로 백 한점을 잡아야 할 때 백도 다시 흑 석점을 되따내는 수단의 여지가 생긴다. 이와 같은 필연적인 수순을 거쳐 —

⑥…ⓐ

4도(3도 계속)

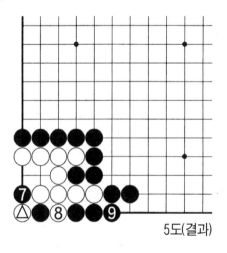

5도(패)

흑7로 백 한점을 다시 따낸 다음 백10까지 패가 되는 긴 수순이 숨어 있다.

⑩…ⓐ

5도(결과)

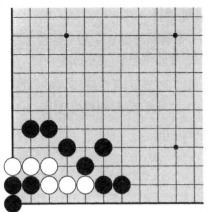

제3형 (흑선)

【제3형】

　본형에서도 죽음의 궁도를 만드는 요령은 우선 자기 돌을 우형으로 만드는 것이다.

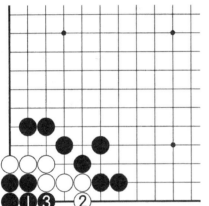

1도(정해)

1도(바보형)

　흑1이 바보4궁이나 오궁도화로 만드는 첫 수다. 백2라면 흑3으로 오궁도화로 만들 수 있고, 백이 흑3의 곳을 따내면 흑은 백2의 곳에 두어 바보4궁으로 잡을 수 있다.

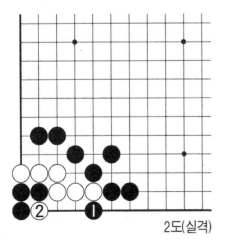

2도(실격)

2도(단순한 젖힘)

　단순히 흑1에 젖히는 것은 백2로 따내 간단히 산다.

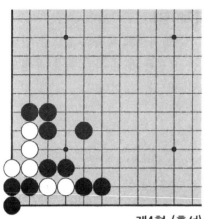

제4형 (흑선)

【제4형】

본형은 후반부에 나오는 후절수의 맥이 포함된 궁도 사활이다. 그러나 어쨌든 죽음의 궁도를 만들 수 있어야 다음 수단이 보일 것이다.

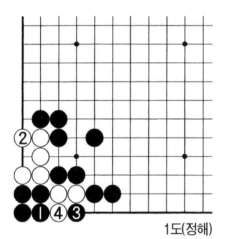

1도(정해)

1도(절대)

우선 흑1은 절대의 수다. 이 곳을 백에게 허락해서는 아무 것도 안 된다. 백이 2로 살았다고 생각하는 순간 흑3으로 몰아 백4로 잡게 한 다음-

2도(계속)

2도(후절수)

본도의 흑5·7로 되잡는 수순이 기다리고 있다. 이것이 후절수다.

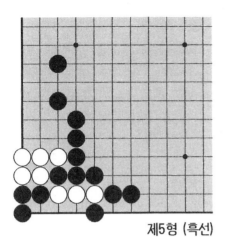

제5형 (흑선)

【제5형】

본형도 제4형의 후절수를 이용하는 문제인데, 수순이 길어 그 보다는 난이도가 훨씬 높다.

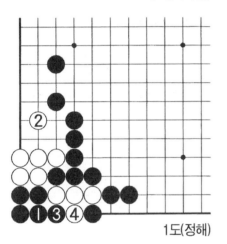

1도(정해)

1도(죽음의 궁도)

우선 흑1로 죽음의 궁도를 만드는 것이 절대다. 백2로 살았다고 생각하는 순간 흑3, 백4를 거쳐 –

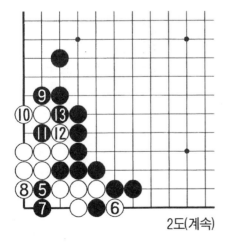

2도(계속)

2도(양자충)

흑5의 후절수를 이용한 수순으로 양자충을 만들어 잡을 수 있다. 이때 흑11은 수를 줄이는 맥이므로 알아 둘 것. 조심해야 할 것은 수순중 흑9로 –

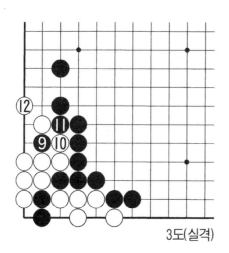

3도(실격)

3도(패)

흑9·11로 수순을 바꾸어도 마찬가지일 것 같지만, 이때 백에게는 백12라는 묘수가 숨어 있어 패가 될 수 있다는 것이다.

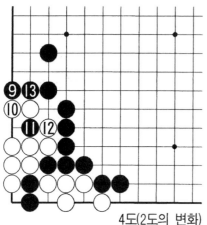

4도(2도의 변화)

4도(마찬가지)

2도 흑9로는 본도와 같은 수순으로도 마찬가지 양자충으로 백을 잡을 수 있다. 또 수순을 바꾸어 −

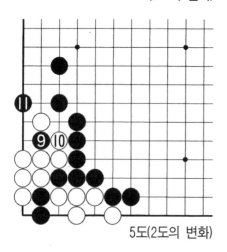

5도(2도의 변화)

5도(가능한 수순)

본도와 같은 수순도 가능하다. 아무튼 3도만 조심하면 된다.

4궁(삿갓형)

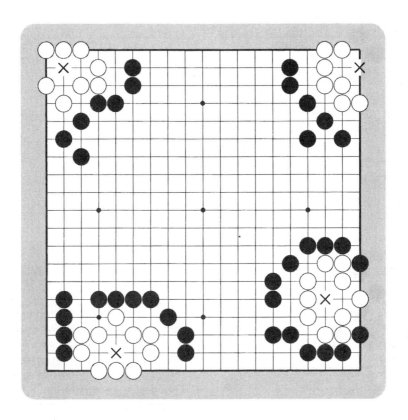

　　다음과 같은 4궁을 삿갓4궁이라고 하는데, 종합 1과
는 달리 ×의 곳에 치중을 필요로 하는 죽음의 궁도다.
또 종합 1보다는 실전에 훨씬 더 많이 나타난다.

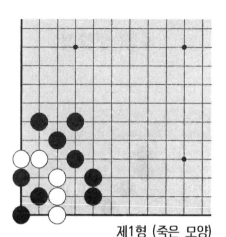

제1형 (죽은 모양)

【제1형】

삿갓4궁은 기본적으로 이와 같은 모양에서 출발한다고 생각하면 된다. 이러한 모양에서 —

1~2도(죽음의 4궁)

1도나 2도와 같이, 백1의 단수에 흑2로 이어 죽음의 4궁이 되는 것이다.

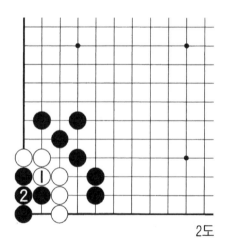

1도

2도

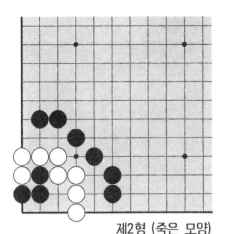

제2형 (죽은 모양)

【제2형】

귀에서는 이러한 모양이 나타나면 이 자체로 죽음의 4궁이라고 생각하면 된다. 그 이유는-

백이 1도나 2도처럼, 백1로 살려고 할 때 흑2에 두면 삿갓4궁으로 만들 수 있기 때문이다.

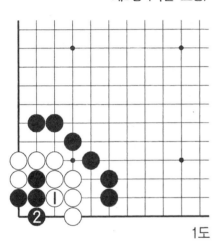

1도

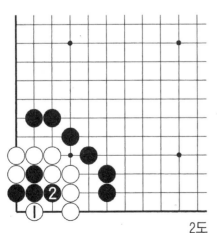

2도

<토막상식 2>

가장 좋은 바둑판

바둑판 중에서는 비자(榧子)나무로 만든 판을 으뜸으로 친다. 은행나무가 두 번째. 그러나 비자나무 바둑판은 요즘 구경하기가 어렵다. 나무 자체가 흔치 않기 때문이다.

좋은 바둑판의 조건은 색깔과 탄력성. 그리고 제작할 때의 기술적인 문제로 얼마나 오래 잘 건조한 나무로 만들었느냐 하는 것이다. 충분히 건조하지 않은 상태에서 만들면, 자칫 바둑판이 갈라지거나 휘는 경우가 있다.

색깔과 탄력성을 따지는 데에는 이유가 있다. 바둑은 한 판을 두더라도 보통 1시간 안팎 동안 계속 바둑판을 쳐다보아야 하며 100~150번은 바둑알을 바둑판 위에 놓아야 한다. 따라서 눈에 피로를 덜 주는 색깔이어야 한다. 그리고 바둑알을 바둑판 위에 올려놓는데, 소리 안 나게 살며시 올려놓는 경우는 드물다. 대부분은 두들기는 식이 될 수밖에 없다. 바둑판이 너무 딱딱하면 돌을 두들길 때 그 충격이 손가락이나 손목에 전해진다. 몸에 이로울 리가 없다.

비자나무 바둑판은 색깔이 노르스름하다. 오래 들여다보고 있어도 피로가 덜하다. 그리고 탄력이 좋아 충격이 적다. 비자판으로 한 판을 두고 나면 바둑판에 분화구 같은 자국이 수없이 생기는 것을 볼 수 있다. 바둑알을 두들긴 자국이 나는 것이다. 그만큼 탄력이 있다는 얘기다. 그 자국들은 물론 시간이 지나면 원래대로 돌아온다.

비자나무판은 간단히 말해 부르는 게 값이다. 수백만 원은 기본이고 수천만 원을 호가하며 심지어는 억대를 넘어서기도 한다. 게다가 뒷면에 유명 전문기사의 휘호라도 들어 있다면 가치는 급격히 올라가며 그것은 그대로 골동품적인 가치를 띠게 된다.

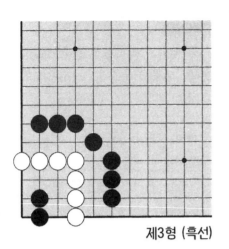

제3형 (흑선)

【제3형】

이 모양을 죽음의 4궁으로 만드는 급소는 단 한 곳이다.

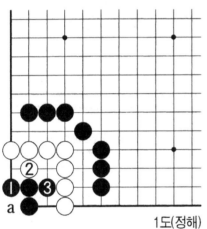

1도(정해)

1도(유일)

흑1에 두어 a에 눈을 만드는 것이 유일한 정해다. 백2에는 흑3에 두어 죽음의 4궁이 되는 것이다.

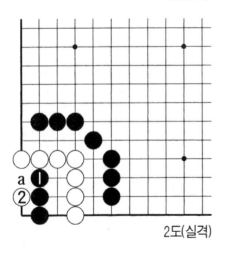

2도(실격)

2도(빅)

흑1에는 백2로 두어 산다. 이 모양은 흑이 계속 공격하더라도 매화6궁이 아닌 그냥 6궁이 되므로 (나중에 백a로 잇게 된다), 서로 공격이 불가능하므로 빅이 되어 산다.

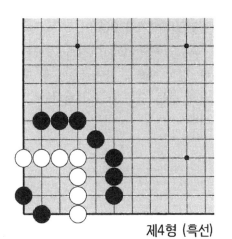

제4형 (흑선)

【제4형】

본형을 죽음의 4궁으로 만드는 방법은 제3형으로 유도하는 방법 외에도 두 가지가 더 있다.

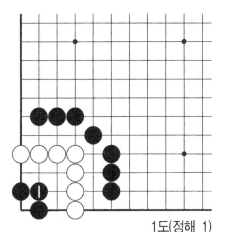

1도(정해 1)

1도(빈삼각)

우선 흑1의 빈삼각은 제3형으로 잡는 수단이지만, 이 외에도-

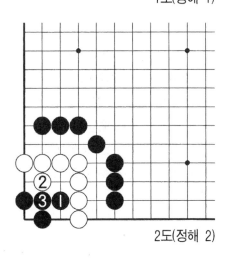

2도(정해 2)

2도(호구 모양)

흑1의 호구 모양을 만들어도 잡을 수 있다. 백2에는 흑3에 이으면 되기 때문이다. 또-

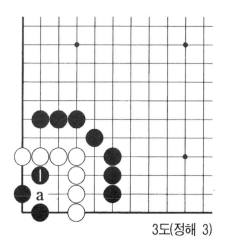

3도(정해 3)

3도(마찬가지 이치)

흑1도 마찬가지 이치로 가능하다. 결국 백으로 하여금 a에 둘 수 없게 하는 수는 모두 성립하는 것이다.

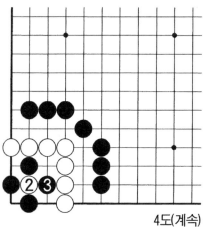

4도(계속)

4도(5궁도화)

계속해서 백이 억지로 2에 두는 것은 흑3으로 따내게 되어, 설령 백이 이 흑을 잡는다 해도 이번에는 죽음의 5궁도화다.

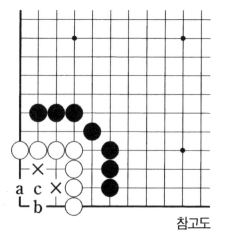

참고도

참고도(결론)

결론을 말하면 정방형의 9궁 속에 빵따냄의 모양이 있으면 무조건 죽음의 궁도가 되는 것이다. 따라서 귀의 9궁 속에 a, b의 2곳과 c나 c를 보호하는 ×의 2곳 중 한 곳을 차지하면 죽음의 궁도가 된다.

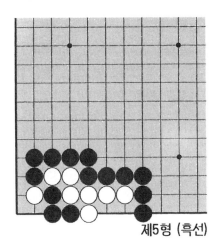

제5형 (흑선)

【제5형】

본형은 4궁의 모양을 이용하여 잡는 응용 문제다. 힌트는 자충을 이용하는 것이다.

1도(키워 죽임)

흑1은 키워 죽이는 수법으로, 바둑에서는 사활에 자주 이용되는 기술이다. 백2로 따낼 때-

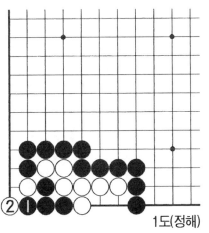

1도(정해)

2도(양자충)

흑3에 치중하고 백4 때 흑5로 끊으면 양자충이 된다.

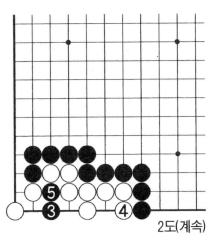

2도(계속)

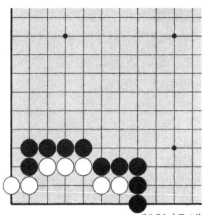

제6형 (흑선)

【제6형】

본형의 변화 속에는 제5형의 수단이 숨어 있다. 단 백이 패를 회피했을 때에 한해서다.

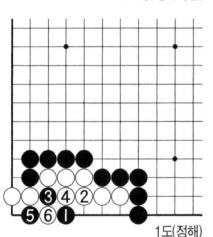

1도(정해)

1도(패)

흑1의 치중부터 백6까지의 수순이 정해로 결론은 패가 된다. 백2로 흑3의 곳에 두면 흑이 백2의 곳에 끊어 역시 패가 된다. 수순 중 백이 패를 피해 백6으로—

2도(사고)

본도 백6과 같이 두면 이때 제5형의 수단이 발생한다. 흑7로 잇고 백8로 따낼 때 흑9로 치중하는 것이 바로 그 수단이다.

❾…❼

2도(백의 실격)

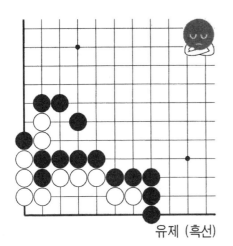

유제 (흑선)

[유제]

본 문제는 백이 1도의 수순을 밟았을 경우 패 없이 잡히게 된다는 것을 보여 주기 위해 게재했다. 과연 이 문제의 결과는?

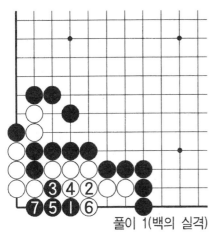

풀이 1(백의 실격)

풀이 1(백 죽음)

흑1의 치중 때 1도처럼 백2로 이으면 다음 백4 때 흑은 7로 패를 하지 않고 흑5로 이어 잡을 수 있는 것이다. 백6으로 단수할 수밖에 없을 때 흑7이면 양자충의 모양으로 몰고갈 수 있기 때문이다. 따라서 이 때는 백도 2로는-

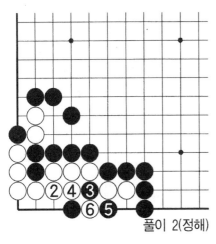

풀이 2(정해)

풀이 2(패)

본도 백2로 잇는 것이 올바르다. 이하 백6까지 패를 하는 것이 옳다.

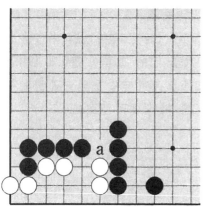

제7형 (흑선)

【제7형】

본형은 실전형으로 제6형 1도의 수단이 숨어 있다. a의 공배가 그 작용을 하는 것이다.

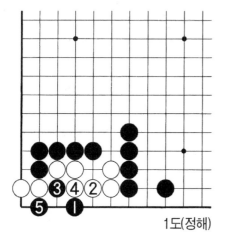

1도(정해)

1도(패)

흑1의 치중부터 5까지가 정확한 수순으로, 제6형의 1도로 유도하여 패를 낸다. 백이 주의해야 할 점은, 수순중 백4로 -

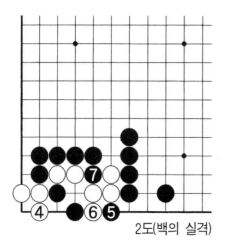

2도(백의 실격)

2도(조급)

본도 백4에 두어 삶을 서두르면 흑5로 젖힌 다음 7로 조이는 수순으로 죽는다는 것이다.

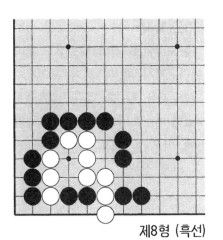

제8형 (흑선)

【제8형】

본형은 대부분의 묘수풀이에 기재된 궁도 사활 문제로 빅을 피하는 것이 요령이다.

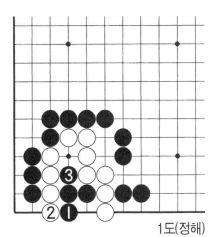

1도(정해)

1도(포인트)

흑1로 안에서 빈삼각을 만드는 것이 포인트로 이 곳을 놓치면 빅이 되어 산다. 흑3까지 삿갓4궁 모양으로 유도하여 백을 잡을 수 있다.

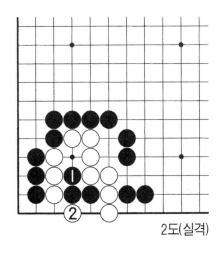

2도(실격)

2도(빅)

흑이 1의 자리에 먼저 두는 것은 무심코 범하기 쉬운 실수로, 백2에 의해 빅이 된다. 또 흑1로-

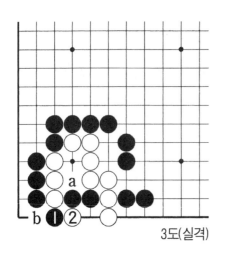

3도(실격)

3도(착각)

본도 흑1로 건너가는 것도 착각이다. 역시 백2의 곳이 포인트가 되는 것을 알 수 있다. 계속해서 흑a면 백b로 따내 빅으로 살고, 흑 b에 이으면 백a로 흑 두점을 잡고 크게 산다.

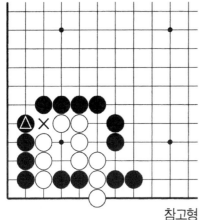

참고형

참고형

본형처럼 흑×대신 흑⚫에 있어도 요령은 마찬가지다. 또 ×에 백돌이 있어도 오궁도화가 되는 결과만 다를 뿐 같은 급소에 의해 죽는 것은 마찬가지다.

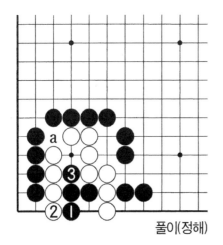

풀이(정해)

풀이(같은 급소)

본도에서 보는 것과 같이 a의 상태는 전혀 문제가 되지 않는다. 흑1·3의 수순이라면 무조건 죽음의 궁도가 되는 것이다.

실전의 예

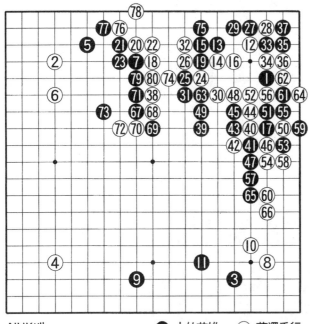

NHK배   ● 大竹英雄   ○ 藤澤秀行

프로 바둑에서 나타난 실전의 예다.

백80까지 진행되었을 때 상변의 백에게는 어떤 사활의 수단이 있을까? 단 중앙으로 탈출이 불가능하다는 전제가 있을 때이다.

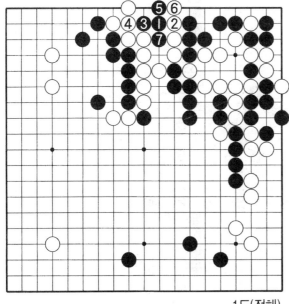

1도(정해)

1도(죽음의 4궁)

흑1·3 이후 흑5가 포인트다. 이것으로 죽음의 4궁이 된다는 것은 제8형에서 이미 배운 바 있다.

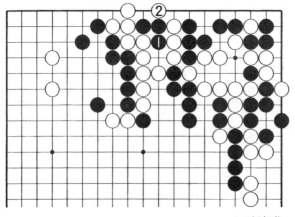

2도(빅)

그냥 흑1을 먼저 두게 되면 백2로 빅이 되고 만다.

2도(실격)

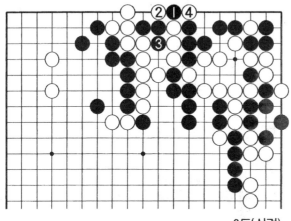

3도(동일)

흑1·3의 수순도 백4까지 빅이 되는 것은 2도와 다를 바 없다.

3도(실격)

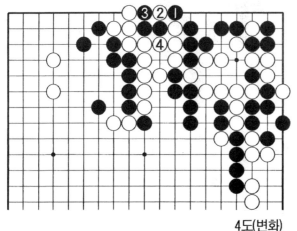

4도(촉촉수)

백2에 흑3으로 따내는 것은 백4로 촉촉수가 된다. 어쨌든 이 모양에서는 백2의 곳이 포인트다.

4도(변화)

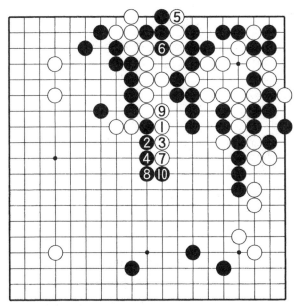

5도(실전진행 1)

5도(탈출 기도)

　참고로 실전의 진행을 보자. 죽음의 궁도로 인해 살 수 없게 되자 백은 중앙으로의 탈출을 기도할 수밖에 없다.

　본도 흑10까지 진행된 후–

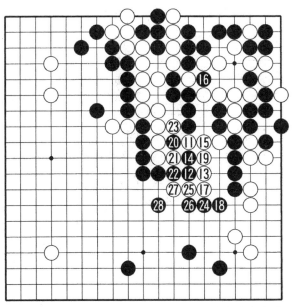

6도(실전진행 2)

6도(장렬한 최후)

　백은 백11부터 백27까지 탈출하기 위해 안간힘을 썼지만, 결국 흑28에 이르러 장렬한 최후를 맞고 말았다.

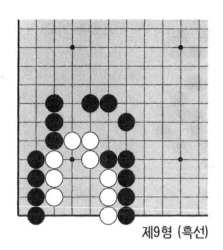

제9형 (흑선)

【제9형】

본형도 가장 중요한 급소는 제8형의 1도와 같은 곳이다.

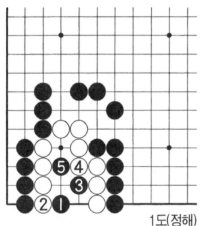

1도(정해)

1도(자충 이용)

흑1이 제8형의 1도와 같은 급소다. 계속해서 흑3·5의 수순에 의해 자충을 이용한 죽음의 4궁이 된다.

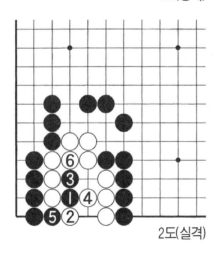

2도(실격)

2도(패)

흑1이 급소인 듯 하여 두었으나 백2의 곳을 허락하면 죽음의 궁도를 만들 수 없다. 백은 6까지 패로 버티게 된다.

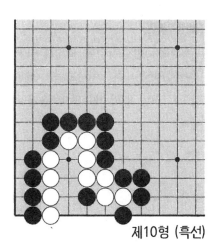

제10형 (흑선)

【제10형】

　본형은 제9형과 같은 맥락이지만 그 보다 한 가지의 변화가 더 있다. 그 변화까지 보아야 제대로 읽었다고 할 수 있을 것이다. 그것은 다름 아닌 자충이다.

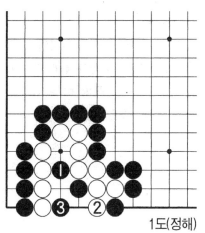

1도(정해)

1도(자충 유도)

　흑1의 끼움이 자충으로 유도하는 첫 수로 백2 때 흑3이 죽음의 궁도로 만드는 포인트가 된다. 또 백2로 —

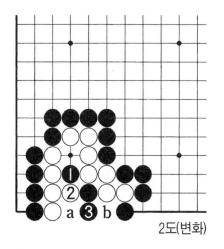

2도(변화)

2도(양자충)

　본도 백2로 둔다면 흑3에 의해 양자충으로 잡을 수 있다. 이 변화가 숨어 있었던 것이다. 백은 a와 b 어느 곳이든 둘 수 없다.

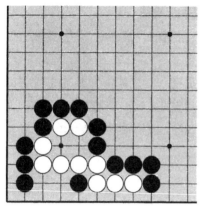

제11형 (흑선)

【제11형】

본형은 현현기경에 학려분사세 (鶴唳奔師勢)라는 이름으로 실린 것으로, 이 역시 제1형의 응용형 이다.

1도(맥)

흑1이 맥으로 다음 백2의 곳과 흑3의 곳이 맞보기가 된다. 백4에 는 흑5로 이어 백이 아무리 궁도 를 넓혀도 죽음의 4궁이다.

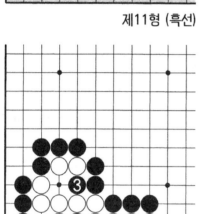

1도(정해)

2도(파호)

단순히 흑1로 파호하는 것은 백 2의 단수로 알기 쉽게 산다.

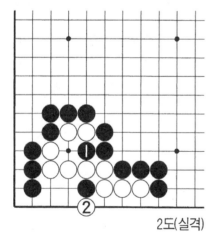

2도(실격)

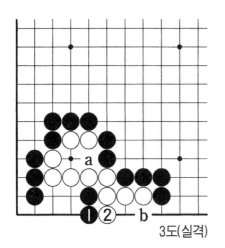

3도(실격)

3도(백 삶)

흑1로 빠져 두점으로 키우는 방법은, 착상은 좋았지만 백2로 막는 대응책이 있어 좋은 결과를 기대할 수 없다. 흑 두점은 자체로 죽어 있으므로, a와 b가 맞보기로 백은 살게 되는 것이다.

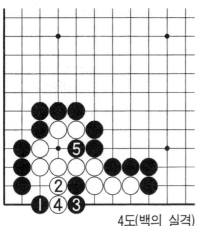

4도(백의 실격)

4도(흑의 착각)

흑1의 마늘모 공격은 백2로 잡는다면 흑3·5로 백의 안형을 탈취하겠다는 뜻이나, 이것은 흑의 착각이다. 백은 2로-

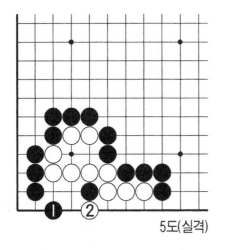

5도(실격)

5도(촉촉수)

본도의 백2와 같이 1선에서 단수하여 흑 한점을 촉촉수로 잡는다. 이것은 백이 알기 쉽게 사는 모양이다.

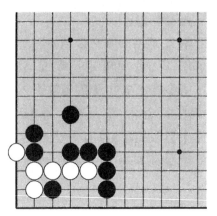

제12형 (흑선)

【제12형】

본형 역시 제11형과 같은 맥락이다.

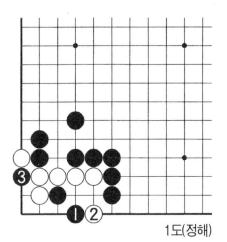

1도(정해)

1도(마늘모)

역시 흑1의 마늘모가 맥점으로 백2에는 흑3으로 궁도를 줄인다. 백이 가질 수 있는 최대의 궁도는 죽음의 4궁뿐이다.

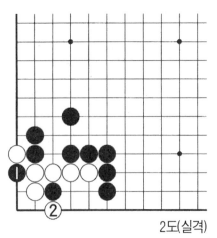

2도(실격)

2도(먹여침)

먼저 흑1에 먹여치는 것은 실패한다. 백2로 간단히 사는 것이다.

4궁(돌밑수)

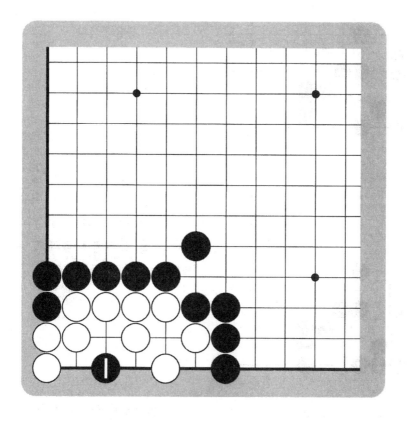

본형은 일명 '돌밑수'라고 하는 것으로, 여기에는 후절수와 후치중수가 있는데, 종합 1의 4궁을 이용하는 수법에 후절수가 있다면 종합 2의 4궁을 이용하는 수법은 후자에 속한다. 본형의 흑1도 돌을 들어낸 자리에 치중하여 잡는 수법인데, 대단히 실전적인 응용형이다.

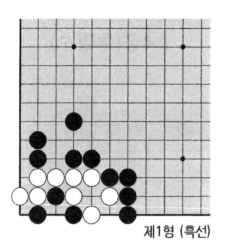

제1형 (흑선)

【제1형】

본형은 '돌밑수'의 하나로 돌을 들어낸 자리에 치중하여 잡는 수법인데, 이 역시 죽음의 4궁을 이용하는 응용형이다.

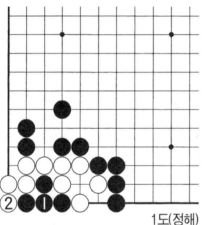

1도(정해)

1도(이음)

우선 본형의 포인트는 흑1로 이어 백2로 잡게 하는 것이다. 백이 흑4점을 들어낸 다음의 모양은—

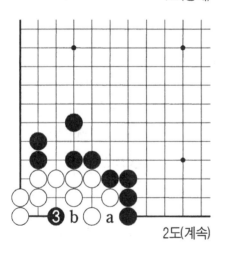

2도(계속)

2도(후치중수)

본도와 같이 되는데, 이때 흑3으로 치중하는 수순까지가 하나의 패턴이 된다. a와 b는 맞보기가 되므로 백은 이 곳에 눈을 만들 수 없어 4궁을 벗어날 수 없다.

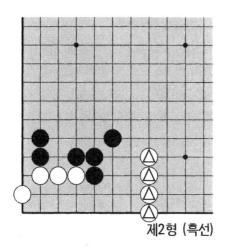

제2형 (흑선)

【제2형】

본형에서 제1형과 같은 모양이 만들어진다는 사실을 알게 되면 사활이 구조적인 패턴을 가지고 있다는 것을 새삼 느끼게 될 것이다. 백△가 응원하고 있다는 점을 염두에 두어야 한다.

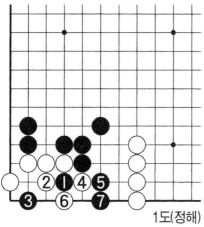

1도(정해)

1도(명쾌)

흑1·3의 수순이 명쾌하다. 이어 흑7까지 되고 보면 바로 제1형의 2도와 같다는 것을 알 수 있다.

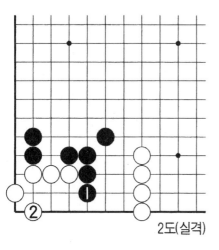

2도(실격)

2도(의식)

우측의 백을 의식하여 단순히 흑1로 차단하는 것은 백2의 교과서 같은 수법으로 간단히 산다.

3도(응원군)

일단 흑1의 치중이 눈에 들어오겠지만 지금은 응원군 때문에 성립하지 않는다. 백은 본도와 같이 두어도 백12까지 흑 두점을 잡으며 살 수 있지만, 이보다—

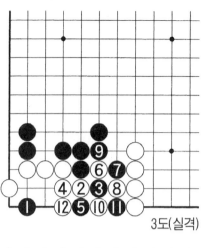

3도(실격)

4도(넘어감)

흑1때 백2·4로 넘어가 버리는 수가 더 좋을 것이다. 흑5에는 백6으로 그만이다.

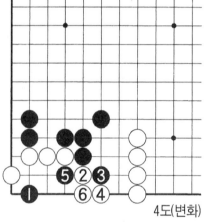

4도(변화)

5도(무위)

흑1·3의 수순도 본래는 이와 같은 모양에서 성립하는 수법이지만, 지금은 응원군이 있어 백6까지 넘어가 버리게 된다.

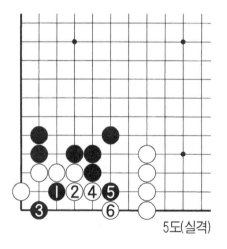

5도(실격)

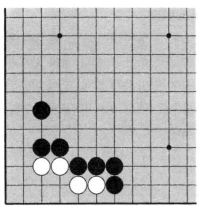

제3형 (흑선)

【제3형】

본형은 귀8궁의 실전 기초사활에서 다룬 것인데, 잡는 변화 중에는 종합 3의 수법도 숨어 있다.

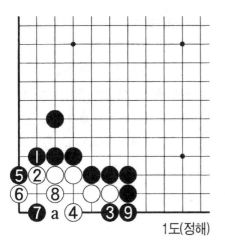

1도(정해)

1도(같은 맥락)

본도의 수순처럼 백8 때 흑9로 이으면 종합 3과 같은 맥락이 된다. 물론 지금은 흑9로 a에 두어도 잡을 수 있지만, 정수는 흑9다.

2도(변화)

2도(늦출 경우)

참고로 변화 중 하나를 더 보면 본도가 있다. 흑1 때 백2로 늦추면 흑9까지의 수순이 기다리고 있다. 수순중 흑5로 가만히 잇는 수에 유의하기 바란다.

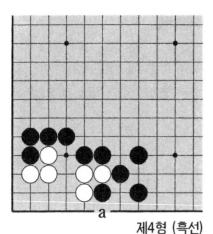

제4형 (흑선)

【제4형】

이 모양은 고전에도 빠지지 않고 등장하는 문제다. a의 단수가 있어 만만치는 않아 보이지만 돌밑수만 알고 있다면 문제는 간단하다.

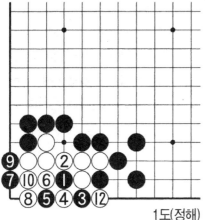

1도(정해)

1도(돌밑수)

흑1의 꺼붙임부터가 돌밑수로 유도하는 수순이다. 수순중 흑7의 치중과 흑9의 연결이 중요하며, 백10 때 흑11로 이어 잡혀 주는 것이 본형의 하일라이트다. 백12까지 잡은 모양은—

⓫···④

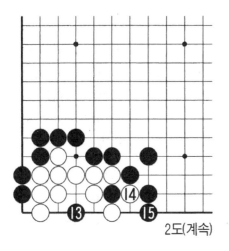

2도(계속)

2도(완결)

본도와 같아지는데, 이때 흑13·15의 수순이 사활을 결정짓는 완결편이다.

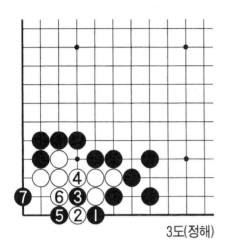

3도(정해)

3도(또 다른 수순)

수순을 바꿔 흑1의 젖힘부터 시작해도 이하 흑7까지 1도의 결과와 다를 바 없다.

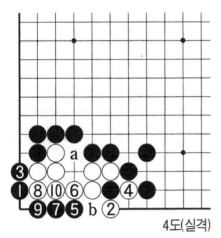

4도(실격)

4도(선치중)

흑1로 먼저 치중하는 것은 성립하지 않는다. 백2의 단수 다음 흑3·5로 끝까지 잡자고 해도 백10까지 a와 b가 맞보기가 되므로 사는 것이다.

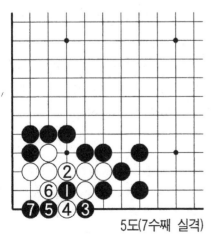

5도(7수째 실격)

5도(패)

돌밑수를 모를 때는 본도와 같이 패를 만드는 것이 최선이라고 생각했겠지만, 이제는 이런 실수를 범해서는 안 될 것이다.

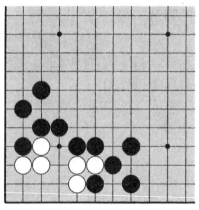

제5형 (흑선)

【제5형】

　본형은 제4형에서 한 단계 발전한 문제다. 그러나 돌밑수가 만들어지는 환경이 하나 늘었을 뿐이다.

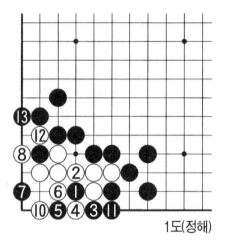

1도(정해)

1도(환경 이동)

　본형의 포인트는 흑7 때 백8의 저항이다. 그러나 흑은 이 단수를 받아서는 안 된다. 흑9로 이어 백12의 따냄을 허락한 후 흑13에 내려서면 이번에는 이 곳에 돌밑수를 만들 수 있다.

❾…④

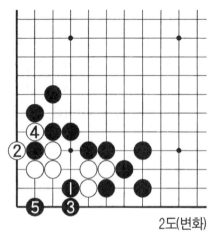

2도(변화)

2도(쌍점이 긴요)

　흑1 때 백2로 먼저 단수하면 이때는 흑3의 쌍점이 긴요하다. 백4 때 흑5로 잡으려면 이 수의 지원이 필요하기 때문이다.

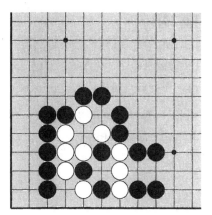

제6형 (흑선)

【제6형】

본형은 중앙에서도 돌밑수가 만들어질 수 있다는 것을 보여 주는 문제다.

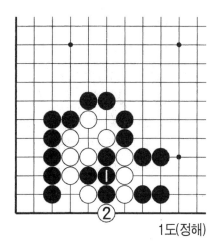

1도(정해)

1도(우형 자청)

흑1의 이음은 절대다. 그러나 다음 수를 모른다면 이렇게까지 손해를 볼 의미가 없는 것이다. 백2 다음 -

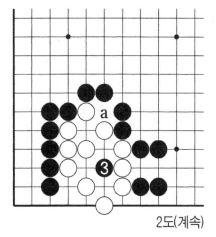

2도(계속)

2도(후치중수)

본도 흑3에 치중하면 백은 a에 눈을 만들 수 없다. 돌밑수의 매력은 바로 이런 것이다.

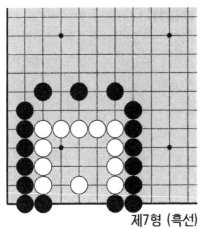

제7형 (흑선)

【제7형】

　이 모양은 현현기경에 대병풍세(大屛風勢)라는 이름으로 실린 것이다. 이런 모양에 죽음의 4궁을 이용한 돌밑수가 숨어 있다는 것을 알면 놀랄 것이다.

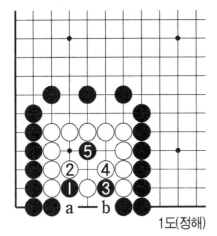

1도(정해)

1도(단수 자청)

　흑1·3의 껴붙임으로 두 번 연속해서 단수를 자청한 다음 5로 치중하는 것이 정교한 수순이다. 다음 백이 a에 두든 b에 두든 흑은 다른 한 쪽을 이으면 된다. 만약 수순중 백4로 받지 않고—

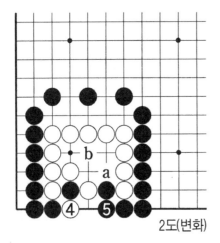

2도(변화)

2도(침착한 이음)

　본도 백4와 같이 그냥 한 쪽을 따내면 흑은 5에 가만히 잇는 것이 중요하다. 이것으로 a와 b를 맞보아 잡을 수 있다.

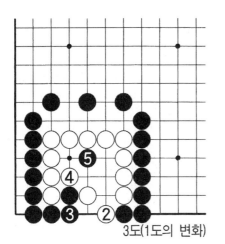

3도(1도의 변화)

3도(긴요한 이음)

또 1도 백2로 본도의 백2와 같이 한 쪽을 막으면 이 때도 흑3으로 가만히 잇는 것이 긴요하다. 백4라면 흑5의 치중이 있다.

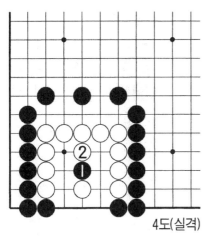

4도(실격)

4도(선치중)

먼저 치중하는 것은 어떻게 해도 잡을 수 없다. 흑1에는 백2로 그만이며 –

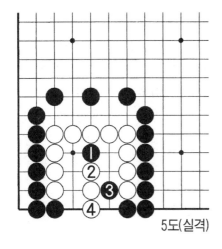

5도(실격)

5도(치받음)

본도 흑1로 윗쪽을 치중해도 백2로 치받아 그만이다. 흑3으로 추궁해도 백4가 있다.

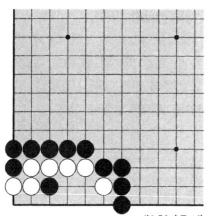

제8형 (흑선)

　본형도 웬만한 사활집에는 거의 실려 있다. 알고 보면 쉽지만 돌 밑수를 모르면 수읽기가 쉽지만은 않은 것이다.

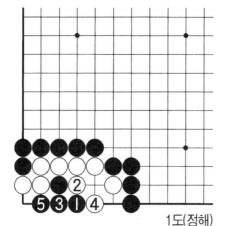

1도(정해)

1도(백 죽음)

　문제는 죽음의 4궁을 만드는 수순이다. 흑1을 찾기 위해서는 돌 밑수를 이해하고 있어야 한다. 만약 흑1로 –

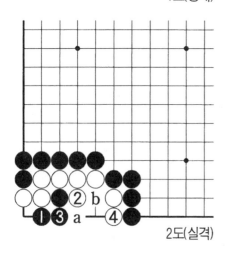

2도(실격)

2도(빅)

　본도와 같이 두면 백에게는 2·4로 버티는 수순이 있다. 이후 흑 a라면 백b로 빅이 된다.

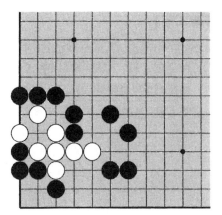

제9형 (흑선)

【제9형】

　본형도 묘수풀이집에 실린 것으로, 이 역시 죽음의 4궁을 이용한 돌밑수를 읽는 문제다.

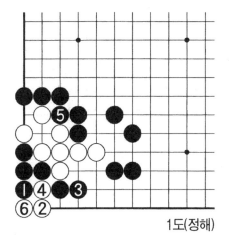

1도(정해)

1도(삿갓 모양)

　돌밑수를 안다면 흑1의 삿갓 모양을 찾기란 그리 어렵지 않다. 그리고 긴요한 것은 흑5로, 그 이유는 백6으로 따낸 다음―

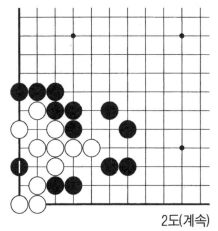

2도(계속)

2도(치중을 위해)

　본도 흑1에 치중하여 잡으려면 반드시 전도 흑5의 곳에 돌이 있어야 하기 때문이다.

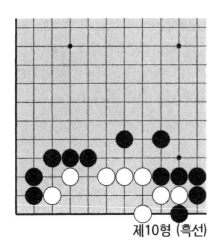

제10형 (흑선)

【제10형】

본형은 첫 수가 중요하다. 수순이 바뀌면 사는 수가 생길 수 있기 때문이다. 그래서 바둑은 수순이 중요한 것이다.

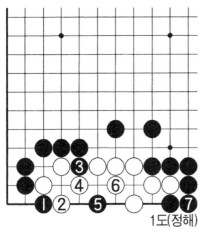

1도(정해)

1도(정확)

흑1로 우선 젖힌 다음 3·5의 수순이 정확하다. 백6에는 흑7로 가만히 이어 역시 돌밑수와 같은 맥락의 결과다. 수순중 백2로 -

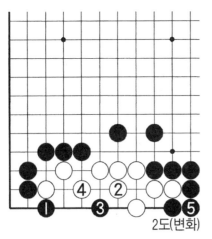

2도(변화)

2도(백 죽음)

본도 백2에 두어 먼저 한 집을 만들면, 흑은 3으로 즉시 치중하면 된다. 백4에는 흑5로 전도와 같은 모양이 되어 백 죽음이다.

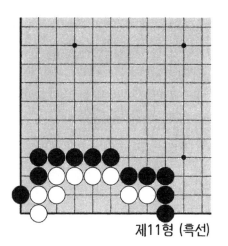

제11형 (흑선)

【제11형】

본형은 잡는 수법이 사실상 제2형과 동일한 것인데, 이를 다르게 생각하는 분들이 의외로 많다.

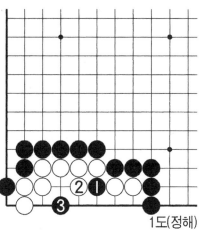

1도(정해)

1도(선끊음 후치중)

흑1·3으로 하나 끊어 둔 후 치중하는 일련의 수순이 정확하다. 흑1은 제2형의 젖힘수와 사실상 같은 맥락인 것이다.

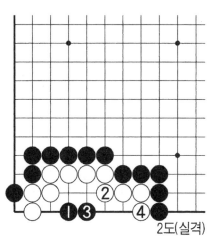

2도(실격)

2도(빅)

흑1에 먼저 치중하는 것은 백이 2·4로 궁도를 한껏 넓혀 빅으로 만드는 수순을 주게 되어 실격이다.

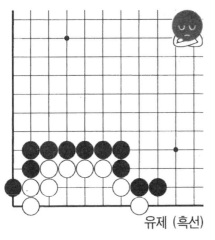

유제 (흑선)

[유제]

이 모양은 제11형과 얼핏 비슷해 보이지만 전혀 다르다. 본형을 잡는 수법까지 마스터하면 사실상 종합 3은 완전 정복한 셈이다.

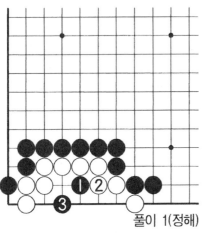

풀이 1(정해)

풀이 1(절대 수순)

이번에는 흑1·3의 수순이 정해다. 이 수순이 아니고는 결코 그냥 잡을 수 없다. 수순중 백2로─

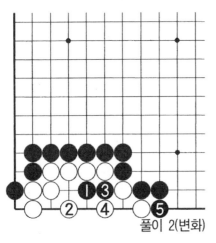

풀이 2(변화)

풀이 2(촉촉수)

본도 백2에 안형을 만들려고 한다면 흑3·5의 촉촉수가 있어 그만이다.

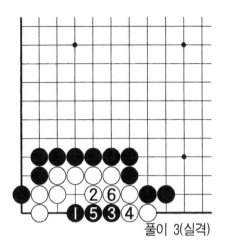

풀이 3(실격)

풀이 3(빅)

같은 치중이라도 흑1은 백2로 저항하는 수단이 있다. 패를 피해 다시 흑3에 치중하면 백6까지 빅이 된다. 만약 흑3으로—

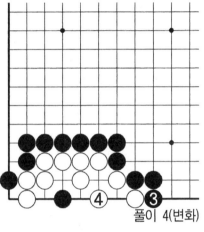

풀이 4(변화)

풀이 4(패)

본도 흑3에 두면 백은 4의 패로 버틴다.

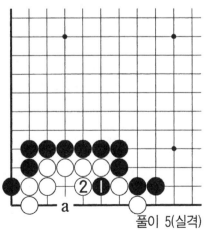

풀이 5(실격)

풀이 5(패)

이번에는 흑1의 끊음이 성립하지 않는다. 백2 다음 흑이 a에 치중해도 패가 되므로 실격이다.

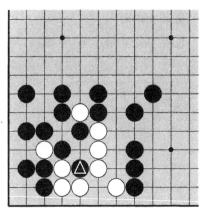

제12형 (흑선)

　본형은 얼핏 보면 흑▲가 잡혀
있어 백이 살아 있는 것 같지만,
돌밑수에 밝다면 한눈에 죽음이 있
다는 것을 알 수 있다.

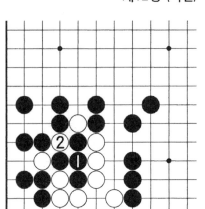

1도(정해)

1도(이음)

　흑1로 잇는 것은 다음 수를 모
르고서는 결행할 수 없다. 백2로
따낸 다음의 모양은 -

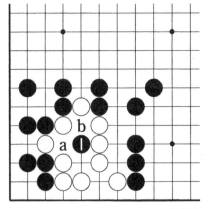

2도(계속)

2도(치중)

　본도와 같은 모양이 되는데, 이
때 흑1로 치중하면 이 곳에는 백
이 눈을 만들 수 없다. a와 b가
맞보기가 되기 때문이다.

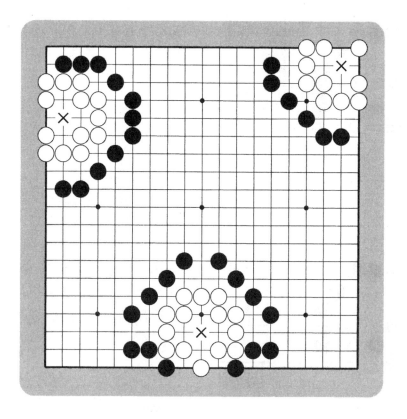

　본형은 죽음의 궁도 중 종합 1을 제외하면 초보자라
도 치중수가 한눈에 보일 정도로 가장 심플하다. 그 이
유는 바둑의 가장 기초가 되는 빵따냄을 이은 우형을
잡은 모양이므로, ×의 급소 치중수에 대한 공배가 가
장 큰 4곳이기 때문이다. 그러나 실전에서는 의외로 자
주 등장하지 않는 모양이기도 하다.

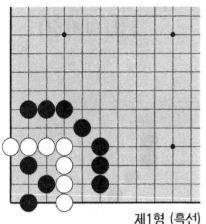

제1형 (흑선)

【제1형】

본형은 흑이 귀의 9궁에서 죽음의 5궁도화가 만들어지는 가장 기초적인 모양인데, 원리는 빵따냄 모양이 들어가 있으면 된다는 것이다.

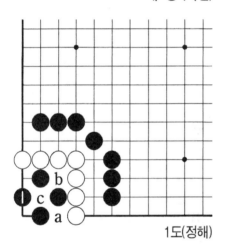

1도(정해)

1도(5궁도화)

흑1의 빵따냄 모양이 바로 그것이다. 이후 백이 a에 두면 이 흑은 죽게 되지만, 그 때도 흑은 손을 빼고 있어도 된다. 그 다음 백이 또 b에 단수칠 때 c로 이어 주면 5궁도화가 되기 때문이다.

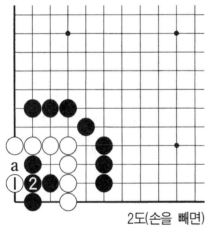

2도(손을 빼면)

2도(빅)

그러나 흑이 처음부터 손을 빼면 거꾸로 백1을 당해 빅이 된다. 흑2에 두어도 자체로 빅인 이유는 a가 백의 차지가 되므로, 죽음의 궁도를 벗어났기 때문이다.

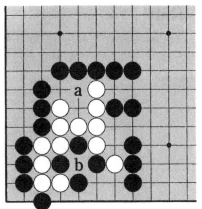

제2형 (흑선)

【제2형】

본형은 흑이 b로 이으면 크게 잡히기 때문에 궁도에 대한 개념이 부족한 하급자들로서는 선뜻 잇기가 두려울 것이다. 그러나 a의 곳은 어디까지나 반쪽의 눈일 뿐이라는 점을 염두에 둔다.

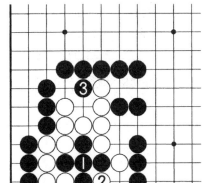

1도(정해)

1도(죽음의 궁도)

흑1로 이어 잡혀 주고 흑3에 파호하면 간단히 죽음의 궁도가 된다.

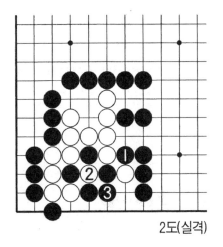

2도(실격)

2도(이해 부족)

죽음의 궁도에 대한 이해가 부족한 하급자들은 흑1 정도로 만족하기 십상이지만 사활은 궁도에 대한 이해부터 출발하는 것이다.

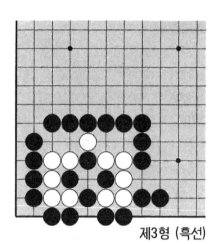

제3형 (흑선)

【제3형】

본형도 돌을 우형으로 만들어 잡혀 주는 마인드만 있다면 간단히 풀린다.

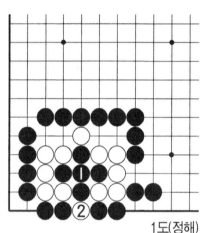

1도(정해)

1도(우형)

일단 흑1의 이음으로 우형을 만들어 두 눈을 만들지 못하게 하는 것이 중요하다. 백2로 잡혀 준 후-

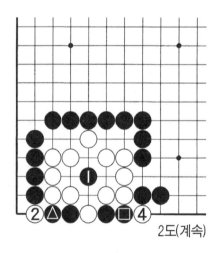

2도(계속)

2도(먹여치기)

흑1로 치중한 다음 백2·4로 잡히는 것은 흑3·5의 먹여치기로 해결하면 된다.

❸…⬤ ❺…⬛

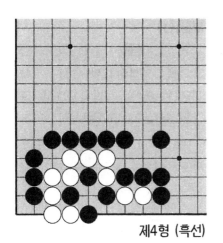

제4형 (흑선)

【제4형】

본형도 공배가 강한 5궁도화의
맹점을 활용하여 잡을 수 있다.

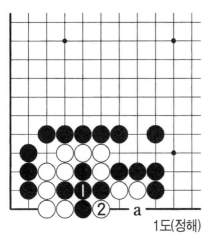

1도(정해)

1도(절대의 이음)

먼저 흑1의 이음은 절대가 된다.
이때 백이 a에 두면 종합 6에서
다루겠지만 흑은 백2의 곳에 두어
매화6궁을 만들 수 있다. 지금은
백2로 따낸 후의 읽기가 필요한데
—

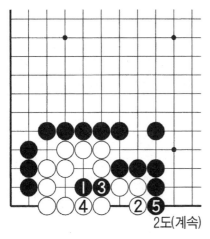

2도(계속)

2도(공배의 맹점)

흑1에 치중한 후 백2로 눈을 만
들면 흑3·5의 수순으로 눈을 없
앨 수 있다. 공배가 강한 5궁도화
의 맹점이 바로 이것이다.

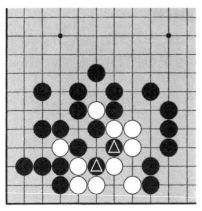

제5형 (흑선)

【제5형】

본형은 흑⬤가 잡혀 있어 언뜻 보기에는 완벽히 살아 있는 것처럼 보일 것이다. 그러나 그것은 죽음의 궁도에 대한 인식이 부족하기 때문이다. 엄밀한 의미로 이 모양도 돌밑수가 작용한다 할 수 있다.

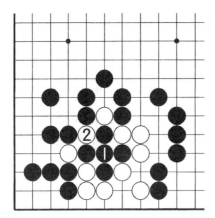

1도(정해)

1도(잡혀 준다)

우선 흑1로 이어 잡혀 준 다음의 모양을 보면-

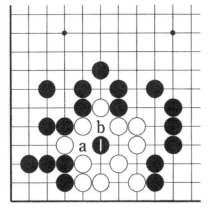

2도(계속)

2도(안형 박탈)

본도와 같이 된다는 것을 알 수 있다. 이때 흑1로 치중하면 a, b를 맞보아 눈을 없앨 수 있는 것이다.

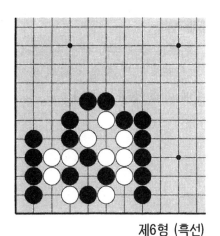

제6형 (흑선)

【제6형】

본형도 5궁도화를 이용한 돌밑 수가 있다.

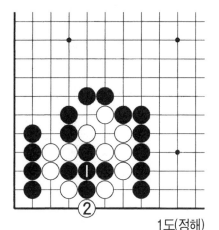

1도(정해)

1도(선투자)

일단 흑1로 이어 크게 잡혀 주는 것이 수순이다. 선투자한 만큼 백2로 기분 좋게 따내게 한 다음 —

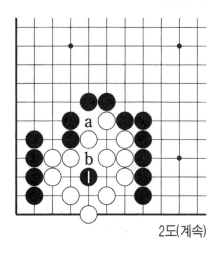

2도(계속)

2도(치중)

흑1에 치중하면 a, b를 맞보기로 하여 이 곳에 눈을 없앨 수 있는 것이다.

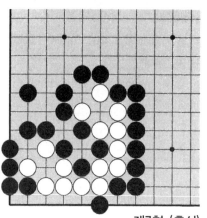

제7형 (흑선)

【제7형】

본형도 눈모양이 풍부한 것 같지만 역시 5궁도화를 이용한 돌밑수에 의해 죽음이 있다.

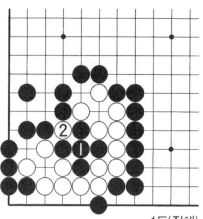

1도(정해)

1도(희생타)

일단 흑1로 이어 크게 잡혀주는 것이 수순이다. 백2로 기분 좋게 따내게 한 다음 -

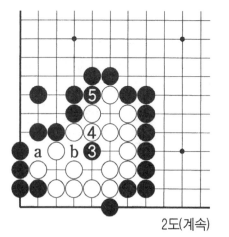

2도(계속)

2도(맞보기)

본도 흑3에 치중하면 백4에 이어도 흑5로 눈을 없애고 다른 쪽 역시 a, b를 맞보기로 하여 이 곳도 눈을 없앨 수 있다.

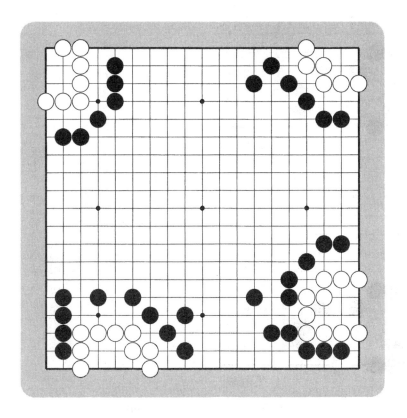

　본형은 죽음의 궁도 중 가장 실전적이며 그 만큼 알
아야 할 수순도 많다. 특히 이 궁도로 유도하는 급소는
3자리이며 그 3곳은 궁도의 중앙에 존재하는 절대점을
상대가 놓을 수 없도록 보호하고 있어야 한다는 것이다.
이렇게 말로만 들어서는 이 말이 무슨 뜻인지 이해가
안 갈 수도 있으므로, 이 부분은 진행 과정에서 자세히
설명하기로 하겠다.

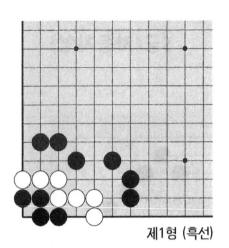

제1형 (흑선)

【제1형】

본형은 흑이 먼저 두면 5궁도화로 잡을 수 있고, 백이 먼저 두면 눌러잡기라는 수법으로 살 수 있다.

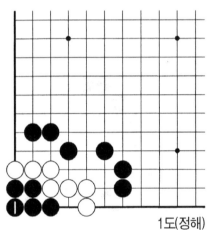

1도(정해)

1도(5궁도화)

흑이 먼저 1에 두면 이 모양은 5궁도화가 된다.

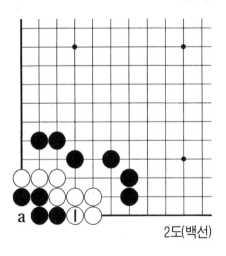

2도(백선)

2도(단수)

백이 살려면 일단 백1로 단수칠 수밖에 없다. 착수금지의 규정 때문에 a에 먼저 둘 수는 없기 때문이다. 또 백1에 두고 나면 이번에는 거꾸로 흑이 a에 둘 수 없게 된다. 이후 –

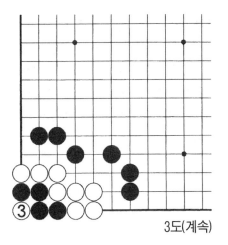

3도(계속)

3도(일방)

착수금지에 의해 흑이 둘 수 없을 때 일방적인 입장에서 결국 백이 3으로 잡고 나면—

❷···손 뺌

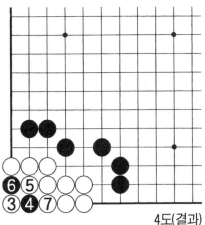

4도(결과)

4도(눌러잡기)

흑4의 단수가 있지만 지금은 외부 공배가 많으므로 백5·7에 의해 눌러잡기가 되는 것이다.

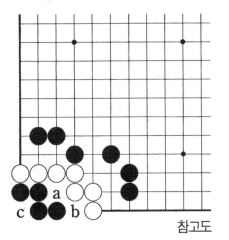

참고도

참고도(자체로 죽음)

본도에서 공배가 a, b 두 곳이라면 이 백은 자체로 죽어 있는 모양이다. 왜냐하면 백이 c에 먼저 둘 수는 없으므로 a나 b부터 두어야 하는데, 그때 흑이 c에 두면 5궁도화가 되기 때문이다.

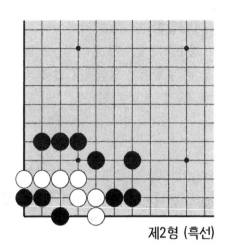

제2형 (흑선)

【제2형】

본형은 제1형의 참고도를 이해했다면 급소를 금방 찾을 수 있을 것이다. 그 외에 이 모양은 5궁도화로 만드는 방법이 한 가지가 더 있다.

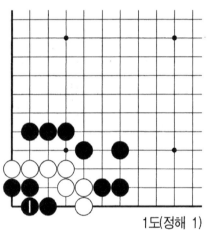

1도(정해 1)

1도(1의 2)

먼저 제1형의 참고도와 같이 흑 1의 '1의 2'에 두면 잡을 수 있다. 또 이 수로는-

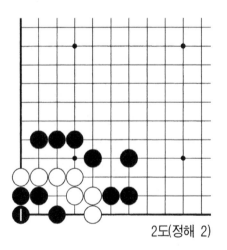

2도(정해 2)

2도(1의 1)

흑1 의 '1의 1'에 두어도 마찬가지가 된다. 안에서 눈 모양을 가지면 되는 것이다.

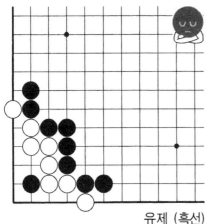

유제 (흑선)

제2형과 같은 모양이 만들어지는 원형은 여러 가지가 있으나 대표적으로 본 문제와 같은 경우가 있을 수 있다. 백을 잡는 수순은?

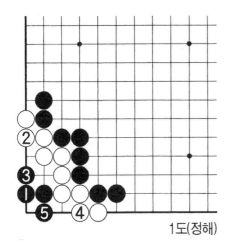

1도(정해)

1도(쌍점)

흑1의 쌍점이 포인트가 된다. 이때 백은 궁도를 늘리는 수밖에 없다. 흑5까지 외부에 공배가 부족해 유가무가가 되고 말았지만, 공배가 아무리 무한해도 이런 모양이면 5궁도화로 죽은 그림이다. 또 첫 수를 흑5의 쌍점으로 두더라도 역시 같은 이치로 백은 잡힌다.

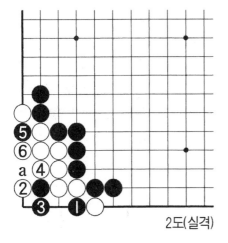

2도(실격)

2도(흑의 착각)

흑1은 착각이다. 백2가 급소이기 때문이다. 그러면 흑a, 백3으로 패가 난다. 흑3·5로 추궁해도 백6까지 훌륭하게 살고 있다.

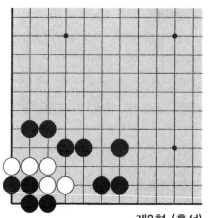

제3형 (흑선)

【제3형】

본형의 백을 잡는 방법은 두 가지다. 하나는 순수한 5궁도화로 잡는 것이고, 또 하나는 먹여치기를 이용하는 것이다.

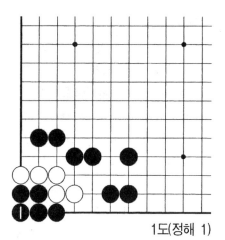

1도(정해 1)

1도(5궁도화)

우선 흑1에 가만히 이으면 알기 쉽게 5궁도화가 된다.

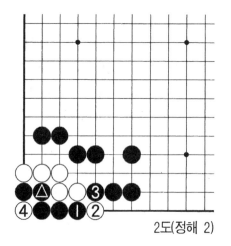

2도(정해 2)

2도(돌밑수)

본도의 수순으로도 잡을 수 있다. 이 수법은 고급스러운 것으로, 돌밑수에 밝아야 가능하다. 백4 때 흑은 흑1에 먹여치거나 흑▲에 치중하면 된다.

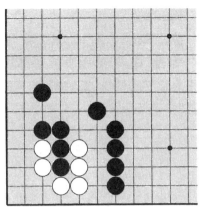

제4형 (흑선)

【제4형】

이 모양은 맥에 관련된 대표적인 사활인데, 이 변화 속에도 5궁도화가 숨어 있다.

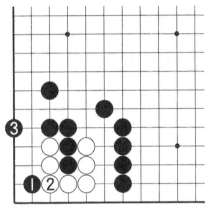

1도(정해)

1도(한 칸 뛰는 맥)

흑1·3의 수순이 1선에 한 칸 뛰는 맥의 기본이다. 흑3 다음-

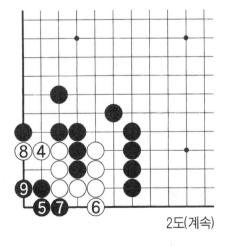

2도(계속)

2도(5궁도화)

백이 최대로 버티는 수단이 백4인데, 흑은 5 이하로 두면 9까지 5궁도화로 잡을 수 있다. 또 흑5로는-

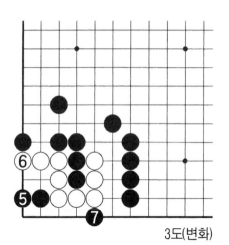

3도(변화)

3도(가능)

본도 흑5쪽을 늘고 백6으로 막아야 할 때 흑7로 궁도를 좁히는 수순도 가능하다. 또 수순중 흑7로는 –

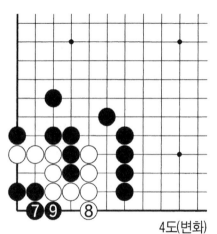

4도(변화)

4도(환원)

본도 흑7로 안형을 확보해 놓고 백8 때 흑9로 두어 5궁도화로 유도하는 수순도 가능하다. 이 결과는 2도로 환원된 그림이다.

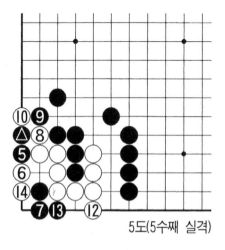

5도(5수째 실격)

5도(빅)

2도 흑5로 본도와 같이 흑5로 왼쪽 궁도를 먼저 좁히는 것은 조급한 생각으로, 백14까지 빅으로 살게 된다.

⓫···△

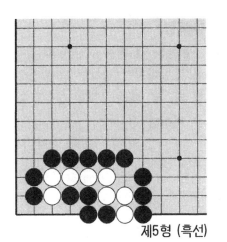

제5형 (흑선)

【제5형】

본형은 5궁도화로 만들어지는 가장 단순한 그림으로, 여기서부터 원리가 시작된다고 하겠다.

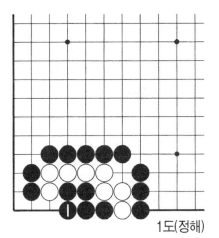

1도(정해)

1도(원리)

흑1로 두어 먼저 잡혀 주는 것이 5궁도화의 가장 단순한 원리다. 이렇게 하려면 자기 돌의 죽음이 전제돼야 죽음의 궁도를 만들 수 있다는 확신이 서야 한다.

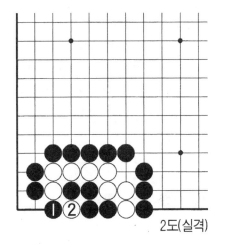

2도(실격)

2도(패)

흑1은 조급한 생각이다. 계속해서 백2로 잡게 되는데, 그러면 곡4궁의 모양으로 죽음의 궁도가 아니며, 이제는 기껏해야 패가 되는 정도이다.

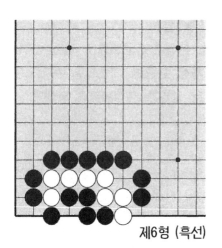

제6형 (흑선)

【제6형】

본형은 제5형에서 한 단계 발전한 모양이지만 원리는 그와 동일한 것으로, 따라서 두는 장소도 같은 곳이다.

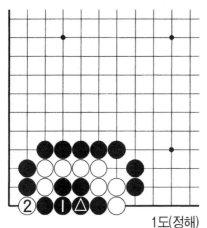

1도(정해)

1도(죽이는 이음)

이번에는 흑1의 이음으로 제5형보다 돌을 하나 더 죽인 결과지만, 백2 때 흑▲에 치중하는 것까지 사실상 똑같은 결과가 되는 것이다. 만약 흑1로 잇지 않고 –

❸…▲

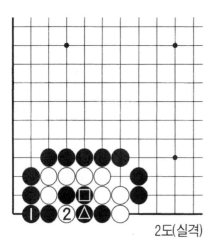

2도(실격)

2도(살리는 이음)

본도와 같이 하나라도 더 살자고 바깥을 잇는 것은 백2로 따낸 다음의 모양이 곡4궁으로, 패가 될 수밖에 없으므로 실격이다.

❸…▲ ❹…▣

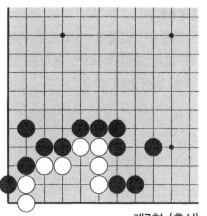

제7형 (흑선)

【제7형】

제6형이 실전에서는 어떻게 등장하게 되는지 알아 보자. 본형이 제6형을 유도하는 대표적인 것으로, 13수를 읽어내야 한다.

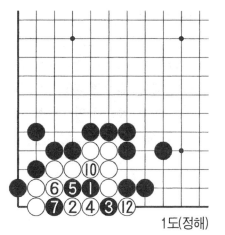

1도(정해)

1도(13수)

이 수순이 13수가 진행되어 제6형의 1도처럼 백을 5궁도화로 잡는 방법이다..

⑧⑪···④ ❾⓭···②

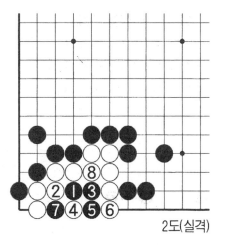

2도(실격)

2도(이맥)

흑1의 치중은 일견 맥처럼 보이지만 백8까지 눌러잡기를 허용해 백을 살려 주는 이맥이다.

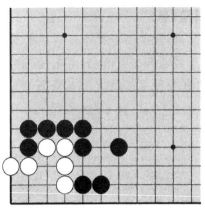

제8형 (흑선)

【제8형】

본형은 제7형이 귀쪽으로 이동한 것과 같다. 따라서 본형도 13수를 읽어내야 한다.

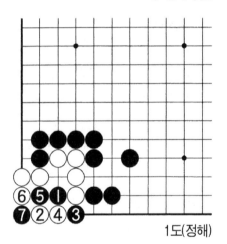

1도(정해)

1도(1단계 작전)

흑1로 붙이고 백2로 삶의 자세를 취할 때 흑3으로 건너가는 듯하다가 백4로 끊으면 흑5·7로 뒤에서 몰아서 잡는 것이 1단계 작전이다. 계속해서—

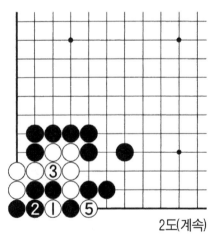

2도(계속)

2도(2단계 작전 완료)

본도 흑6까지 제7형과 똑같은 13수의 진행으로 잡는 것이다. 이것으로 2단계 작전 완료다.

④…① ⑥…②

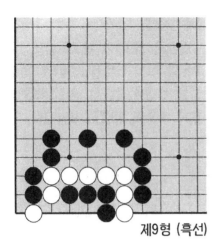

제9형 (흑선)

【제9형】

본형도 5궁도화를 만드는 기초형인데, 제5형부터 제8형과 다른 점이 있다면 치중하는 곳이 2선이라는 것뿐이다.

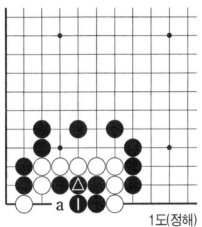

1도(정해)

1도(경험)

흑1이 5궁도화를 만드는 곳이라는 것은 지금까지의 경험으로 금방 알 수 있을 것이다. 이후 백이 a로 따내면 흑은●에 치중해 잡는다.

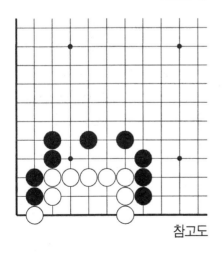

참고도

참고도(따낸 모양으로 유도)

본도는 1도에서 흑돌을 들어낸 것인데, 이 모양을 잡기 위해서는 1도에서 백이 a로 따낸 모양으로 유도해야 한다는 것이다.

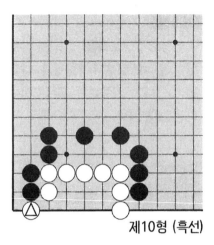

제10형 (흑선)

【제10형】
　본형은 제9형의 참고도인데, 이 모양을 잡기 위해서는 제9형 참고도의 설명에 따라야 한다. 백△가 있기 때문에 방법은 하나이다.

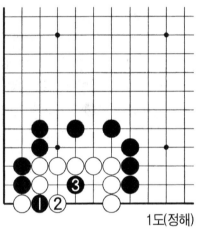

1도(정해)

1도(먹여침)
　본도의 수순이 아니면 이 백을 그냥 잡을 수 없다. 흑1로 먹여쳐 백2로 따낸 모양은 제9형의 1도에서 백이 흑을 따낸 모양과 똑같은 것이다.

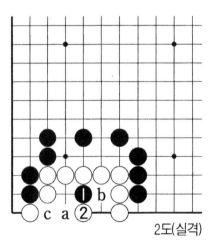

2도(실격)

2도(성급한 치중)
　흑1로 먼저 치중하는 것은 백2로 저항하는 수단이 있다. 이후 흑 a에는 백b로 패로 버티고, 흑b라면 백c로 두어 빅으로 만들 수 있다.

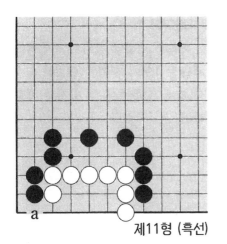

제11형 (흑선)

【제11형】

본형은 제10형에서 a가 누락된 모양으로, 이 때는 정해가 하나 더 존재한다.

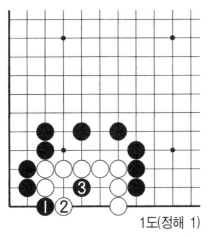

1도(정해 1)

1도(심플)

우선 본도의 수순이 가장 심플하다. 여기서 흑1의 젖힘은 제10형의 1도에서 먹여치는 수단과 같은 것이다.

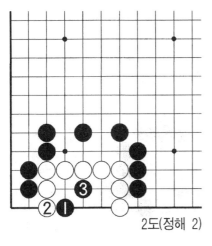

2도(정해 2)

2도(연속 치중)

이 모양에서는 본도의 수순으로도 잡을 수 있다. 흑1·3으로 연속 치중하는 이 수순도 전도와 마찬가지로 실전에서 자주 사용되는 수법이다.

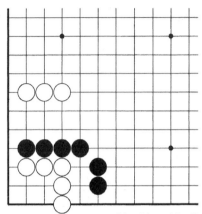

참고형 1 (흑선)

[참고형 1, 2]

　죽음은 젖힘에 있다는 격언처럼 제11형 1도의 젖힘은 참고형 1, 2와 같은 상황에서 그 진가를 발휘한다.

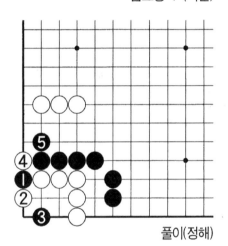

풀이(정해)

　참고형 1, 2의 풀이에서 보면 알 수 있듯이, 1선 젖힘은 사활의 기본일 수밖에 없다. 그 이유는 주변에 상대의 응원군이 있을 때는 1선에 뻗는 수순을 주지 않으면서 궁도를 줄일 수 있기 때문이다.

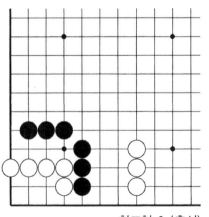

참고형 2 (흑선)

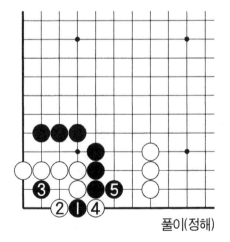

풀이(정해)

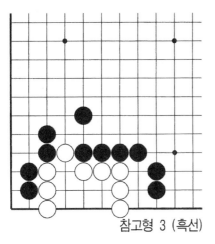

참고형 3 (흑선)

[참고형 3, 4]

전술한 바와 같이 먹여치는 수법은 궁도 사활에서 젖힘의 효과를 가지는 것이 보통이다.

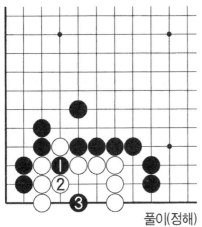

풀이(정해)

참고형 3, 4의 풀이에서 보는 것처럼 먹여치는 것은 궁도를 줄인다는 의미에서 젖힘과 똑같은 효과를 가지게 되는 것이다.

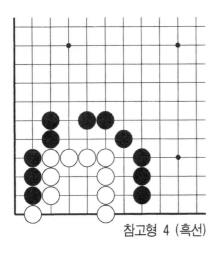

참고형 4 (흑선)

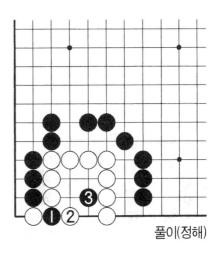

풀이(정해)

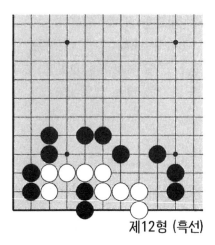

제12형 (흑선)

【제12형】

본형은 빅을 피하는 것이 포인트가 된다. 궁도가 구부러져 있으면 죽음의 궁도가 될 수 없다.

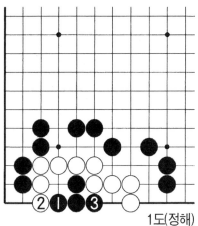

1도(정해)

1도(5궁도화)

본도의 수순만이 백을 5궁도화로 만드는 길이다. 주의할 점은 흑1로 이 곳을 놓치면 빅이 된다.

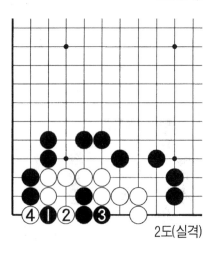

2도(실격)

2도(빅)

본도는 백에게 2를 빼앗겨 빅으로 살려 주는 진행이다.

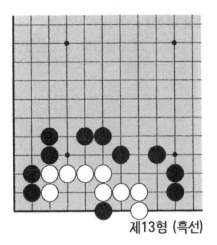

제13형 (흑선)

【제13형】

본형도 제12형과 같은 곳을 차지해야 잡을 수 있다.

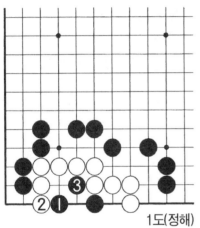

1도(정해)

1도(급소 3자리)

본도의 수순만이 이 백을 잡을 수 있는 유일한 진행이다. 여기서 알 수 있는 것은 5궁도화를 만드는 급소 3자리와 백이 둘 수 없게 보호하는 궁도의 중앙이 있다는 것이다.

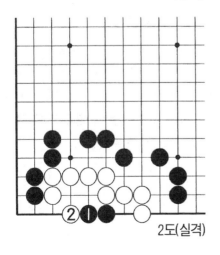

2도(실격)

2도(빅)

흑1로 두어 백에게 2를 허락하면 궁도가 구부러져 무조건 빅이 된다.

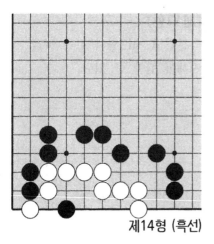

【제14형】

본형은 제13형으로 유도해야만 잡을 수 있다.

제14형 (흑선)

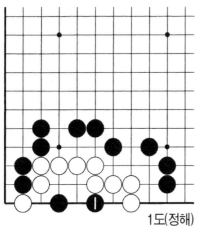

1도(같은 모양)

흑1에 두어야 제13형과 같은 모양이 되므로 잡을 수 있다.

1도(정해)

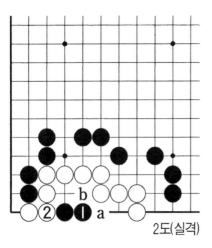

2도(보호할 곳)

흑1은 백이 둘 수 없도록 보호하는 곳이지 먼저 두는 곳이 아니다. 따라서 이 곳을 차지해도 동시에 a, b에 흑돌이 없다면 이 역시 빅을 피할 수 없다.

2도(실격)

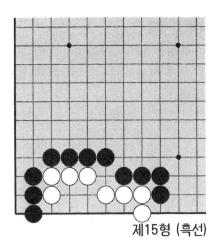

제15형 (흑선)

【제15형】

5궁도화로 만드는 급소 3자리를 알았다면 차지하는 수순만 조합하면 될 것이다.

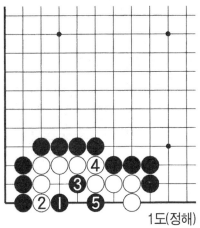

1도(정해)

1도(요령)

본도의 수순으로 급소를 차지하는 것이 요령이다. 백4의 약점을 이용하여 흑1·3·5의 급소 3자리를 차지할 수 있는 것이다.

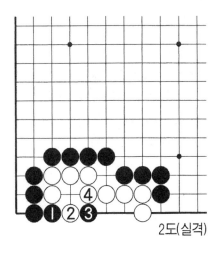

2도(실격)

2도(패)

백에게 2를 허용하면 그냥 잡는 수단은 없어진다. 백이 4의 곳에 패로 버틸 수 있기 때문이다.

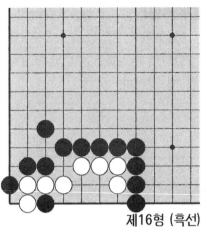

【제16형】

본형은 조금 복잡해졌지만, 제
15형을 이해하고 있으면 간단할 것
이다.

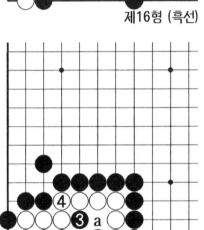

1도(정해)

1도(되따냄)

제15형처럼 이 백도 같은 수순
이 필요하다. 흑5때 백은 자충이
되어 a에 둘 수 없으므로 b로 따
내야 한다. 그러면 흑이 5의 곳에
되따내 역시 5궁도화가 된다.

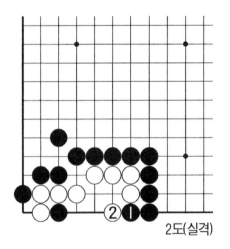

2도(실격)

2도(패)

본도 흑1은 백2를 허용하여 역
시 패가 된다. 그리고 주의해야 할
점은 외부에 공배가 하나라도 더
있다면 이렇게 패를 하는 것이 정
해가 된다는 것이다.

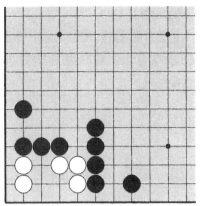

제17형 (흑선)

【제17형】

본형은 실전형인데, 5궁도화로 유도하는 7수에 이르는 일련의 수순이 마치 교과서와 같다.

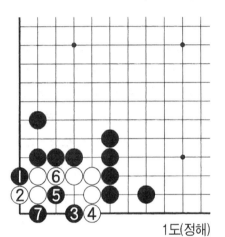

1도(정해)

1도(암기)

바로 흑7까지의 수순이 그것으로, 이 수순은 암기해 둘 만한 것이다.

2도(준정해)

2도(성립은 하지만)

흑1과 3의 수순을 바꾸어도 성립은 하지만, 이 수순은 정공법이 아니다. 그 이유는 참고형에서 설명하기로 하겠다.

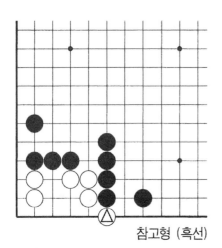

참고형 (흑선)

[참고형]

본형처럼 ⚊에 백돌이 있다면 2도는 성립하지 않기 때문이다. 그 이유는—

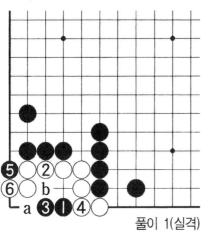

풀이 1(실격)

풀이 1(빅)

흑5의 젖힘이 선행되지 않고 흑1의 치중이 먼저이면 백2로 저항하는 수단이 있기 때문이다. 이하 백6까지 a, b가 맞보기가 되므로 이 그림은 빅이다. 또 흑3으로—

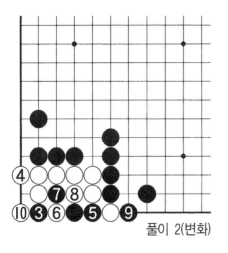

풀이 2(변화)

풀이 2(양패)

본도 흑3에 붙여도 백4로 궁도를 최대한 넓힌 다음 흑5의 끊음을 기다려 이하 백10까지 양패가 되어 산다. 젖힘이 선행되고 안 되고의 차이가 이처럼 크다는 것을 알아야 한다.

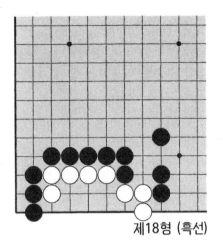

제18형 (흑선)

【제18형】

본형은 결론을 말하면 정해가 3가지다. 그러나 죽음의 궁도로 유도한다는 의미에서는 똑같다.

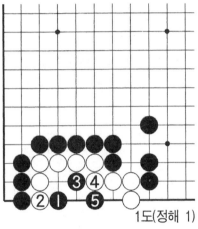

1도(정해 1)

1도(배운 수순)

지금까지 배운 수순은 5궁도화를 유도하는 본도의 진행이다. 수순중 백2로–

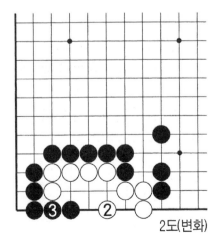

2도(변화)

2도(눈부족)

본도 백2에 지키면 흑3으로 넘어가, 이 곳에는 백이 눈을 만들 수 있는 공간이 없다.

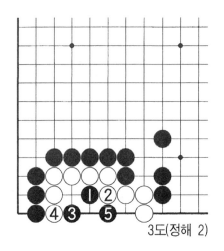

3도(정해 2)

3도(1도와 동일)

본도의 수순도 성립한다. 흑1과 3의 수순만 바뀌었을 뿐 결과는 1도와 같은 것이다.

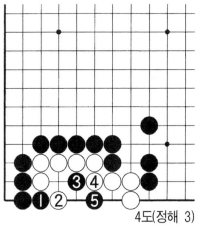

4도(정해 3)

4도(심플)

같은 정해라도 본도의 수순이 사실상은 가장 심플하다고 할 수 있다.

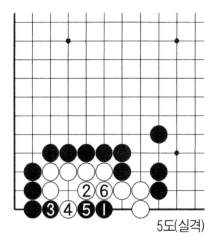

5도(실격)

5도(패)

일견 가장 눈에 들어오는 흑1의 치중은 이 경우 성립하지 않는다. 백2의 저항이 있기 때문이다. 이하 백6까지 아슬아슬하게 패가 난다.

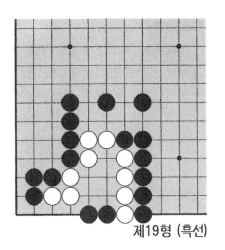

제19형 (흑선)

【제19형】

본형은 사실 작위적인 문제다. 다만 5궁도화를 연습한다는 차원에서 검토하기 바란다.

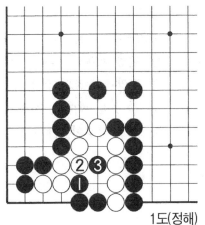

1도(정해)

1도(절묘)

본도의 수순이 아니면 잡는 수단이 없다. 여기서도 흑1·3의 급소가 절묘하여 백을 5궁도화로 잡을 수 있다. 그리고 한 가지 덧붙일 사항은 중앙의 궁도를 백의 자충을 이용하여 흑이 보호하고 있다는 사실이다.

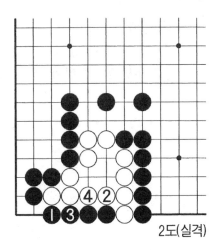

2도(실격)

2도(백 완생)

흑1로 젖히면 두 점은 구출할 수는 있지만, 백4까지 백의 생사는 분명히 보장된다.

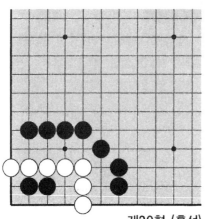

제20형 (흑선)

【제20형】

 귀에서는 이러한 8궁도 급소 3
곳이면 5궁도화로 만들 수 있다.
마지막 남은 한 곳은 어디일까?

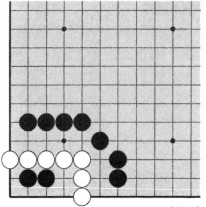

1도(정해)

1도(효과)

 그 곳은 바로 본도 흑1이다. 참
고로 흑1 다음 공배가 메워지면 백
의 전체 모양은 눈모양이 없으므
로, ×의 두 곳은 백이 두어야 하
는 곳이 된다. 이것이 흑1의 효과
이다.

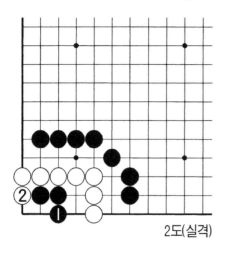

2도(실격)

2도(만년패)

 흑1은 급소를 빗나갔다. 백2에
꼬부리면 만년패의 모양이 된다.

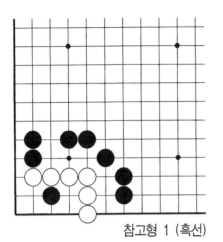

참고형 1 (흑선)

[참고형 1]

본형은 제20형이 만들어지기 직전의 모양이다. 어디가 급소일까?

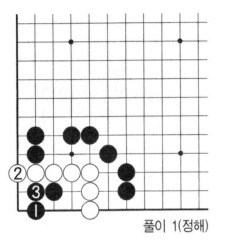

풀이 1(정해)

풀이 1(급소)

먼저 흑1이 급소가 된다. 백2로 궁도를 넓히면 흑3으로 두어 제20형의 1도를 유도할 수 있다. 만약 흑3을 먼저 놓으면 백이 패로 버틸 수 있어 실격이 되는데, 그 변화는 참고형 2에서 설명하겠다.

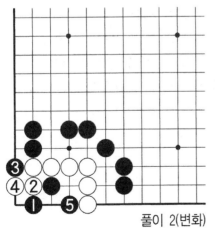

풀이 2(변화)

풀이 2(5궁도화)

흑1 때 백2라면 흑3에 젖힌 후 흑5를 차지하여 5궁도화가 된다. 수순중 흑1로는 흑3에 먼저 젖히고 두어도 무방하다.

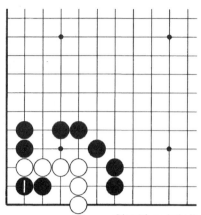

참고형 2 (백선)

[참고형 2]

본형에서 흑1은 급소를 빗나간 것이다. 어째서일까?

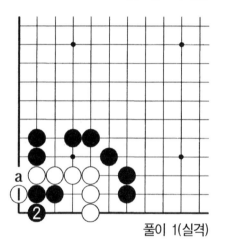

풀이 1(실격)

풀이 1(달콤한 생각)

흑의 의도는 백a나 백1을 기다려 흑2에 두어 5궁도화를 만들려는 것이지만, 이는 어디까지나 혼자만의 달콤한 생각이다. 백1로는

–

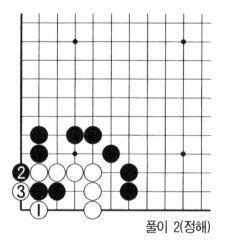

풀이 2(정해)

풀이 2(패)

본도 백1에 붙이는 귀수가 있어 흑3까지 패가 된다. 어째서 이 곳이 쌍방간의 급소가 되는지 실감할 수 있을 것이다.

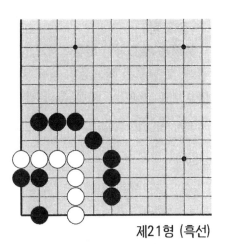

제21형 (흑선)

【제21형】

본형도 귀9궁 속에서 죽음의 궁도를 만드는 전형적인 모양이다.

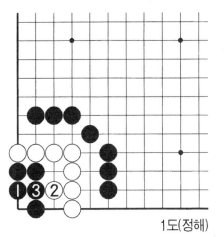

1도(정해)

1도(유일)

흑1이 5궁도화로 만드는 유일한 급소다. 반대로 이 곳(흑1)을 백에게 내어주면 어떡하든 잡는 길은 없다.

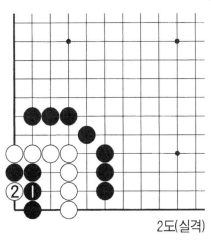

2도(실격)

2도(곡4궁)

본도 흑1은 수순이 틀린 것으로, 백에게 2의 곳을 뺏기면 백이 흑 넉점을 잡는 모양이 곡4궁으로 살려 주고 만다.

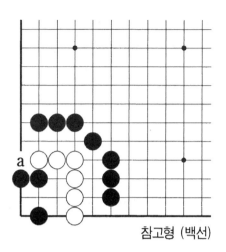

참고형 (백선)

[참고형]

본형은 제21형이 만들어지기 직전의 모습이다. 백이 a를 막아 죽었으므로 백은 이 곳을 두어서는 안 될 것이다.

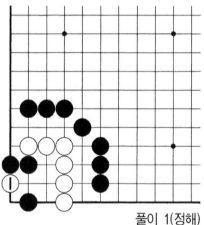

풀이 1(정해)

풀이 1(급소)

급소는 역시 백1의 곳이다. 이 곳을 선점한 후-

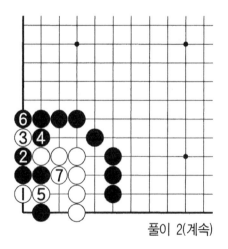

풀이 2(계속)

풀이 2(백 완생)

계속해서 백7까지의 수순으로 살 수 있는 것이다. 만약 흑2로 나가지 않고 5의 곳에 두면, 이번에는 제21형 2도의 모양처럼 백2로 막아 그만이다.

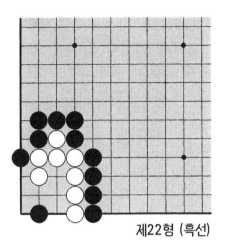

제22형 (흑선)

【제22형】

본형은 자충을 이용해 5궁도화를 만들어 보라는 문제다.

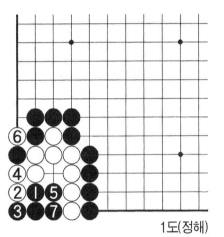

1도(정해)

1도(자충)

흑1·3의 수순이 언뜻 생각하기 쉽지 않은 것으로, 흑5 때 불행하게도 백은 7의 곳이 자충이 되어 곡4궁을 만들 수 없다. 따라서 백6으로 잡을 수밖에 없을 때 흑7이면 완전한 5궁도화다.

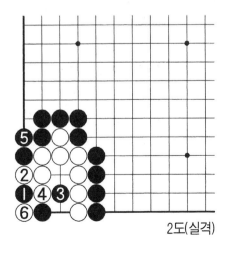

2도(실격)

2도(패)

본도 흑1·3이면 백4가 급소 자리이므로, 결국 백6까지의 수순으로 패가 되는 정도다.

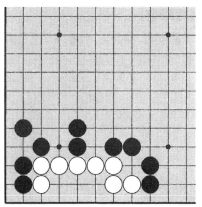

제23형 (흑선)

【제23형】

본형은 변7궁의 대표적인 모양인데, 포인트는 5궁도화가 된다는 것이며 정해는 2가지다.

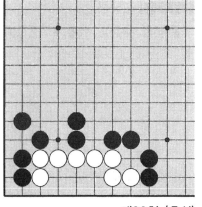

1도(정해 1)

1도(급소 3곳)

우선 본도의 수순이 가장 많이 알려진 정해로, 급소 3곳이 가장 극명하게 나타나고 있다.

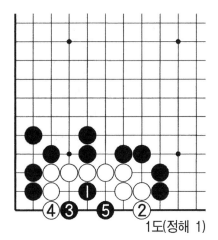

2도(정해 2)

2도(실전적)

전도의 수순을 바꾼 흑1·3의 수순이 사실은 더욱 실전적이다. 전도의 수순은 주변과의 관계가 바뀌면 성립하지 않을 때도 있기 때문이다.

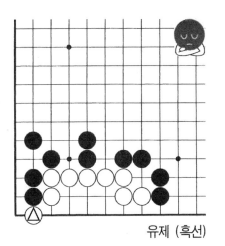

유제 (흑선)

[유제]

이 모양에서는 1도의 수순이 성립하지 않는다. 백△의 젖힘이 있기 때문이다. 자, 이 백을 잡는 유일한 수순은?

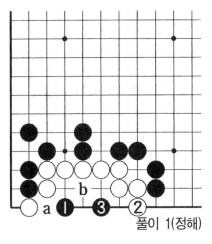

풀이 1(정해)

풀이 1(1선 치중)

이 때는 흑1의 1선 치중만이 성립한다. 흑3 이후 백a라면 흑은 즉시 b에 두어 잡는다.

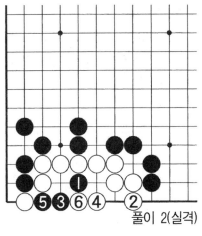

풀이 2(실격)

풀이 2(젖힘 덕분)

본도는 1도의 수순과 같은데, 흑3 때 1선의 젖힘 덕분에 백4로 저항할 수 있어 이 백을 잡는 길은 없다.

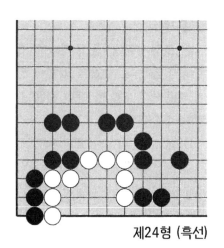

제24형 (흑선)

【제24형】

본형은 결론을 먼저 말하자면 정해가 2가지다. 그러나 5궁도화로 유도하는 결과는 같다.

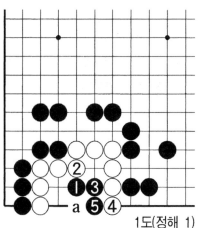

1도(정해 1)

1도(보호)

먼저 본도의 수순이 있다. 흑1·3·5의 위치와 흑돌 3개가 a의 곳을 보호하고 있다는 사실을 확인하기 바란다.

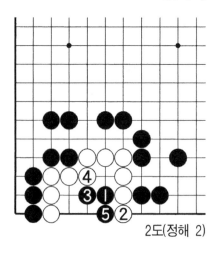

2도(정해 2)

2도(동일)

흑1부터 두는 것도 성립한다. 그러나 흑5까지의 결과는 전도와 똑같은 것이다.

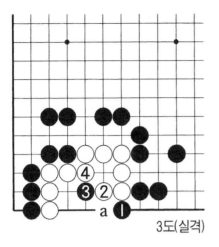

3도(실격)

3도(웅크림)

흑1에 먼저 젖히는 것은 이 경우 성립하지 않는다. 백2로 웅크리는 수가 있기 때문이다. 백4 다음 흑은 a의 연결이 불가능하다.

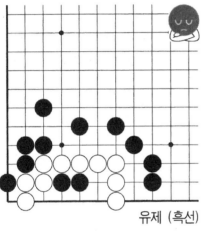

유제 (흑선)

[유제]

본 문제와 같은 경우 5궁도화로 만들 수 있는 곳은 딱 1곳이다. 그곳은 어디일까?

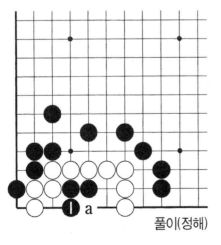

풀이(정해)

풀이(급소)

역시 흑1인데 여기가 5궁도화의 급소인 것이다. 흑돌 3개가 a의 곳을 보호하고 있음에 주목하기 바란다.

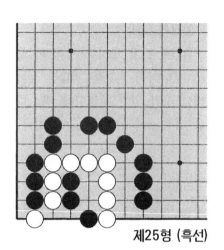

제25형 (흑선)

【제25형】

　본형은 5궁도화와 돌밑수를 노리는 문제다.

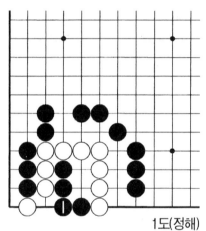

1도(정해)

1도(절대)

　우선 흑1을 백에게 당하면 패가 되므로 이 곳은 절대가 된다. 다음 –

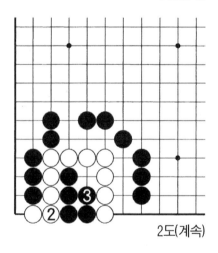

2도(계속)

2도(5궁도화)

　백2로 이으면 알기 쉽게 흑3으로 5궁도화가 되며 –

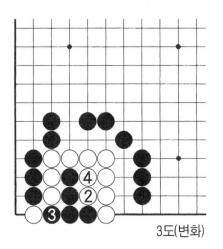

3도(돌밑수)

5궁도화를 피해 백2로 저항할 때는 돌밑수를 이용할 수 있다. 흑3으로 자청해서 백4로 따내게 한 다음 -

3도(변화)

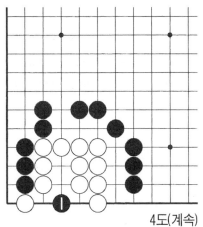

4도(후치중수)

전도의 따낸 상태가 다음과 같은 모양인데, 흑1에 치중하면 잡을 수 있다.

4도(계속)

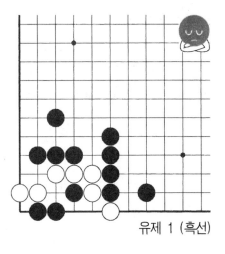

[유제 1]

제25형이 변에 뉘여진 형태가 되면 이 문제와 같다. 어떻게 같은지 풀어 보자.

유제 1 (흑선)

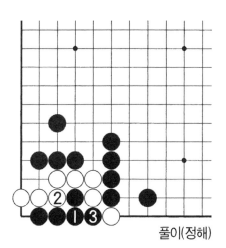

풀이(정해)

풀이(백 죽음)

흑1 때 백이 흑3의 곳에 두면 흑은 백2의 곳에 두어 5궁도화가 된다. 백2라면 흑3에 두어 돌밑수를 이용해 잡을 수 있는 것이다.

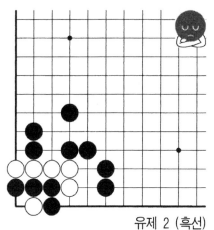

유제 2 (흑선)

[유제 2]

이 모양도 같은 맥락의 문제이다. 흑이 갇혀 꼼짝할 수 없는 것 같은데, 여기에도 백을 잡는 길이 숨어 있다.

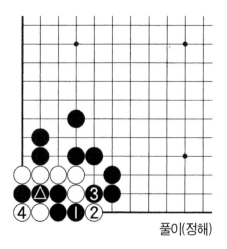

풀이(정해)

풀이(돌밑수)

흑1 이하 흑5까지 돌밑수로 잡는다. 수순중 마지막 흑5는 흑1의 곳을 먹여치거나 흑▲에 치중하면 된다.

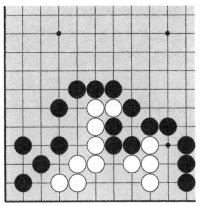

제26형 (흑선)

【제26형】

이 모양은 현현기경에 경운정서세(慶雲呈瑞勢)라는 이름으로 실린 문제인데, 모습은 요란하지만 사실은 제23형의 유제와 같은 것이다.

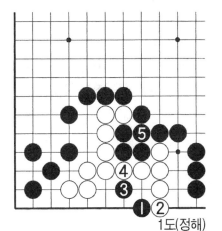

1도(정해)

1도(결과는 5궁도화)

본도의 수순을 보면 왜 제23형의 유제와 같은지 알 수 있다. 흑 5까지 5궁도화를 유도할 수 있다. 수순중 백2로-

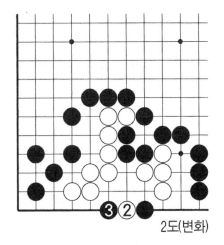

2도(변화)

2도(현혹)

본도와 같이 백2에 두어 현혹하면 흑3으로 껴붙이는 수순이 긴요하다.

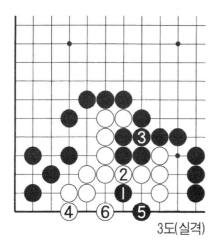

3도(잘못된 치중)

본도의 수순을 보면 제23형 유제의 풀이 2와 같다는 것을 다시 한 번 확인할 수 있을 것이다. 이 모양에서는 처음부터 흑1의 치중이 잘못인 것이다.

3도(실격)

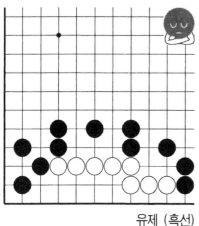

[유제]

제26형을 각색하게 되면 다음과 같은 문제가 만들어질 수도 있을 것이다. 이 백을 잡는 수순은?

유제 (흑선)

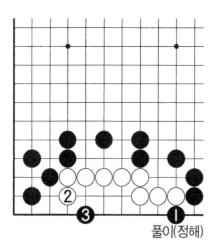

풀이(준비작업)

흑1의 젖힘은 백2를 기다려 흑3에 치중하기 위한 준비작업이다.

풀이(정해)

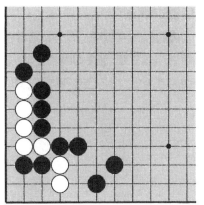

제27형 (흑선)

【제27형】

본형은 현현기경에 이자분애세 (二子分愛勢)라는 이름으로 실린 문제다. 자충을 이용해 5궁도화로 유도하는 것이 포인트다.

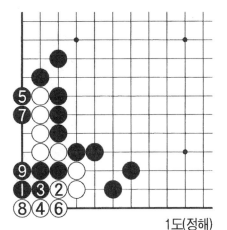

1도(정해)

1도(5궁도화)

본도의 수순으로 5궁도화가 되는데, 흑1은 일종의 맥이다. 백2·4로 조여 오면 흑도 7까지 조인 후 백8로 단수할 때 흑9의 이음이 중요하다. 수순중 백2로—

2도(변화)

2도(급소 공격)

본도와 같이 백2로 급소를 공격해 오면 흑7에 이르러 그만이다. 흑7로는 a에 두어도 무방하다.

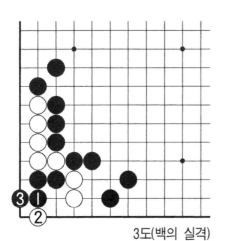

3도(백의 실격)

3도(착각)

흑1은 착각이다. 백2의 붙임이라면 흑3으로 응수하여 1도와 같아지겠지만, 백은 2로 두지 않고―

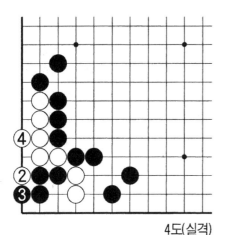

4도(실격)

4도(패)

백은 2·4의 패로 저항할 여지가 있는 것이다. 만약 흑3으로―

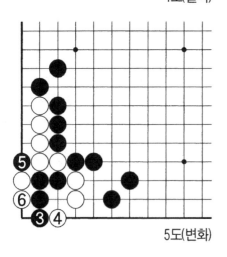

5도(변화)

5도(깨끗)

본도 흑3에 수를 늘리는 것은 백4·6으로 깨끗하게 살게 된다.

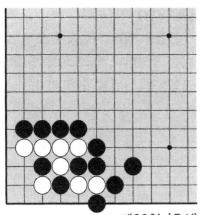

제28형 (흑선)

【제28형】

본형은 현현기경에 이자쟁공세
(二子爭功勢)라는 이름으로 실려
있는 문제로 세 번째 수가 포인트
다.

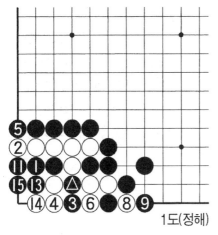

1도(정해)

1도(흑3 묘수)

흑15까지 긴 수순을 거쳐 5궁도
화가 되는데, 수순중 흑3은 일종
의 묘수다.

❼⑫ … ▲ ⑩ … ❸

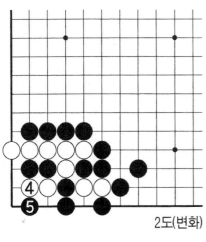

2도(변화)

2도(옆구리붙임)

전도 흑3으로 빠졌을 때 백이 본
도와 같이 백4로 잡으면 흑5의 옆
구리붙임에 의해 백이 잡힌다.

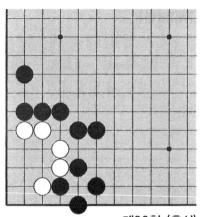

第29형 (흑선)

【제29형】

본형은 여러 사활집에 고루 보이는 모양인데, 5궁도화를 만드는 포인트는 11번째 수에 있다.

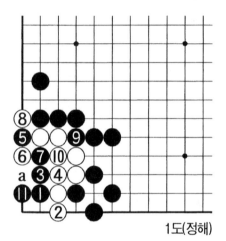

1도(정해)

1도(흑11 급소)

본도 흑11까지의 수순으로 5궁도화를 유도한다. 마지막 흑11은 제20형에서 보인 바 있는 급소로, 지금은 흑7이 하나 더 있지만 백이 a에 둘 수 없기 때문에 성립한다.

2도(5수째 실격)

2도(흑5 조급)

전도 백4 때 조급하게 흑5로 두고 나면, 흑9의 급소를 두어도 이제는 백10이 성립하여 5궁도화를 만들 수 없다.

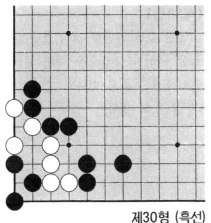

제30형 (흑선)

【제30형】

본형도 여러 고전에 두루 실려 있는 문제다. 이 백을 잡는 방법은?

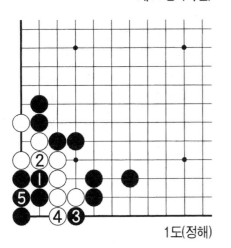

1도(정해)

1도(5궁도화)

본도 흑5까지의 수순으로 5궁도화를 유도하여 잡게 된다. 수순중 흑3으로 먼저 젖히지 않고 5의 곳에 먼저 이으면, 백4로 궁도를 넓혀 살려 주게 된다. 그리고 이 모양에서는 단서 조항이 있다.

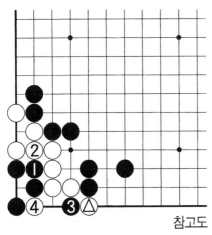

참고도

참고도(집어 넣는 수)

만약 백△가 하나 젖혀져 있다면 흑3 때 백4로 집어 넣는 수가 성립하기 때문에 이 점을 주의해야 한다.

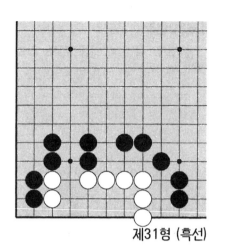

제31형 (흑선)

얼핏 보면 간단할 것 같으나 급소를 구성하는 요소에 대해 깊이 인식하지 못하고 있다면 쉽게 살려 줄 수도 있다.

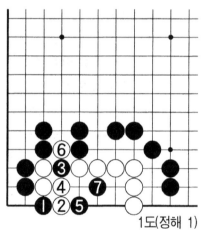

1도(정해 1)

1도(1선 치중)

본형의 포인트는 흑5의 1선 치중에 있었다. 이 곳에 생각이 미치지 못하면 이 문제는 절대 풀리지 않는다. 흑7까지 백이 잡힌 모습이다. 흑1의 젖힘으로는-

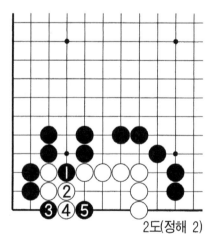

2도(정해 2)

2도(관건)

수순을 바꿔 흑1을 먼저 두어도 무방하다. 어쨌든 흑5의 자리를 둘 수 있느냐 없느냐가 관건인 것이다.

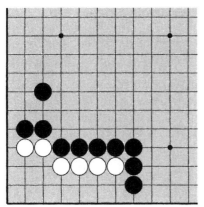

제32형 (흑선)

【제32형】

본형은 결론을 먼저 말하면, 현재는 잡을 수 있지만 외부에 공배가 2곳 이상 비어 있는 경우 잡을 수 없다는 것이다.

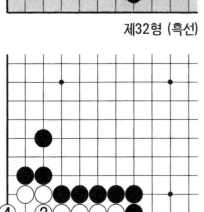

1도(정해)

1도(백 죽음)

일단 흑1·3의 수순은 급소로 절대다. 백4로 방어할 때 다음 흑5의 비마가 궁도를 좁히는 묘착이다. 이하 흑11까지의 결과, 유가무가 내지는 죽음의 4궁이다.(a와 b가 맞보기) 수순중 백10으로—

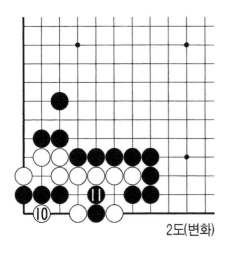

2도(변화)

2도(빠지는 수)

본도 백10으로 궁도의 급소를 공격해 오면 흑11로 빠지는 수가 포인트가 된다. 백이 꼼짝없이 잡힌 모습이다.

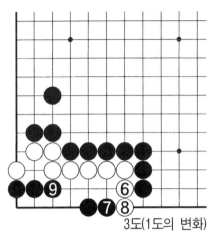

3도(1도의 변화)

3도(준비된 수순)

1도의 백6 대신에 본도 백6으로 패의 수단을 노리면, 흑7·9가 준비된 수순이며 −

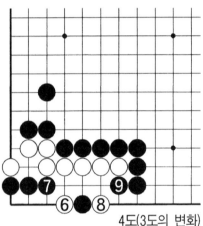

4도(3도의 변화)

4도(환원)

본도 백6으로 안쪽을 막으면 흑9까지, 2도 백10을 두기 직전의 상태로 환원된다. 이것으로 백의 작전은 다 무위로 돌아가고 만다.

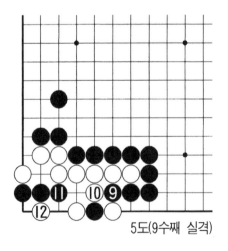

5도(9수째 실격)

5도(빅)

주의할 점은 1도 흑9로 본도 흑9의 바깥쪽을 먼저 공격하는 경우다. 백10이면 흑11을 두어야 하는데, 바로 이때 백12의 수단이 있어 빅이 된다. 수순 미스가 가져오는 결과다.

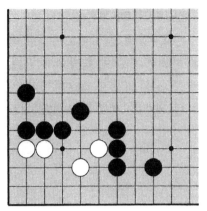

제33형 (흑선)

【제33형】

본형은 실전적인 모양으로, 흑의 첫 수에 대해 백이 응수하는 변화는 3가지나 된다.

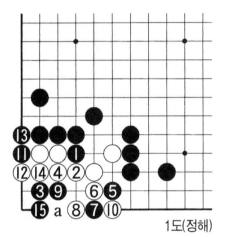

1도(정해)

1도(타이밍)

우선 백2에 바로 막는 것은 흑15까지 5궁도화가 되는데, 수순중 흑7·9의 타이밍이 중요하다. 만약 흑7로 흑11·13을 먼저 두는 것은 백14로 이은 다음 흑7·9로 둘 때 백이 15의 곳에 붙이는 수단이 발생하여 빅의 여지가 생긴다.

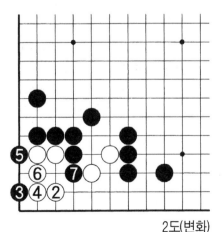

2도(변화)

2도(치중)

이번에는 백2로 늦춰 받았을 때의 변화다. 이 때는 흑3의 치중이 긴요하여 흑7까지의 수순으로 잡는 것이 옳다. 수순중 흑3으로 –

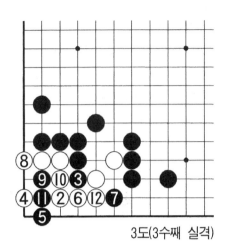

3도(3수째 실격)

3도(빅의 여지)

본도 흑3에 먼저 나오는 것은 백 4 이하의 수단이 발생하게 된다. 백12 다음 계속 진행하면 빅의 여지가 생긴다. 수순중 흑7로 -

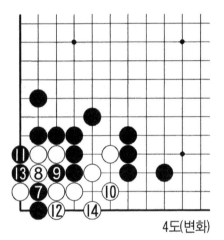

4도(변화)

4도(부분삶)

본도 흑7에 공격하는 것은 일단 백8로 막은 후 흑9를 기다려 백 10으로 이쪽을 지키는 것이 호수 순이다. 이하 백14까지 절반이 살아가는 수단이 있다.

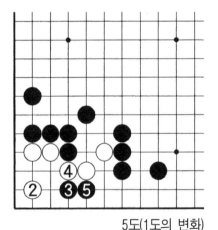

5도(1도의 변화)

5도(백 죽음)

이번에는 백2로 늦춰 받았을 때의 변화다. 백2에는 흑3의 치중이 긴요하다. 흑5까지 이 백은 죽음이다.

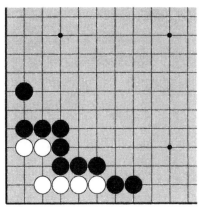

제34형 (흑선)

【제34형】

이 모양도 고전에 실려 있는 궁도 사활이다.

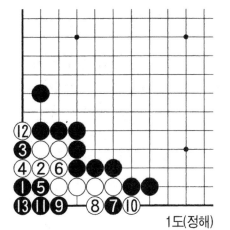

1도(정해)

1도(명쾌)

본도의 수순이 가장 명쾌하다. 흑1의 치중은 놓쳐서는 안 되는 급소이고 백2로 받아야 할 때 이하 흑13까지 5궁도화를 만들 수 있다. 고전의 풀이에는 흑3 이하를—

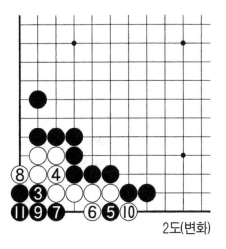

2도(변화)

2도(동일)

본도의 수순으로 해 놓았다. 어쨌든 5궁도화로 유도하는 방법은 동일한 것이다.

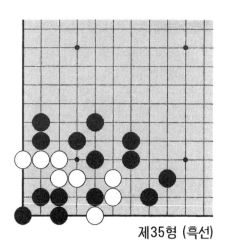

제35형 (흑선)

【제35형】

이 모양도 고전에 실려 있는 것으로, 변화 속에는 이른바 돌밑수가 있다.

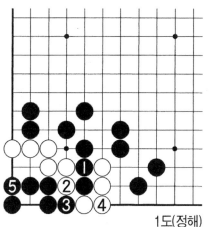

1도(정해)

1도(공배메움)

흑1 이하 백4까지의 수순을 거친 다음 흑5로 안쪽 공배를 메우는 것이 1단계 흑의 작전이다. 흑5의 곳을 백에게 당하면 패의 여지가 생기므로 조심할 일이다. 계속해서 –

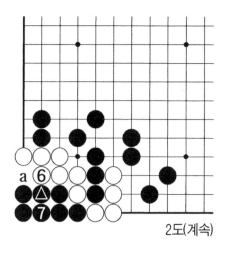

2도(계속)

2도(돌밑수)

백6 때 흑7로 이어 자청해서 포도송이를 만드는 것이 좋은 마무리로, 돌밑수를 통해 5궁도화가 만들어진다. 이후 백이 a에 따내면 흑은 먹여치거나 ▲에 치중하여 5궁도화가 되는 것이다.

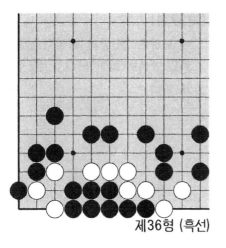

제36형 (흑선)

【제36형】

이 모양도 흑이 돌 10개를 희생한 후 돌을 들어낸 자리에 치중하는, 이른바 돌밑수를 이용하여 5궁도화로 만드는 문제다.

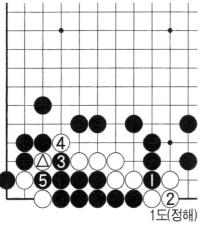

1도(정해)

1도(대형 사석)

우선 흑1로 끊어 이 곳에 옥집을 하나 만들고 흑3·5로 크게 키워 흑10점을 죽이는 것이 수순이다. 계속해서 —

⑥···△

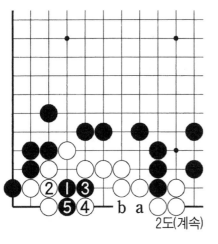

2도(계속)

2도(5궁도화)

본도의 수순으로 5궁도화를 만든다. 수순중 흑5로 a에 먹여치는 것은 백b로 따내 빅으로 살게 되므로 조심해야 한다.

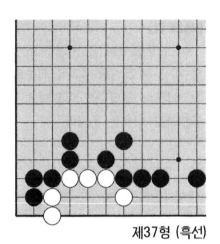

제37형 (흑선)

【제37형】

　이 모양은 변6궁의 실전형으로, 결론을 말하면 패가 아니고 5궁도화가 된다.

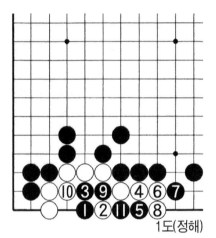

1도(정해)

1도(1선 치중)

　흑1로 치중하여 본도 흑13까지의 수순으로 5궁도화가 되는데, 수순중 흑5의 1선 치중에 주목하기 바란다. 이 수로-

2도(패)

　본도 흑5에 바로 단수치는 것은 백6의 패로 저항하게 되므로 실격이다.

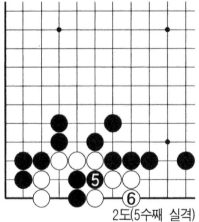

2도(5수째 실격)

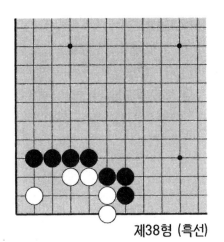

제38형 (흑선)

【제38형】

본형에서도 제37형의 1도와 같은 맥락의 모양이 만들어지는 변화가 있다.

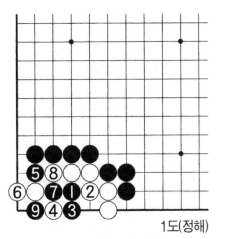

1도(정해)

1도(치받는 수에 주목)

이 모양에서는 흑1의 치중이 급소다. 이후 백4 때 흑5로 치받는 수에 주의를 기울이기 바란다. 백6이라면 흑7·9로 제37형의 1도와 같은 모양이 만들어진다. 만약 흑5의 수로 -

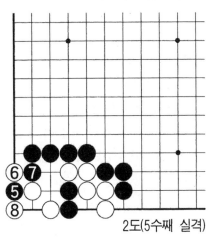

2도(5수째 실격)

2도(이맥)

본도 흑5에 붙이는 것이 맥인 듯싶지만, 백8까지 패가 되고 만다.

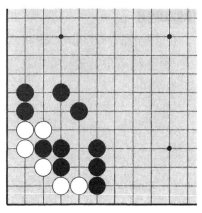

제39형 (흑선)

이 모양에서도 5궁도화가 만들어진다. 다만 알아 두어야 할 사항은 외부의 공배가 많을 경우에는 성립하지 않는다는 것이다.

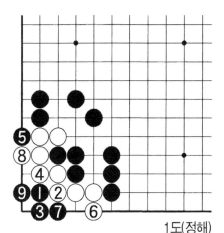

1도(정해)

1도(5궁도화)

흑1의 치중으로 시작하는 수순으로 흑9에 이르러 5궁도화가 된다. 수순중 백2를 4의 곳에 먼저 두면 흑9로 빠진 다음 동일한 수순을 거치면 된다. 또 전술한 외부 공배란 흑1의 붙임 때 백이 3이나 9로 붙여 수단을 부릴 경우의 변화에서 생기는 것으로, 외부 공배가 많으면 이런 수단이 성립한다.

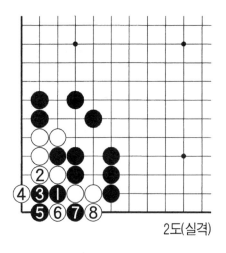

2도(실격)

2도(패)

가장 먼저 눈에 들어오는 수단은 흑1의 단수로 시작하는 본도의 패일 것이다. 그러나 죽음의 궁도에 익숙해지면 우선 1도가 보이게 된다.

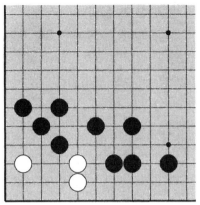

제40형 (흑선)

【제40형】
 이 모양 속에도 5궁도화의 변화
가 숨어 있다.

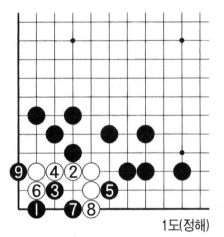

1도(정해)

1도(5궁도화)
 본도의 수순으로 5궁도화가 되
는데, 흑1·3·5의 수순에 주의할
필요가 있다. 수순중 백6으로 –

2도(변화)

2도(급소)
 본도 백6으로 저항하면 흑7이 급
소로 역시 5궁도화다.

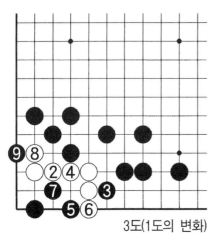

3도(1도의 변화)

3도(1도와 동일)

1도 흑1로 치중했을 때 백2로 궁도를 넓히는 것도 흑9까지라면, 결과는 1도와 같아진다.

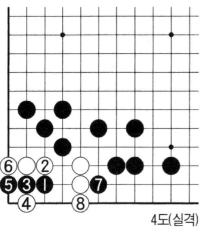

4도(실격)

4도(귀수)

흑1의 치중은 가장 먼저 읽혀지는 수단이지만, 이 때는 백4로 저항하는 귀수가 있다. 이 수법은 제20형의 참고형 2에서 본 것이다. 백8까지라면 크게 사는 모양이다. 흑도 5로는 —

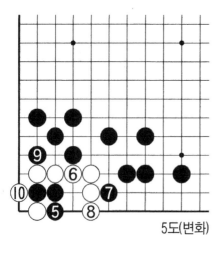

5도(변화)

5도(만년패)

본도 흑5로 막은 다음 백10까지의 수순으로 만년패를 만드는 것이 그나마 피해를 줄일 수 있는 길이다.

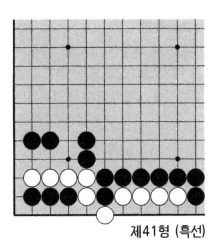

제41형 (흑선)

【제41형】

본형은 죽음의 궁도를 둘러싼 공방이 볼 만한데, 결국 최후에는 돌밑수로 끝나게 된다.

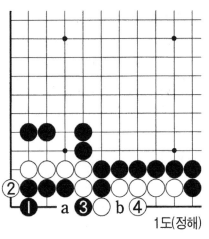

1도(정해)

1도(안간힘)

흑1과 백2는 필연이다. 또 흑3의 먹여침이 묘착일 때 백4 역시 a에 따내면 흑이 b로 먹여쳐 5궁도화가 되므로, 패로 버티기 위한 안간힘이다. 계속해서 −

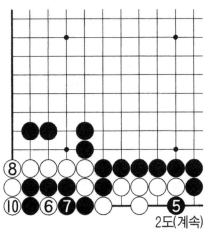

2도(계속)

2도(돌밑수)

흑5로 안형부터 없애는 것이 좋은 수다. 백6도 5궁도화를 피하려는 치중이지만 흑7, 백8 때 흑9로 잇는 것이 돌밑수를 만드는 수법이다. 백10으로 따내면 −

❾…⑥

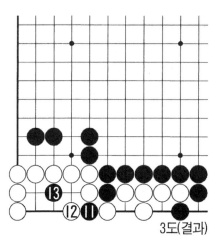

3도(결과)

3도(결론)

본도의 모양이 되므로, 이때 흑 11·13으로 5궁도화가 된다. 긴 수순이지만 이것이 본형의 결론이다.

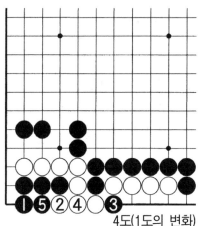

4도(1도의 변화)

4도(먹여침)

흑1 때 백2로 두면 흑3의 먹여침이 백의 안형을 없애는 좋은 수로, 백4로 이으면 흑5로 역시 5궁도화가 된다.

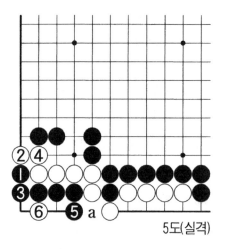

5도(실격)

5도(백승)

본도 흑1 이하는 흑이 수상전을 잘못 읽은 것이다. 백6의 치중에 흑은 a에 끊어도 한 수 부족이다.

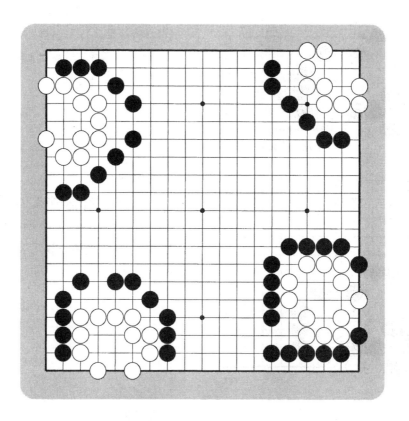

다음은 일명 매화6궁(梅花六宮)이라고 부르는 가장 큰 죽음의 궁도로, 정방형의 9궁 속에 빵따냄의 모양이 들어가 앉아 있을 경우 무조건 성립하게 된다. 쉽게 말해 빵따냄과 매화6궁은 하나의 원리 속에 공존하는 것이다.

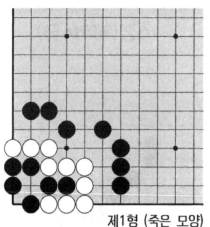

제1형 (죽은 모양)

【제1형】

이 백 모양은 과연 살아 있는 것일까 죽어 있는 것일까? 귀의 흑이 죽어 있으므로 집으로만 환산한다면 무려 12집이나 되지만, 불행히도 사활에서는 매화6궁일 뿐이다. 그 이유는 —

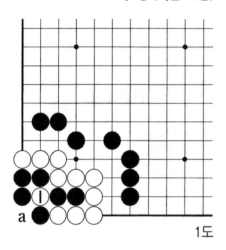

1도

1도(따냄)

백이 a에 먼저 둘 수 없기 때문에, 백은 이 흑을 잡기 위해서는 백1로 따낼 수밖에 없다. 계속해서 —

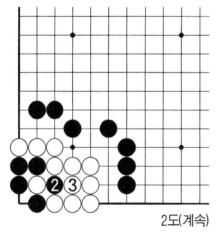

2도(계속)

2도(되따냄)

흑2로 다시 따내면 또 백3으로 두어야 하는데, 그 때 —

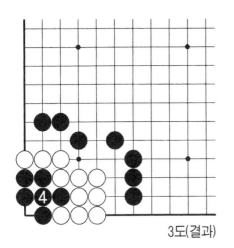

3도(결과)

3도(매화6궁)

흑이 4로 이으면 바로 매화6궁이 만들어지는 것이다. 따라서 허울만 좋을 뿐 백은 죽음뿐이다.

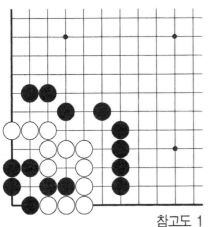

참고도 1

참고도 1(동일)

위와 같은 이유로 본도 역시 공배는 많지만, 제1형과 동일한 죽음이 있게 되며-

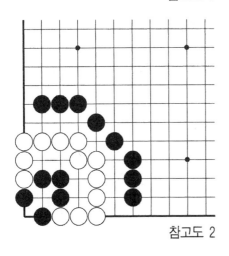

참고도 2

참고도 2(백 죽음)

본도 역시 흑이 다 잡히더라도, 백은 매화6궁으로 죽어 있는 모양이다.

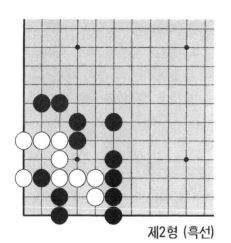

제2형 (흑선)

【제2형】

　본형은 패를 피하여 매화6궁으로 유도하는 것이 포인트다. 제1형으로 유도하는 수순을 찾으면 된다.

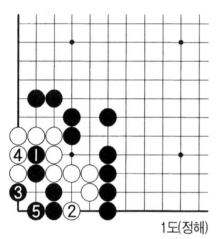

1도(정해)

1도(흑1 긴요)

　흑1이 긴요한 수로 백에게 이 곳을 뺏기면 그냥 잡는 수는 없다. 백2로 차단할 때. 흑3·5의 수순으로 제1형과 같은 모양이 된다.

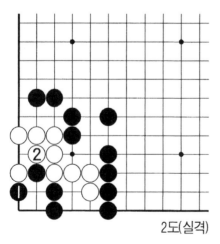

2도(실격)

2도(패)

　단순히 흑1로 막으면 백에게 2를 당하여 패를 피할 수 없으므로 실격이다.

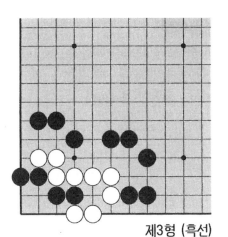

제3형 (흑선)

【제3형】

본형도 매화6궁을 구성하는 가장 중요한 급소를 찾는 문제다.

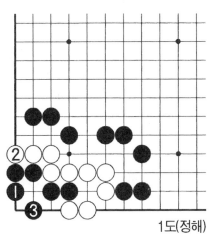

1도(정해)

1도(흑1 급소)

흑1이 백2와 흑3을 맞보는 급소로, 흑3에 이르러 백이 이 흑을 잡아도 매화6궁이 된다는 것은 제1형에서 익힌 바 있다.

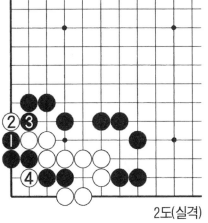

2도(실격)

2도(백 삶)

흑1로 넘어가도 백4쪽을 끊기게 되므로 이 백은 살고 만다.

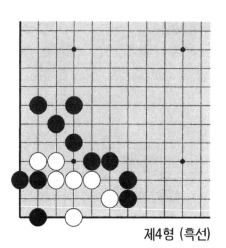

제4형 (흑선)

 이 모양도 고전에 실려 있는 매화6궁의 문제다. 제3형으로 유도하면 간단히 해결된다.

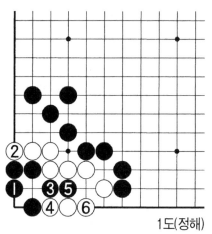

1도(정해)

1도(흑1 급소)
 흑1이 역시 급소다. 이어 백2로 차단해야 할 때 이하 백6까지 된 모양은 자체로 매화6궁이다.

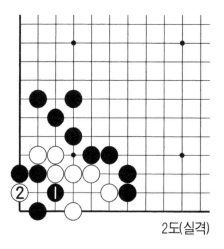

2도(실격)

2도(수순 미스)
 흑1은 수순이 틀린 것이다. 백2를 허용하면 죽음의 궁도란 없다. 이번에는 백이 크게 살고 만다.

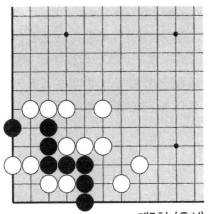

제5형 (흑선)

【제5형】

이 모양은 흑이 매화6궁을 피해 살 수 있는가 하는 문제다.

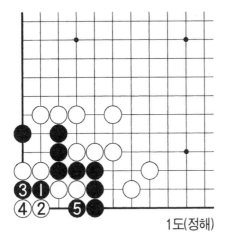

1도(정해)

1도(파괴 수순)

흑1·3이 매화6궁의 모양을 파괴하는 수순이다. 흑5까지 된 다음 -

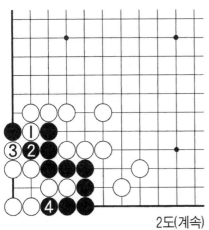

2도(계속)

2도(촉촉수)

백1·3으로 연결하면 흑4의 단수로 귀쪽을 촉촉수로 잡아 살 수 있다. 수순중 마지막 흑4로 가만히 단수치는 수가 침착하다.

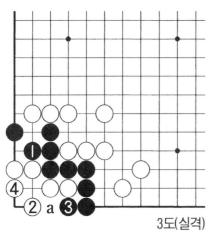

3도(실격)

3도(매화6궁)

흑1의 차단은 죽음의 궁도에 익숙하지 못한 수다. 백2·4에 의해 매화6궁이 만들어져, 흑이 a로 이 백을 잡는다 해도 흑 전체는 죽는다.

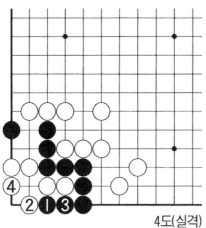

4도(실격)

4도(매화6궁)

흑1·3으로 공격하는 수단도 백2·4의 결과 역시 알기 쉬운 매화6궁이다.

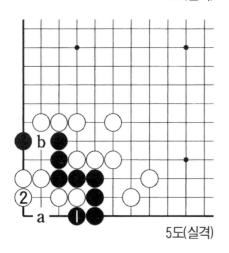

5도(실격)

5도(맞보기)

흑1이라면 백2의 급소가 있다. 이 수는 a와 b를 맞보는 수로, 제3형에서 익혔던 것이다.

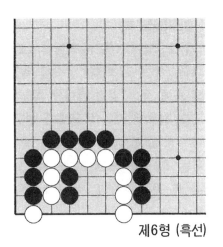

제6형 (흑선)

【제6형】

본형은 백의 응수 여하에 따라 매화6궁이나 5궁도화나 자충 중 하나가 선택된다.

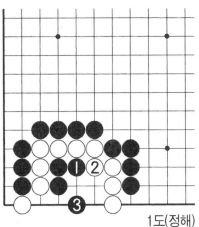

1도(정해)

1도(절대 수순)

흑1·3은 죽음의 궁도로 만들 수 있는 절대의 수순이며, 이후 백의 응수는 3가지로 나뉜다.

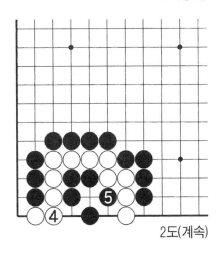

2도(계속)

2도(매화6궁)

먼저 백4로 궁도를 지키면 흑5로 매화6궁이 되며 –

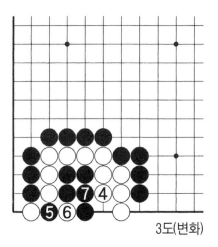

3도(변화)

3도(5궁도화)

본도 백4에는 흑5의 먹여침이 절대다. 이 수로 백6의 곳이나 흑7의 곳에 두는 것은 백에게 흑5의 곳을 허용해 죽음의 궁도가 만들어지지 않게 된다. 계속해서 백6에는 흑7로 5궁도화의 모양이 되어 백 죽음이다. 또 백6으로 –

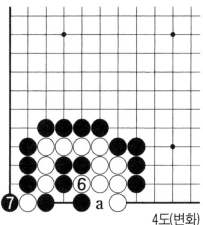

4도(변화)

4도(자충)

본도와 같이 백6으로 뒤에서 몰아가는 것은 흑7 다음 자충이다. 백은 a에 둘 수 없으므로 이것으로 죽음이다.

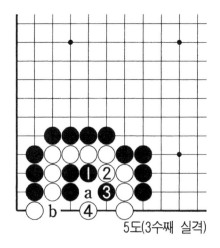

5도(3수째 실격)

5도(백 삶)

흑1, 백2 다음 흑3은 백4를 허용해 a와 b가 맞보기가 되므로 백 삶이다.

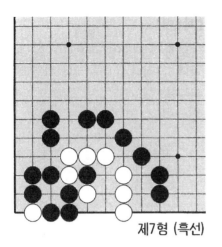

제7형 (흑선)

【제7형】

이 모양은 고전의 문제 중 매화 6궁으로 유도되는 과정을 발췌한 것이다.

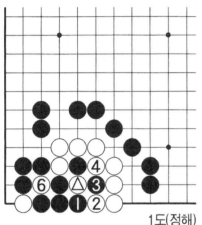

1도(정해)

1도(사석작전)

우선 흑1은 절대점인데, 문제는 백2에 대한 대비가 있어야 실행할 수 있을 것이다. 즉 백4의 단수에 흑5로 이어 크게 잡혀 주는 사석 작전이 요령이다.

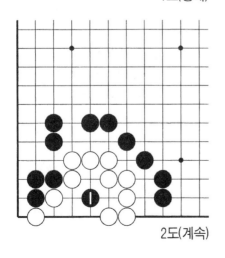

2도(계속)

2도(급소 치중)

전도의 결과 본도의 모양이 이루어지는데, 이때 흑1로 치중하면 백 죽음이다. 흑1은 매화6궁의 급소에 해당한다.

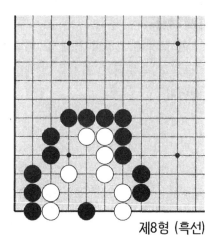

제8형 (흑선)

【제8형】

본형도 매화6궁으로 유도할 수 있다. 그러나 수순을 그르치면 빅이 된다.

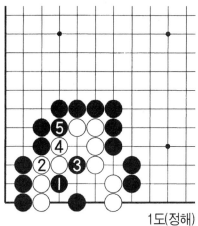

1도(정해)

1도(수순)

흑1·3·5가 매화6궁으로 만드는 수순이다. 만약 첫 수로-

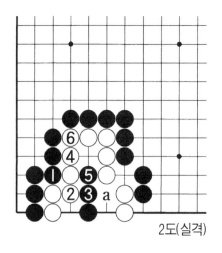

2도(실격)

2도(빅)

흑1처럼 외부에서 궁도를 줄이려는 것은 백6에 이르러 빅의 궁도가 된다. 이 경우 흑a는 아무런 도움이 되지 못한다.

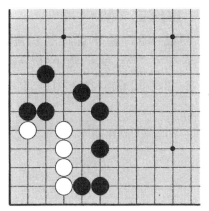

제9형 (흑선)

【제9형】

이 모양도 궁도 사활에 관한 한 빼놓을 수 없는 문제다.

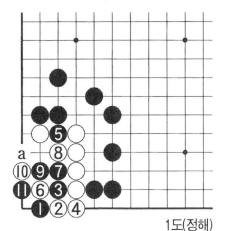

1도(정해)

1도(1선 치중)

흑1의 1선 치중이 급소다. 대개의 경우 이런 모양에서는 이 치중이 선행될 때가 많다. 흑11에 이르러 백이 a에 두어도 자체로 매화6궁이라는 것을 한눈에 알 수 있다. 수순중 백6으로ㅡ

(2도 diagram)

2도(변화)

2도(백 죽음)

본도 백6에 두어 장문 형태로 포위하는 것은 흑7·9로 그만이다. 백은 더 이상 사는 수가 없다.

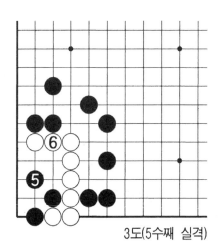

3도(5수째 실격)

3도(궁도 확장)

1도 흑5로 뚫지 않고 본도 흑5에 먼저 두는 것은 백6으로 궁도를 넓혀 이제는 그냥 잡는 수가 없다.

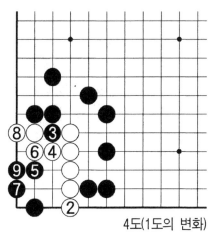

4도(1도의 변화)

4도(5궁도화)

또 백2로 막은 다음 흑3일 때 백4로 막으면 흑5·7이 역시 급소다. 계속해서 백8로 넓히는 것도 흑9로 이어, 이 결과는 5궁도화다. 수순중 백2로 –

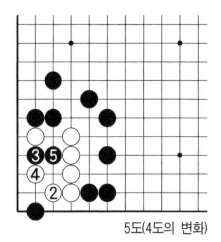

5도(4도의 변화)

5도(백 죽음)

본도 백2에 응수하는 것은 흑3·5로 그만이다. 역시 백은 알기 쉽게 잡힌 모습이다.

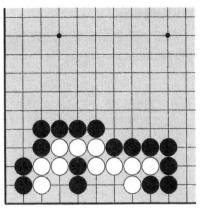

제10형 (흑선)

【제10형】

이 모양은 한눈에 궁도 사활임을 알 수 있다. 그러나 하나의 수순이라도 틀리면 그냥 잡는 수는 없다.

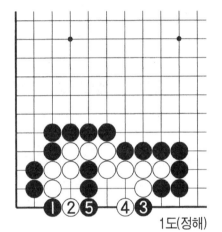

1도(정해)

1도(흑5 긴요)

흑1로 왼쪽을 젖히고 흑3으로 오른쪽을 젖혀 궁도를 줄이는 수순이 정확하다. 백4 때 흑5가 긴요하며, 이때–

2도(자충)

죽음의 궁도를 피해 일단 백6으로 한 집을 마련하면, 흑7로 자충을 만들어 잡을 수 있다. 또 백6으로–

2도(계속)

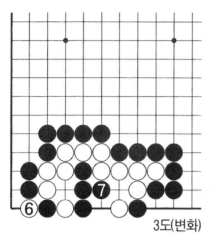

3도(변화)

3도(매화6궁)

본도 백6에 따내면 흑7로 매화 6궁을 벗어날 수 없다.

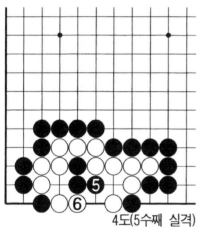

4도(5수째 실격)

4도(빅)

1도 흑5가 긴요하다고 했는데, 본도처럼 흑5로 꼬부리는 것은 조급한 판단으로, 백6을 뺏겨 빅이 된다.

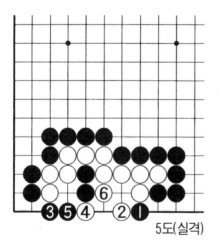

5도(실격)

5도(패)

흑1로 오른쪽을 먼저 젖히는 것은 수순 미스다. 흑3의 왼쪽 젖힘 때 백은 4·6의 패로 버틸 수 있기 때문이다.

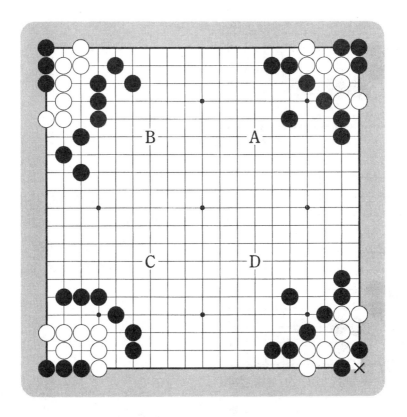

귀곡사는 한국과 일본의 룰에서만 적용되는 사활의 규정으로 그 모양은 A, B, C 3가지가 전부이며, D는 ×에 흑돌이 없을 뿐 A와 동일한 것이다. 귀곡사를 구성하는 가장 중요한 요소는 '2의 1' 급소 두 곳 중 적어도 하나는 빼앗아야 한다는 것이다.

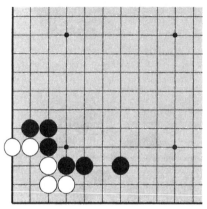

제1형 (흑선)

【제1형】

귀곡사를 만들기 위해서는 반드시 두 곳의 2의 1 중 하나를 점거해야 한다.

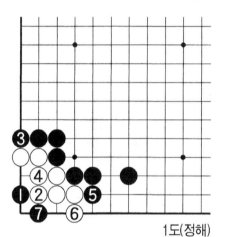

1도(정해)

1도(귀곡사)

흑1의 치중과 흑3의 환격 노림으로 우선 이 곳의 눈 모양을 없애야 한다. 그리고 흑5로 궁도를 줄여 흑7까지 이 모양은 귀곡사의 기본형 D와 같다.

[유제 1]

이 문제와 같은 모양에서는 기본형 B로 유도할 수 있다. 귀곡사를 만드는 수순은?

유제 1 (흑선)

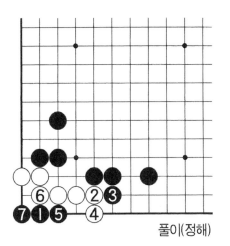

풀이(정해)

풀이(기본형 B)

흑1의 치중부터 흑7까지, 이 결과는 기본형 B와 같다.

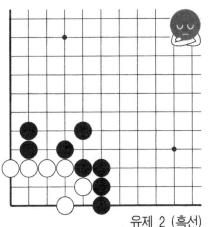

유제 2 (흑선)

[유제 2]

이 문제의 모양에서는 기본형 C를 만들 수 있다. 역시 귀곡사를 만드는 수순을 찾아 보자.

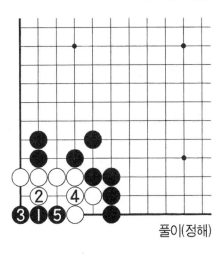

풀이(정해)

풀이(기본형 C)

흑1의 치중부터 흑5까지, 이 결과는 기본형 C와 같다.

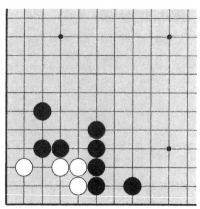

제2형 (흑선)

【제2형】

본형은 귀곡사로 유도하는 가장 실전적인 문제다.

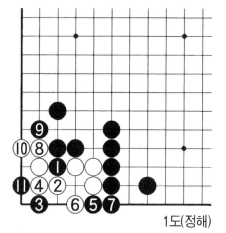

1도(정해)

1도(흑3 중요)

흑3의 치중이 가장 중요하다. 이곳을 놓치면 귀곡사는 존재하지 않는다. 다만 치중 이전에 흑1의 수순이 필요하다. 흑11까지 귀곡사가 완료된다.

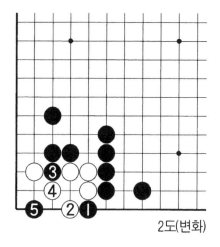

2도(변화)

2도(다른 수순)

흑1로 먼저 젖혀 둔 다음, 본도의 수순으로도 잡을 수 없는 것은 아니다. 그러나 이 수순은 정공법이 아니다.

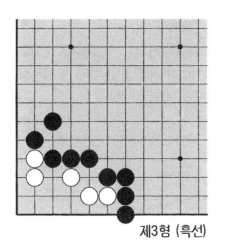

제3형 (흑선)

【제3형】

　본형은 고전에 실려 있는 문제인데, 정해가 2개가 되는 관계로 묘수풀이로서는 가치가 반감되었다.

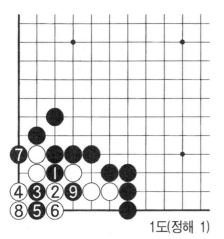

1도(정해 1)

1도(고전의 수순)

　고전에는 이 수순으로 잡게 되어 있는데, 흑3으로는 -

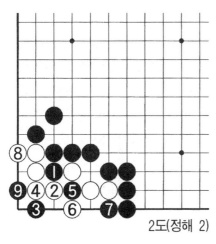

2도(정해 2)

2도(귀곡사)

　본도 흑3에 치중하고 흑5로 먹여친 다음 이하 흑9까지 귀곡사로 유도하는 수가 있는 것이다.

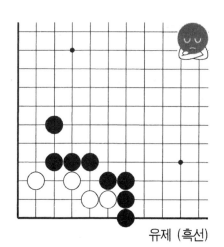

유제 (흑선)

[유제]

제3형보다는 이 모양이 문제로 서는 더 심플할 것이다. 이제는 정해가 하나가 된다.

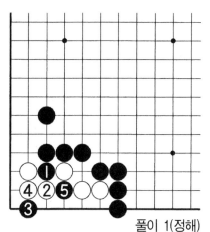

풀이 1(정해)

풀이 1(명쾌)

흑1·3·5의 수법이 귀곡사로 유도하는 명쾌한 수순이다.

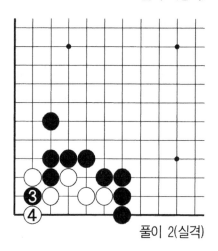

풀이 2(실격)

풀이 2(단수 방향)

정해의 흑1, 백2 다음 이번에는 흑3의 절단이 성립하지 않는다. 백4의 단수가 있기 때문이다. 단수의 방향이 정확했기 때문에 백이 살아가는 장면이다.

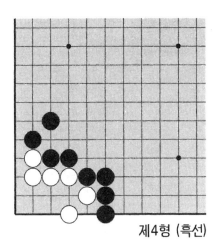

제4형 (흑선)

【제4형】

이 모양은 정석 과정에서 나타나는 실전적인 모양으로, 수순이 틀리면 살려 주게 된다.

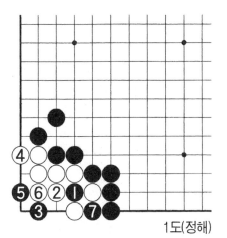

1도(정해)

1도(완벽)

흑1로 먹여치고 흑3으로 치중하는 수순이 정확한 것이다. 흑7까지 완벽한 귀곡사다.

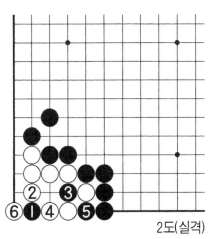

2도(실격)

2도(선치중이면)

흑1로 먼저 치중하는 수순으로는 잡지 못한다. 흑3으로 뒤늦게 먹여치면 백은 4로 물러서는 수가 있기 때문이다. 백6까지 깨끗하게 살아간다.

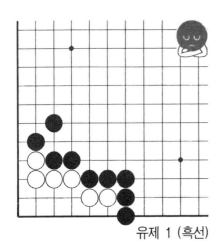

유제 1 (흑선)

[유제 1]

제4형과 같은 맥락으로는 이 문제가 있다. 백을 잡는 정확한 수순은?

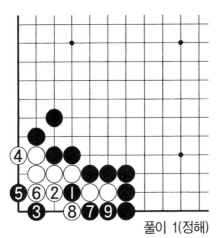

풀이 1(정해)

풀이 1(귀곡사)

제4형과 마찬가지로 흑1·3의 수순으로 귀곡사가 된다. 이 수순을 놓치게 되면 잡을 수 없다.

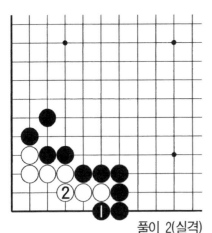

풀이 2(실격)

풀이 2(백 완생)

흑1로 단순히 궁도를 줄이면 백2로 꽉 이어 살아 있는 모양이 된다.

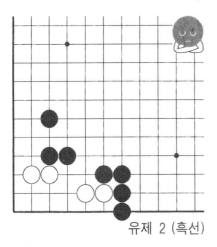

유제 2 (흑선)

[유제 2]

이 모양도 사실은 유제 1과 같은 것이다. 따라서 잡는 수법도 같다.

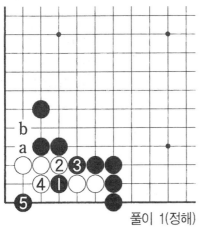

풀이 1(정해)

풀이 1(귀곡사)

흑1·3을 거쳐 흑5의 치중이 이루어지면 백a, 흑b만 생략된 것일 뿐 유제 1과 같다는 것을 알 수 있다. 따라서 백이 계속 저항해도 귀곡사로 결말난다.

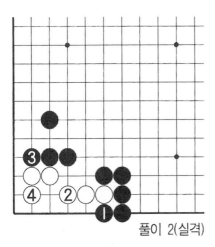

풀이 2(실격)

풀이 2(궁도를 줄이면)

단순히 흑1로 궁도를 줄인다면 역시 백2로 물러서 이 백을 잡는 수는 없다

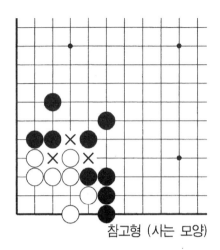

참고형 (사는 모양)

[참고형]

본형에서 유의할 점은 지금처럼 외부에 ×의 공배가 3곳 이상 비었을 경우에는 귀곡사가 성립하지 않는다는 것이다. 눌러잡기가 있기 때문이다.

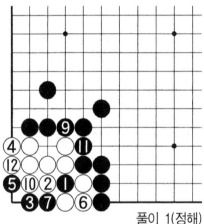

풀이 1(정해)

⑧ … ❶

풀이 1(눌러잡기)

흑1·3 이하 흑5까지의 수순은 같지만, 지금은 백6으로 저항하는 수단이 생긴다. 이어 백12까지 한 수 차이로 눌러잡기가 성립된다. 만약 흑9로 —

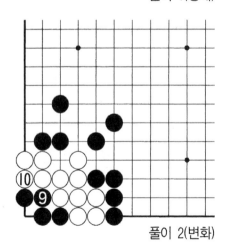

풀이 2(변화)

풀이 2(마찬가지)

본도 흑9와 같이 급소 자리를 두어도 간발의 차이로 죽음의 궁도를 만들 수 없어, 역시 백10의 눌러잡기로 살게 되는 것이다.

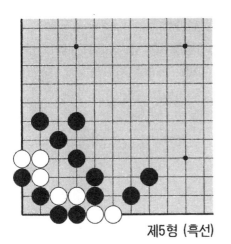

제5형 (흑선)

【제5형】

본형도 고전에 수록된 것이다. 돌밑수를 거쳐 귀곡사가 되는 수순은 음미할 만하다.

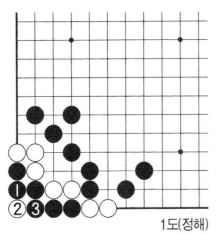

1도(정해)

1도(사석작전)

흑1로 이을 때 백2는 좋은 수지만, 흑은 3으로 크게 잡혀 준 다음—

④…②

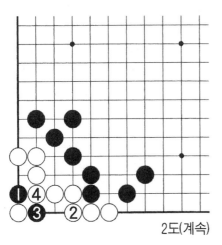

2도(계속)

2도(귀곡사)

흑1로 단수치는 수단이 준비되어 있다. 이때 백2로 궁도를 넓히면 흑3이 있다. 백은 4로 두어도 자체로 귀곡사의 모양이다.

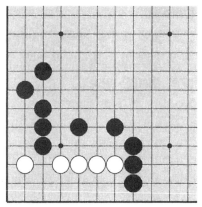

제6형 (흑선)

【제6형】

　본형에도 귀곡사의 변화가 숨어 있다. 그러나 잡기까지의 관문에는 함정이 도사리고 있다.

1도(비마)

　우선 흑1·3은 낯익은 것이며 흑5의 눈목자(비마)가 급소다. 이어 흑11까지 귀곡사가 된다.

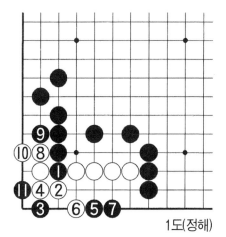

1도(정해)

2도(파호)

　전도의 수순중 흑3으로 치중할 때 백은 4로 호구하여 버티겠지만, 이하 흑9에 파호하게 되면 백 죽음이다.

2도(변화)

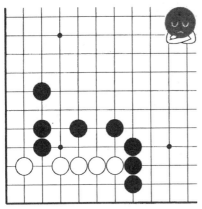

유제 (흑선)

[유제]

이 모양이라면 실전적인데, 좌측 흑 모양이 허술한 관계로 이제는 패가 최선이다.

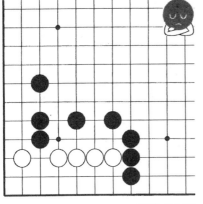

풀이 1(정해)

풀이 1(패)

본도 백8 때 흑9로 막아 안형을 하나 내 줄 수밖에 없기 때문이다. 따라서 백12까지 패가 나게 된다. 여기서 주의할 점은 흑5로―

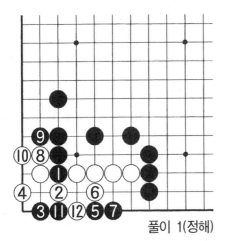

풀이 2(실격)

풀이 2(백6 호수비)

본도의 수순을 밟는 것이다. 흑5는 백6의 호수비를 간과한 경솔한 수로, 백10까지 깨끗이 살려 주게 된다.

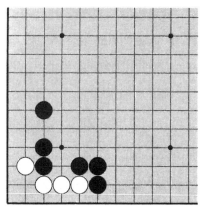

제7형 (흑선)

【제7형】

　본형도 실전적이라고 할 수 있다. 이 경우 하급자들은 대개 패를 만들기 쉬운데, 사실은 이런 곳에 귀곡사가 숨어 있는 것이다.

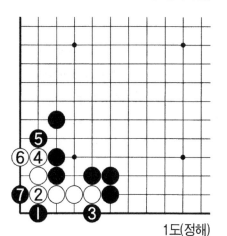

1도(정해)

1도(치중 선택)

　흑1로 먼저 치중을 선택하고 백2의 이음을 기다려 흑3으로 젖히면, 이하 흑7까지 귀곡사를 만들 수 있다. 만일 흑이 3으로 먼저 젖히면 백이 1의 곳을 선점하여 살게 되므로 유의해야 한다.

2도(변화)

2도(마찬가지)

　전도 흑3으로 본도 흑3에 막아도 흑7까지 귀곡사가 되는 것은 마찬가지다.

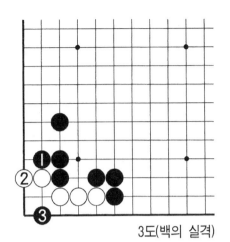

3도(백의 실격)

3도(혼자만의 생각)

본도 흑1은 백2를 기다려 흑3에 치중하겠다는 뜻이지만, 혼자만의 생각으로 백은 그렇게 두지 않는다. 흑1 때 백은 2로 —

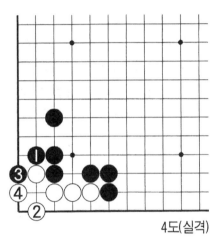

4도(실격)

4도(패)

본도 백2에 호구쳐 백4까지 패로 버티게 된다.

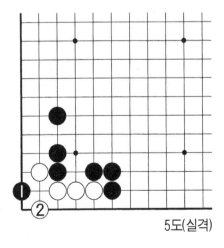

5도(실격)

5도(치중 미스)

흑1의 치중은 2의 1이기는 하지만 방향이 잘못되었다. 백2의 수비가 있는 것이다.

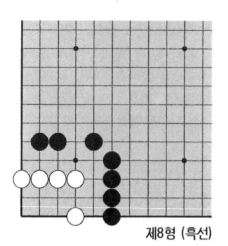

제8형 (흑선)

【제8형】

이 모양에서는 귀곡사의 기본형 C로 유도할 수 있다.

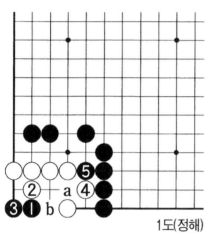

1도(정해)

1도(흑5 긴요)

흑1의 치중이 선행되어야 한다. 그리고 백4로 궁도를 넓힐 때 흑5가 긴요하다. 이후 백b라면 흑a에 먹여치고, 백a라면 흑b로 귀곡사가 된다.

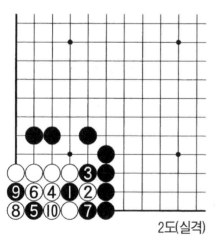

2도(실격)

2도(눌러잡기)

흑1로 껴붙이고 나서 흑3으로 공격하는 수순은 흑의 착각이다. 백8·10의 눌러잡기가 있기 때문이다.

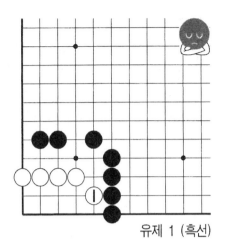

[유제 1]

참고로 제8형이 만들어지기 전 백이 1에 지키면 흑은 이 백을 어떻게 공략해야 할까?

유제 1 (흑선)

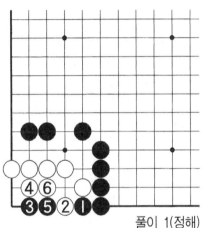

풀이 1(패)

흑1로 궁도를 좁히고 흑3으로 치중하여, 이하 백6까지의 수순으로 패를 만드는 것이 최선이다.

풀이 1(정해)

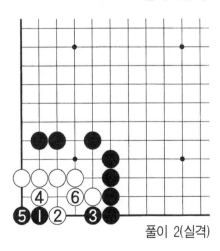

풀이 2(저항)

이 경우 먼저 흑1로 치중하는 것은 백2로 저항하여 백6까지 살게 된다.

풀이 2(실격)

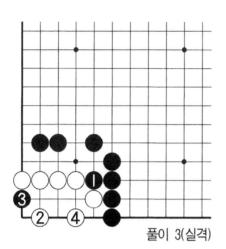

풀이 3(실격)

풀이 3(백2 좋은 수비)

흑1은 백2가 좋은 수비로, 흑3에 치중해도 백4까지 살게 된다. 이 모양에서 알아 두어야 할 사항은 외부의 공배 관계인데, 유제 2에서 다룬다.

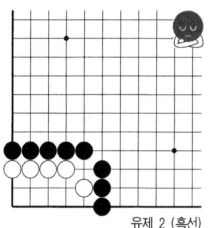

유제 2 (흑선)

[유제 2]

이 문제처럼 공배가 모두 메워졌다면 전혀 다른 수법으로 공략할 수 있는 것이다.

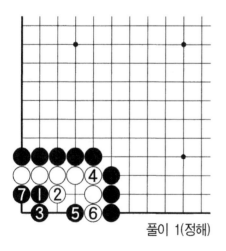

풀이 1(정해)

풀이 1(유가무가)

이 경우에는 흑1의 치중이 좋은 수다. 이하 흑7까지 유가무가로 잡을 수 있는 것이다. 수순중 백4로─

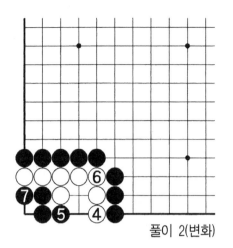

풀이 2(변화)

풀이 2(마찬가지)

본도 백4로 저항하면 흑5·7의 수순으로 역시 유가무가다.

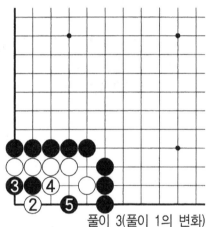

풀이 3(풀이 1의 변화)

풀이 3(껴붙일 때)

또 풀이 1의 백2로 본도 백2의 껴붙임이 끈질긴 저항이지만, 흑3·5로 잡을 수 있다.

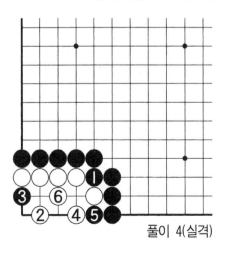

풀이 4(실격)

풀이 4(패)

본도 흑1이면 사고! 백에게 저항의 수단이 발생한다. 백2 이하의 수단이 있어 백6까지 패가 되는 것이다.

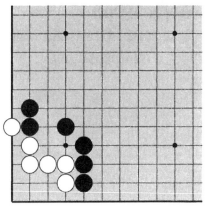

제9형 (흑선)

본형이 실전이라면 어떻게 잡는 것이 정수일까? 실전이라는 것은 바깥으로의 탈출도 염두에 두어야 한다는 뜻이다.

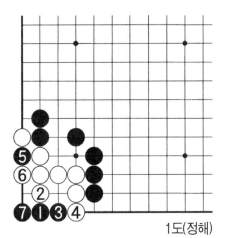

1도(정해)

1도(귀곡사)

실전이라면 본도의 수순으로 잡는 것이 최선이다. 흑7까지 기본형 C의 귀곡사가 된다. 수순중 백2로 -

2도(변화)

2도(탈출 불가능)

전도의 흑1 때 본도의 백2에 저항하면, 흑5를 거쳐 백6으로 끊을 때 흑7의 맥으로 탈출은 불가능하다.

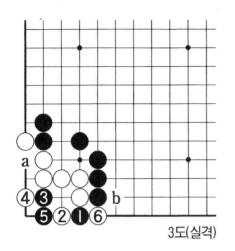

3도(실격)

3도(탈출 가능성)

본도의 수순도 외부로 탈출이 없다면 훌륭한 것이지만, 지금은 백b의 탈출과 백a로 눈을 만드는 것이 맞보기가 되므로 실격이다.

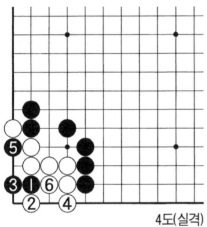

4도(실격)

4도(백 삶)

흑1로 치중하면 백2 이하로 저항하는 수단이 있다. 흑이 끝까지 잡으려 하면 백6까지의 수순으로 살게 된다. 수순중 흑5로 백6의 곳에 두면 백이 5의 자리를 차지하여 빅이 난다. 만약 흑3으로 –

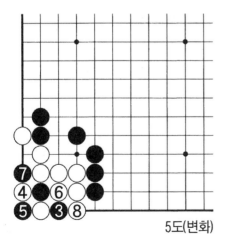

5도(변화)

5도(양패)

본도와 같이 흑3으로 젖히면 일견 패같아 보이지만, 백8까지의 수순으로 양패가 되어 산다. 또 백6으로는 –

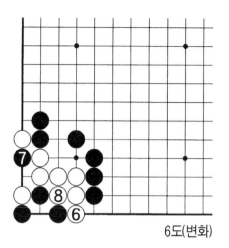

6도(변화)

6도(마찬가지)

본도처럼 흑6을 먼저 막아도 마찬가지 결과가 된다. 백8 다음 계속 진행하면 결국 전도와 같은 모양이 되는 것이다.

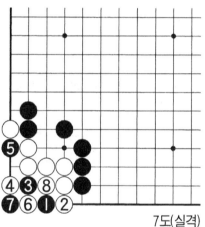

7도(실격)

7도(마찬가지)

흑1의 치중도 백8까지 5, 6도와 같은 결과가 된다.

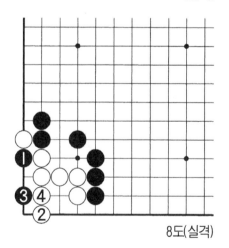

8도(실격)

8도(백 완생)

참고로 흑1로 먹여치는 것도 백2·4의 수순이 있어 알기 쉽게 살고 만다.

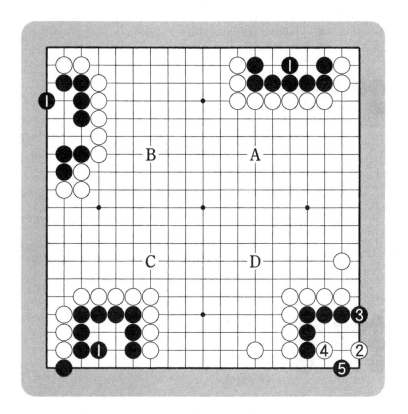

빅은 삶의 궁도 중 집이 없이 사는 특수한 모양을 말하는데, 이 때는 쌍방 서로 잡을 수 없기 때문에 그 상태 그대로 종국하게 되며, 계가시에는 무가(無家)로 처리한다. 빅을 구성하는 요인은 우선 죽음의 궁도를 피해야 하는 것이다. 그림 A, B, C, D는 가장 기초적인 빅의 궁도라고 할 수 있다.

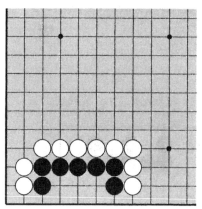

제1형 (흑선)

【제1형】

본형은 기본형 A에 해당하는 것으로, 이 흑을 사는 수단은 단 한 가지뿐이다.

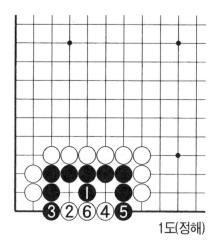

1도(정해)

1도(빅 삶)

흑1 이하가 유일한 삶의 수순이다. 백6까지 이 상태 그대로 빅이 된다.

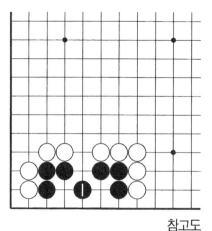

참고도

참고도(빅의 급소)

본도는 사실상 본형과 동일한 것이다. 따라서 빅으로 사는 급소도 역시 흑1의 곳이다.

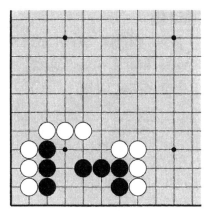

제2형 (흑선)

【제2형】

이 모양도 제1형과 같은 구조를 가지고 있다. 따라서 빅으로 사는 급소나 수순도 같다.

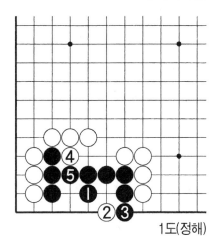

1도(정해)

1도(같은 구조)

흑1 이하의 수순을 보면 제1형과 같은 구조를 가졌다는 것을 알 수 있다. 만약 흑1로 -

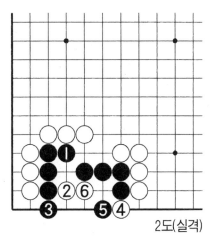

2도(실격)

2도(5궁도화)

본도 흑1로 궁도를 넓히려는 것은 백2 이하 백6까지 5궁도화의 모양이다.

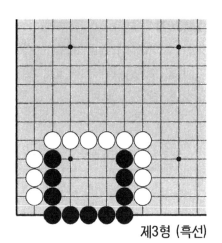

제3형 (흑선)

【제3형】

　본형은 제1형을 뒤집어 놓은 모양이다. 따라서 빅으로 만드는 급소도 반대쪽에 있다.

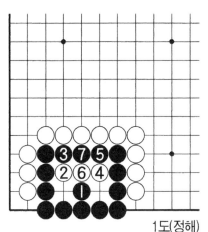

1도(정해)

1도(빅)

　흑1이 급소로 이 수가 아니면 삶이 없다. 이하 흑7까지 빅이 된다. 수순중 백2로 -

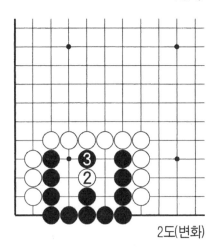

2도(변화)

2도(끼움)

　본도 백2로 공격해 오면 흑3으로 끼우는 수가 준비된 맥이다.

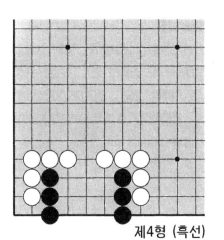

제4형 (흑선)

【제4형】

본형은 제3형이 변으로 한 칸 내려 앉았다고 생각하면 이해가 빠를 것이다.

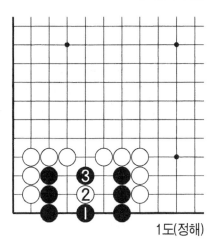

1도(정해)

1도(흑1 급소)

따라서 흑1이 급소가 된다. 백2에는 흑3으로 빅이 보장된다.

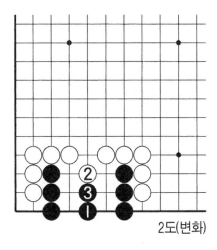

2도(변화)

2도(흑 완생)

흑1 때 백2로 늦춰 안형을 공격해 오면, 흑3으로 치받아 좌우에 눈을 만들 수 있다.

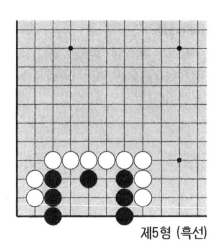

제5형 (흑선)

【제5형】

이 모양은 제4형이 가장 열악한 상태가 된 모양이다. 그러나 급소는 여전히 같은 곳이며, 다른 점이 있다면 패로 버티는 것이 최선이라는 것이다.

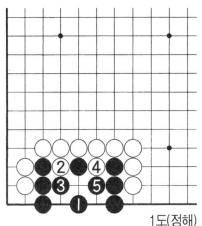

1도(정해)

1도(패)

본도의 수순이 패가 되는 최선의 진행이다. 흑1의 급소는 여전하지만, 흑5까지 패가 난다. 만약 백이 패를 피하여 잡으려 하면 —

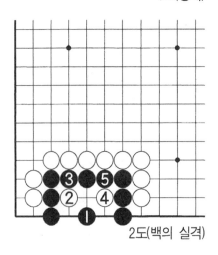

2도(백의 실격)

2도(빅)

백2·4로 흑의 안형을 공격하는 것인데, 본도의 수순에 의해 흑5까지 빅이 되므로, 이 진행은 백의 실격이다.

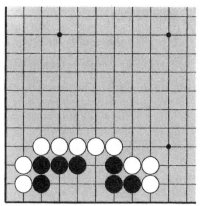

제6형 (흑선)

【제6형】

본형도 빅으로 사는 대표적인 실전형이다.

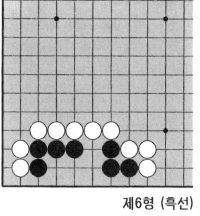

1도(정해)

1도(좌우 꼬부림)

이 모양은 좌우로 궁도를 꼬부리는 것이 포인트다. 흑1에 이은 흑3의 수순이 빅으로 유도하는 유일한 수단이다. 흑5까지 a와 b가 맞보기이므로 빅이다.

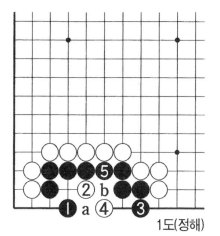

2도(백의 실격)

2도(흑의 착각)

이 모양을 제1형으로 유도하려는 것은 착각이다. 흑1로 궁도를 넓힐 때 백2로 두어만 준다면 흑3으로 제1형과 같은 빅이지만, 백은 2로 -

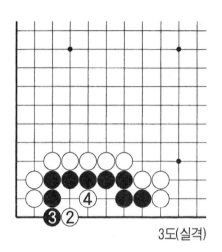

3도(실격)

3도(5궁도화)

본도 백2·4로 흑을 잡게 된다. 이것으로 이 모양은 5궁도화이기 때문이다. 수순중 백2의 치중으로는 –

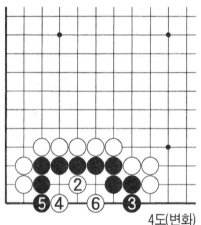

4도(변화)

4도(맹점)

본도 백2와 같이 중앙쪽에 치중하는 수도 있다. 이 역시 백6까지 5궁도화이지만, 이 수순이 주변 여건에 따라 맹점이 있을 수 있다는 것은 종합 5의 제26형에서 설명한 바 있다.

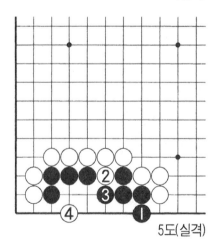

5도(실격)

5도(연타)

1도의 수순을 바꾸어 본도 흑1에 먼저 두는 것은 백2·4의 연타로 간단히 잡힌다.

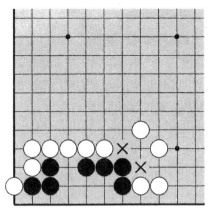

제7형 (흑선)

【제7형】

본형은 제6형과 비교하여 ×의 공배가 비어 있는 점이 다르다. 이 때는 어떻게 지키는 것이 정수일까?

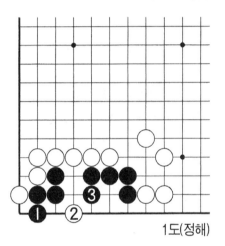

1도(정해)

1도(지키는 방향)

이 때는 오른쪽의 공배가 있으므로 흑1쪽을 지키는 것이 이득이다. 백2에는 흑3으로 빅을 만든다. 만약 백2로 –

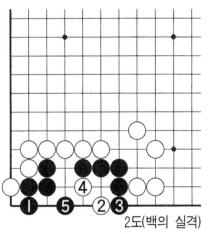

2도(백의 실격)

2도(공배 덕분)

본도 백2·4로 공격해 오면 흑5까지 크게 살아, 이 결과는 백의 손해가 크다. 이런 결과는 외부 공배 덕분이다.

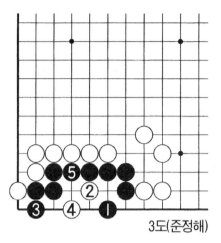

3도(후수 빅)

제6형에서는 본도의 수순이 정해였으나, 이 결과는 흑5까지 후수 빅이기 때문에 1도에 비해 흑이 손해가 된다.

3도(준정해)

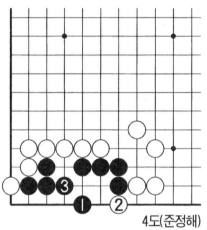

4도(귀의 특수성)

흑1로도 백의 응수에 따라 5도의 빅이나 본도처럼 그냥 살 수는 있다. 그러나 이 또한 후수라서 1도에 비해 못하며, 특히 귀의 특수성이 있어 성립하는 것이므로 일반적 수비는 아니다. 수순중 백2로－

4도(준정해)

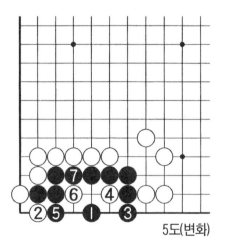

5도(결론은 흑의 후수빅)

백2의 젖힘이면 본도의 수순으로 흑의 선수 빅이지만, 백2로 백6의 곳을 먼저 치중하여 백의 선수 빅이 되는 것이다. 그리고 본도에서 귀의 특수성이 아니라면 백4로 흑5의 곳에 두어 잡는 수가 성립하므로 조심을 요한다.

5도(변화)

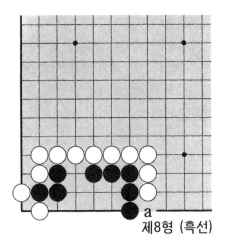

제8형 (흑선)

【제8형】

이 모양은 제7형의 5도와 같은 것이다. 결론을 먼저 말하면 a에 공배가 없다면 이 흑은 자충 때문에 살 수 없다.

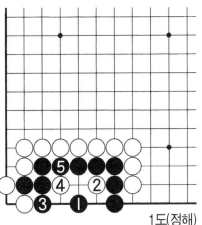

1도(정해)

1도(흑의 선수빅)

흑1의 수비는 제7형의 4도에서 본 것이다. 그리고 흑5까지의 결과는 제7형 5도와 같다. 또 수순 중 흑3으로는–

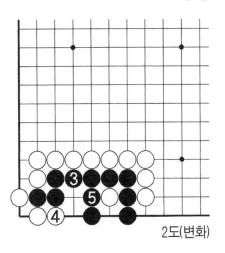

2도(변화)

2도(공배의 효과)

본도 흑3으로 두어도 산다. 백4로 공격하면 귀의 특수성 때문에 흑5까지 그냥 살 수 있다. 외부의 공배가 있는 덕분이다.

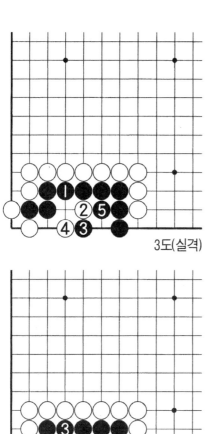

3도(실격)

4도(참고도)

5도(백의 실격)

3도(패)

처음부터 흑1로 궁도를 넓히는 것은 백2이하의 패가 발생한다. 백2로는 백4부터 두어도 결과는 같다.

4도(자충)

본형에서 참고할 것은 백△로 막혀 있을 때인데, 이때는 흑1의 수비도 무용지물이다. 백2 이하의 수단이 성립하기 때문이다. 자충이 되므로 흑은 a에 단수를 칠 수 없는 것이다. 그러나 백2로―

5도(1도로 환원)

본도 백2와 같이 두면 흑3에 막아 다시 1도로 환원되고 만다.

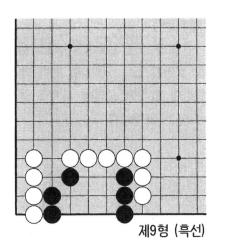

제9형 (흑선)

【제9형】

본형은 사실상 제4형과 같다고 할 수 있다. 따라서 급소도 같은 곳이다.

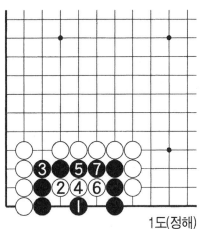

1도(정해)

1도(흑 후수빅)

따라서 흑1이 급소이고, 백2로 치중하면 흑7로 받기까지, 이 수순은 본형이 제4형과 동일하다는 것을 보여 주고 있다. 수순중 백2 로 -

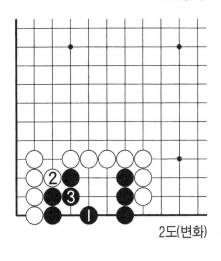

2도(변화)

2도(흑 완생)

본도 백2로 공격하면 흑3에 지켜 살 수 있다.

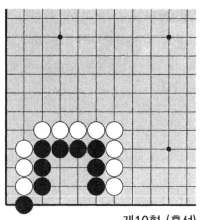

제10형 (흑선)

【제10형】

이 모양은 변의 뒷박형이라고 하는 실전형으로, 어느 한 쪽의 젖힘수가 없다면 사실상 자체로 죽어 있는 모양이다.

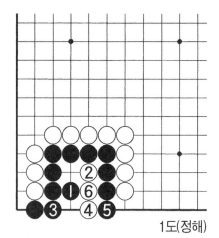

1도(정해)

1도(원칙을 알아야)

이 모양에서는 '젖혀져 있는 쪽을 꼬부린다'는 원칙을 알고 있으면 된다. 따라서 흑1쪽으로 꼬부려 이하 흑5까지 빅을 만들 수 있다. 만약 백2로 –

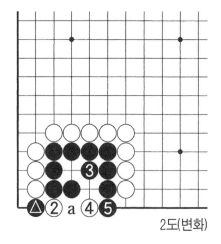

2도(변화)

2도(젖혀진 효과)

본도 백2에 먹여치면 흑3·5의 수순으로 살 수 있다. 백이 a에 둘 수 없는 이유는 흑●의 젖혀진 효과다.

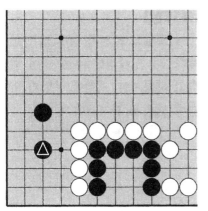

제11형 (흑선)

【제11형】

본형은 현현기경에 팔준세(八駿勢)라는 이름으로 수록된 문제다. 포인트는 흑▲쪽으로 연결을 꾀하는 척 하면서 젖힘수를 만들어 제10형으로 유도하는 것이다.

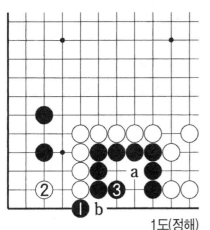

1도(정해)

1도(흑1 선수)

본도 흑1을 선수로 둘 수만 있다면 제10형처럼 흑3에 꼬부려 살 수 있게 된다. a와 b가 맞보기라는 것은 앞서 설명한 바 있다.

2도(백 무리)

흑1 때 백이 2로 단수하여 백6까지 잡으러 가는 것은 무리다. 흑7에 끊겨 이쪽에 눈을 확보할 수 있다.

2도(변화)

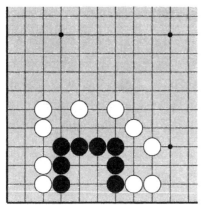

제12형 (흑선)

【제12형】

이 모양도 고전에 실려 있는 문제다. 이 상태라면 흑이 죽어 있다고 하겠지만, 귀쪽에 무언가 약점이 있음을 감지해야 한다.

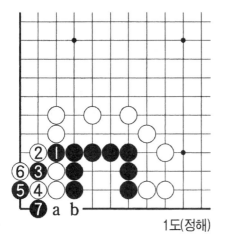

1도(정해)

1도(패의 수단)

흑1 이하 흑7까지 패를 노리는 수단이 숨어 있다. 흑은 a나 b 중 어느 한 곳을 선수로 둘 수만 있다면 살 수 있다는 점에 초점을 맞추어야 한다.

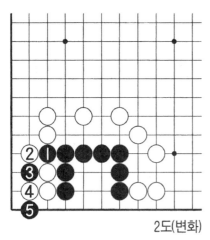

2도(변화)

2도(교묘한 붙임)

1도의 흑5로는 본도와 같이 흑5로 붙이는 수도 성립한다. 그 이유는－

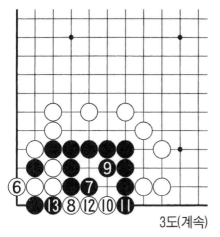

3도(계속)

3도(촉촉수)

패를 피해 백6으로 빠지면 흑7 이하 흑13까지의 촉촉수가 있기 때문이다. 따라서 백도 패를 피할 수는 없다.

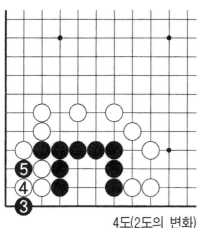

4도(2도의 변화)

4도(다른 수순)

2도의 수순으로는 본도와 같이 수순을 바꾸어도 패의 수단은 성립한다. 만약 흑3 때 –

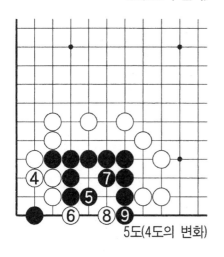

5도(4도의 변화)

5도(치중의 효과)

본도 백4에 이어 약점을 해소한 다면 흑5 이하 흑9까지의 수순으로 살 수 있기 때문이다. 이것은 전도 흑3의 치중수가 아무런 저항 없이 작용한 효과다.

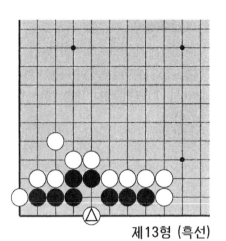

제13형 (흑선)

【제13형】

본형은 백△의 치중으로 위험해 보인다. 그러나 사실상 이 모양이 빅이 된다는 것은 교과서적인 것이다.

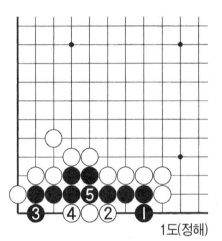

1도(정해)

1도(빅)

흑1·3으로 최대한 궁도를 넓혀 백2·4를 유도한 다음 흑5로 약점을 이으면 빅이 되는 것이다. 수순중 백2로 –

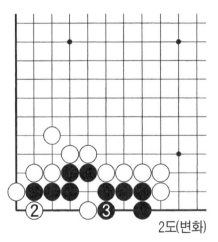

2도(변화)

2도(흑 삶)

본도 백2와 같이 두면 흑은 3에 눈을 만들어 간단히 살 수 있다.

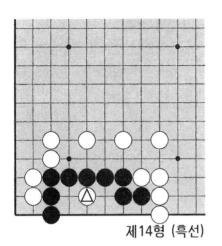

제14형 (흑선)

【제14형】

본형은 변7궁에서 나타나는 모양으로, 포인트는 백△의 치중과 오른쪽 백이 1선에 놓여져 있다는 것이다.

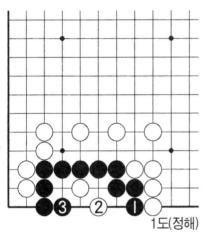

1도(정해)

1도(궁도를 최대로)

빅을 만들기 위한 방법은 궁도를 길게 하거나 꼬부리거나 혹은 최대한 넓히는 방법뿐이다. 그 중 흑1은 궁도를 최대한 넓히는 방법이다. 백2에는 남은 한 곳의 급소 흑3을 차지하면 된다.

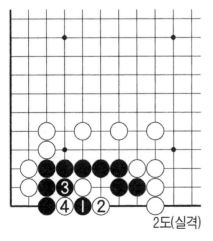

2도(실격)

2도(패)

흑1의 붙임은 일반적인 수법이지만, 이 경우에는 백4까지 패를 피할 수 없어 실격이다. 특히 흑3으로-

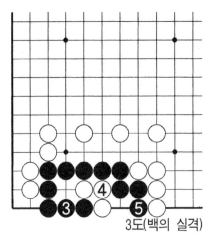

3도(흑 착각)

본도 흑3으로 이어 흑5까지 빅
이 된다고 생각한다면 그것은 착
각이다. 백4로는—

3도(백의 실격)

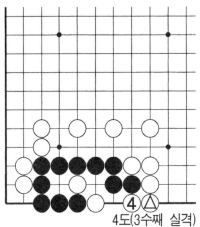

4도(흑 죽음)

본도 백4에 먼저 밀고 들어가면
흑 죽음이다. 백△의 효과다. 3도
의 수단이 성립하기 위해서는—

4도(3수째 실격)

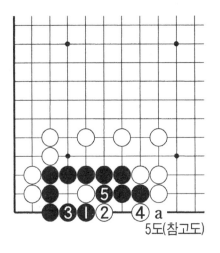

5도(참고도)

본도처럼 a에 백이 없는 경우에
한해서다. 그러나 이 모양에서도
흑의 정수는 백4의 곳에 두어 빅
을 만드는 것이다. 그 이유는 실
전이라면 흑4 다음 a로 나오는 맛
을 노리는 것이 크기 때문이다.

5도(참고도)

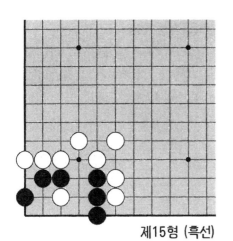

제15형 (흑선)

【제15형】

본형은 패를 피하기가 쉽지 않을 것 같다. 그러나 만들어질 수 있는 빅의 궁도가 그려지면 수순을 조합하는 과정만이 필요하다.

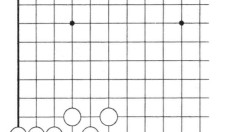

1도(정해)

1도(긴요)

흑1·3의 수순이 긴요하다. 패를 피하는 수순은 이것뿐이기 때문이다. 계속해서 –

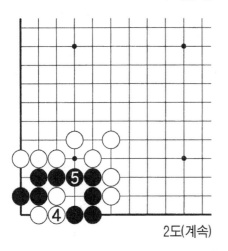

2도(계속)

2도(아슬한 빅)

백4에는 흑5로 아슬하게 빅을 만들 수 있다. 이 모양에서는 다른 형태의 빅의 궁도가 만들어질 공간이 없는 것이다. 그리고 만약 백4로 –

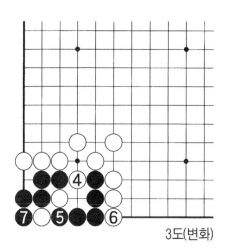

3도(변화)

3도(흑 완생)

본도 백4로 환격을 유도하면 흑은 환격을 피해 5·7로 교묘히 두 눈을 확보할 수 있다.

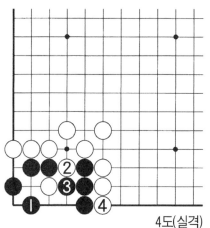

4도(실격)

4도(패를 감수)

흑1은 1, 2, 3도의 수순을 감지하지 못해 백4까지 패를 감수한 것이라 하겠다. 마찬가지로–

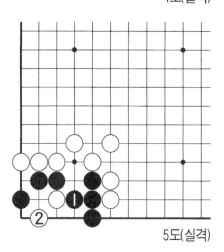

5도(실격)

5도(마찬가지)

흑1 역시 백2면 패를 감수할 수밖에 없다.

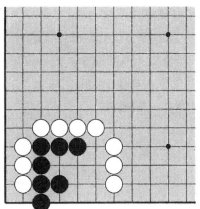

제16형 (흑선)

【제16형】

이 모양은 변의 뒷박형에서 파생된 것이다. 오른쪽은 텅텅 비었지만, 왼쪽에 두 개의 흑돌이 보태져 있어 패로 버티는 수단이 숨어 있다.

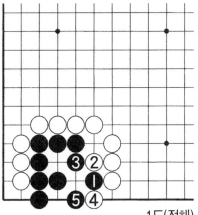

1도(정해)

1도(패)

흑1 이하 흑5까지의 수순은 실전적인 패의 형태다. 만약 백이 패를 피하여 –

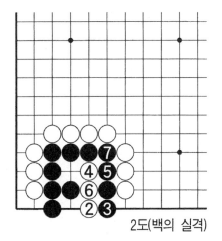

2도(백의 실격)

2도(빅)

백2·4로 계속해서 치중해 들어가는 수순을 밟는다면 흑7에 이르러 빅으로 만들 수 있다.

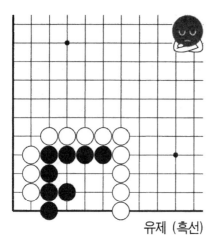

유제 (흑선)

[유제]

제16형과 거의 비슷하지만, 이 모양은 오히려 제9형을 세워 놓은 것과 유사하다. 흑이 살 수 있는 열쇠는 어디일까?

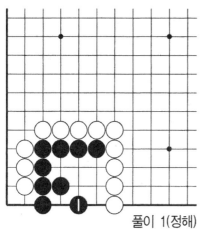

풀이 1(정해)

풀이 1(안형 확보)

따라서 흑1로 안형을 안전하게 확보하는 것이 정수로, 이 수가 아니면 살 수 없다.

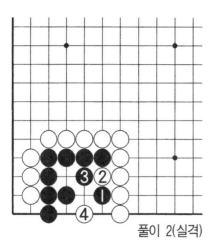

풀이 2(실격)

풀이 2(흑 죽음)

제16형처럼 흑1에 두는 것은 백2·4에 의해 간단히 죽고 만다. 수순중 백2로는 백4에 먼저 치중해도 무방하다.

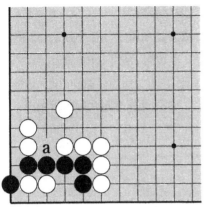

제17형 (흑선)

【제17형】

본형은 실전형이면서 교과서적인 모양으로, 문제는 a가 비어 있다는 점인데, 이 때문에 흑은 만년패가 아닌 빅으로 만들 수 있는 수단이 있다.

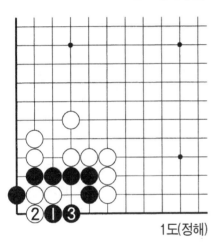

1도(정해)

1도(빅)

흑1·3의 수법이 그것이다. 이것으로 간단히 빅의 모양을 만들수 있다. 만약 백2로 –

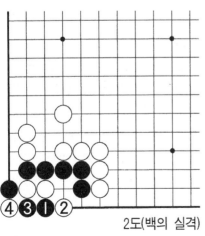

2도(백의 실격)

2도(빅을 거부)

본도의 백2로 빅을 거부하게 되면, 백4로 따낸 다음 –

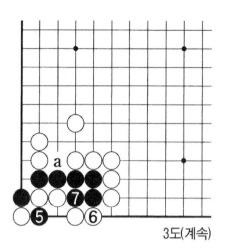

3도(계속)

3도(촉촉수)

흑5로 되따낼 때 백6으로 연결할 수 없다. a가 비어 있어 흑7의 촉촉수에 걸리기 때문이다. 수순 중, 백이 계속 무리하여 백6으로 –

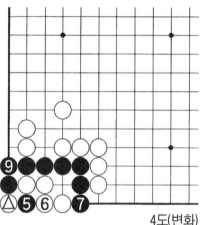

4도(변화)

⑧…◉

4도(눌러잡기)

본도 백6으로 안에서 수를 내고자 한다면 이하 흑9까지 크게 살게 된다. 외부의 공배 덕분에 눌러잡기가 성립하기 때문이다.

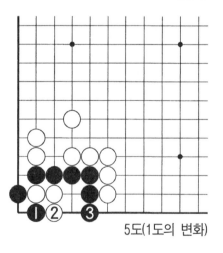

5도(1도의 변화)

5도(만년패)

그러나 알아 두어야 할 사항은 실전에서는 1도의 빅보다는 본도 흑3까지의 만년패를 선택하는 경우가 더 많다는 것이다. 빅은 자체로 집이 없는 데다가, 1선의 끝내기를 선수로 당하기 때문이다.

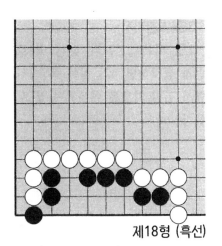

제18형 (흑선)

【제18형】

본형에는 빅 이외에도 대단히 많은 변화가 숨어 있다.

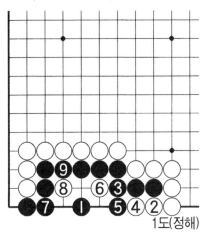

1도(정해)

1도(빅)

흑1의 지킴이 급소다. 이하 흑9까지의 결과는 제8형과 같은 것이며, 수순중 백6으로 –

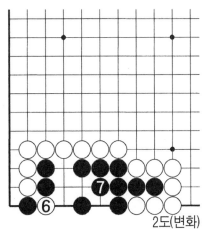

2도(변화)

2도(자충 이용)

본도 백6에 먹여치면 흑7로 공간을 쪼개며 자충을 이용하여 살 수 있다.

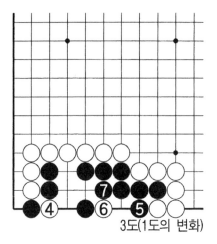

3도(1도의 변화)

3도(마찬가지)

1도 백4로 본도와 같이 백4로 먼저 공격하면 흑5 이하 흑7까지 역시 귀의 자충을 이용하여 살 수 있다.

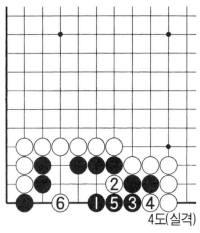

4도(실격)

4도(치중 미스)

흑1의 치중은 급소를 벗어난 것으로, 백2 이하 백6의 치중에 이르러 흑 죽음이다.

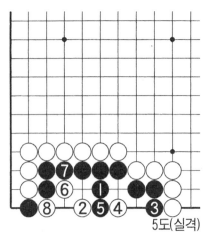

5도(실격)

5도(패)

흑1의 호구 모양으로 지키는 것도 역시 급소를 벗어난 것으로, 백2 이하의 수순이 준엄하여 백8에 이르러 패가 된다.

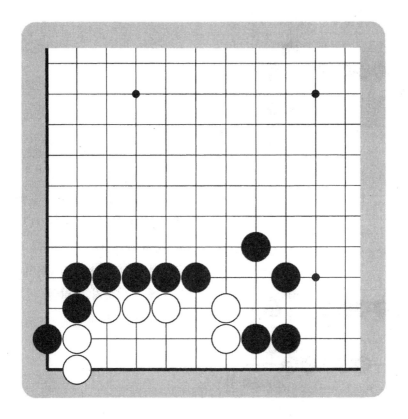

변8궁은 궁도의 구성상 변6궁이 변7궁으로 진화하는 과정과, 변8궁의 결함 있는 모양을 모두 포함한다. 완벽한 변6궁을 잡는 수는 없는 것과 마찬가지로, 완전한 변8궁을 잡는 수는 없다. 어디까지나 결함이 있거나 주변 돌의 강약에 의해 사활이 결정되는 것이다.

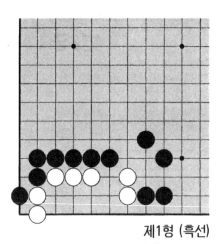

제1형 (흑선)

【제1형】

　본형은 실전형이며 가일수가 필요한 모양이다. 백이 지키지 않으면 흑에게는 어떤 공략수단이 있을까?

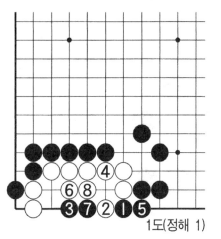

1도(정해 1)

1도(침착한 이음)

　본도의 수순은 이러한 유형에서 흔히 사용되는 공략수단이다. 흑1로 젖히고 흑3에 치중할 때 백4로 궁도를 넓히면 흑5로 가만히 잇는 수순에 유의하기 바란다. 이하 백8까지 패가 된다.

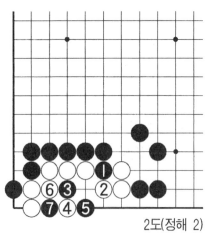

2도(정해 2)

2도(상용 수순)

　흑1·3의 수법으로도 패가 된다. 백4로 붙여 저항하면 흑5·7까지 패를 피할 수 없다. 이 방법도 이러한 궁도에서 상용되는 수순이다.

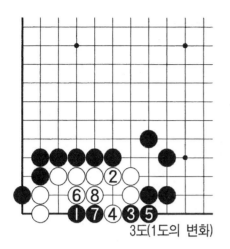

3도(1도의 변화)

3도(선치중)

1도의 수순을 바꾸어, 흑1로 먼저 치중하고 백2로 궁도를 넓히면 흑3·5로 젖혀 잇는 수법도 성립한다. 이하 백8까지 패의 결과는 같다. 수순중 백2로 -

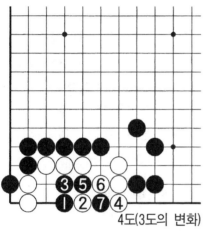

4도(3도의 변화)

4도(다른 패)

본도 백2로 붙여 변화를 구해 오면, 이하 흑7까지 패를 할 수도 있다.

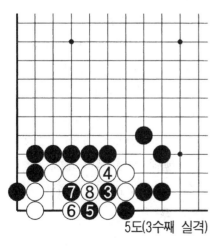

5도(3수째 실격)

5도(연타)

1도 흑3의 치중으로 본도 흑3에 끊는 것은, 백4로 이은 다음 백6·8의 연타로 백8까지 살게 되므로 실격이다.

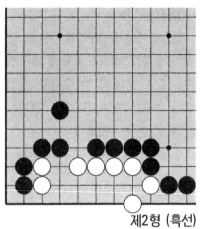

제2형 (흑선)

【제2형】

본형은 고전에 거의 실려 있는 모양으로 실전에서는 대개 살려 주기 쉽다.

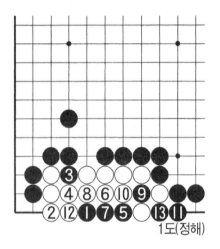

1도(정해)

1도(패)

본도의 수순이 쌍방 최선이다. 먼저 흑1의 치중이 급소다. 백2로 차단하면 흑3·5로 눈모양을 주지 않는 것도 긴요하다. 이하 흑15까지 패가 된다. 수순중 백8로 패를 피하여 —

⑭···❼ ⑮···❾

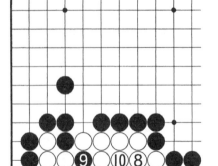

2도(백의 실격)

2도(후절수 조심)

백8로 이 곳의 먹여침을 방해하면 흑9로 끊는다. 계속해서 백12까지 잡게 하면 자체로는 곡4궁이지만, 모양특성상 흑13의 치중으로 백 죽음이다. 주의할 점은 흑13을 ■에 두면 백이 ▲에 두어 후절수가 성립한다는 것이다.

❸···▲

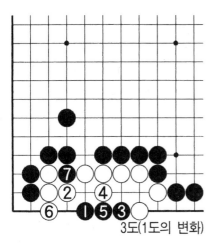

3도(1도의 변화)

3도(환원)

흑1로 치중할 때 1도와는 달리 백이 2에 차단하면, 흑3 이하 흑 7까지 1도로 다시 환원된다. 수순 중 백4로—

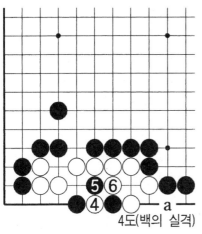

4도(백의 실격)

4도(백 손해패)

본도 백4·6으로 수단을 도모하는 것은 백의 착각이다. 흑7로 잇고 나면 백은 돌밑수 때문에 a로 패를 할 수밖에 없는데, 이 패는 백이 매우 불리한 패다.

❼…④

5도(급소 지킴)

먼저 흑1로 젖히는 것은 실전에서 가장 범하기 쉬운 수다. 그러나 백2의 지킴이 급소로, 이 궁도에는 더 이상 수가 없다.

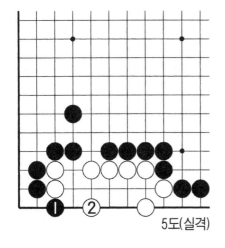

5도(실격)

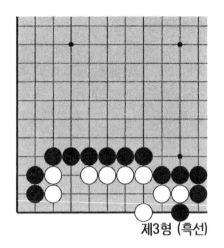

제3형 (흑선)

【제3형】

본형이 제2형과 다른 점은 외부 공배가 없다는 것과 오른쪽 백돌이 하나 더 많다는 것이다.

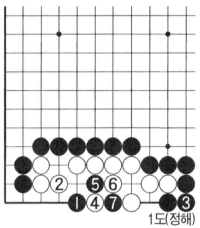

1도(정해)

1도(패)

이 경우에는 흑1로 치중한 다음 백2로 차단할 때 흑3에 가만히 잇는 수순이 주효하다. 이때 백은 4 이하로 패를 하는 것이 최선이 된다.

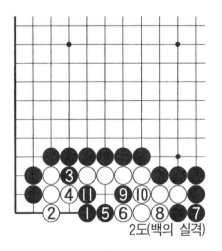

2도(백의 실격)

2도(혼동)

흑1에 대해 본도 백2로 차단하는 것은 제2형과 혼동하는 것이다. 지금은 외부의 공배가 없으므로 흑에게는 3 이하 11까지 백을 잡는 수단이 있다. 또 백6으로─

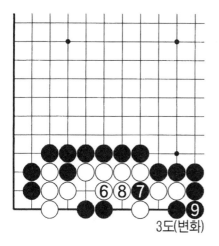

3도(변화)

3도(백 죽음)

본도 백6에 치받아 빅을 유도하는 것도 성립하지 않는다. 흑7·9의 수순이 있기 때문이다.

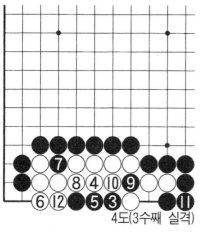

4도(3수째 실격)

4도(흑의 착각)

1도 백2 다음 본도처럼 흑이 3으로 두는 것은 흑의 착각이다. 이번에는 백4·6의 수단으로 저항할 수 있어 백12까지 살게 된다. 이것은 제2형과는 달리 오른쪽에 백돌이 하나 더 많은 덕분이다. 또 수순중 흑3으로-

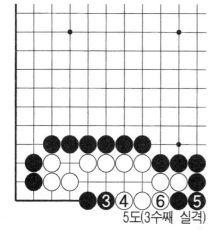

5도(3수째 실격)

5도(백 삶)

본도 흑3·5에 공격하는 것도 백6으로 궁도를 넓히는 수단이 있어 간단히 살려 주고 만다.

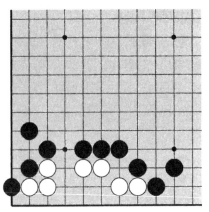

제4형 (흑선)

【제4형】

본형은 두 군데의 결함을 어떻게 공략할 것인가가 포인트다.

1도(죽음의 궁도)

흑1의 치중이 두 곳의 결함을 노리는 급소로, 이하 흑7까지 죽음의 궁도다. 수순중 아래에서 단수한 흑5는 긴요한 수다. 만약 이 수로—

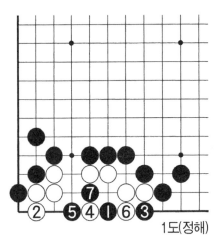

1도(정해)

2도(크게 산다)

본도와 같이 흑5로 윗쪽에서 단수하는 것은 백10까지 크게 살려주고 만다.

2도(5수째 실격)

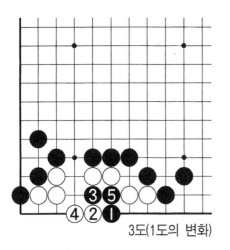

3도(1도의 변화)

3도(백 무리)

흑1 때 백이 처음부터 2·4로 저항하는 것은 무리다. 흑5까지 간단히 죽는다.

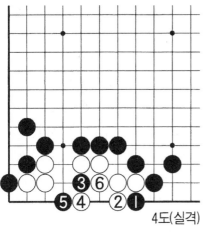

4도(실격)

4도(패)

흑1로 먼저 젖히는 것은 궁도 내에 탄력을 만들어 주는 격이다. 이제는 흑3·5의 패밖에 수가 없다. 또 수순중 흑3으로 –

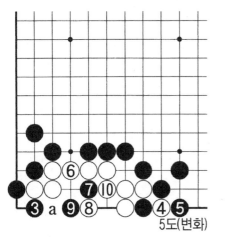

5도(변화)

5도(패)

본도 백3에 젖혀 궁도를 좁혀도 백4의 따냄이 선수이기 때문에 이하 백10까지 패를 피할 수 없다. 수순중 흑7로 a에 두는 것은 귀의 특성상 백8로 사는 것을 확인해 보기 바란다.

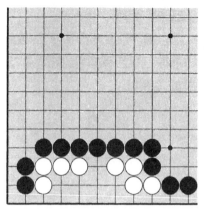

제5형 (흑선)

【제5형】

이 모양의 결함이 어딘지는 한 눈에도 알 수 있다. 그러나 생각보다는 변화가 까다로운 편이다.

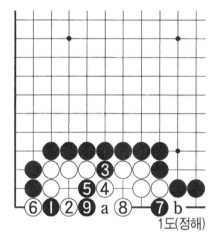

1도(정해)

1도(백 죽음)

본도의 수순만이 패 없이 잡을 수 있는 유일한 진행이다. 수순중 흑1과 흑7의 1선 젖힘에 주의하기 바란다. 흑9 다음 백a라면 흑b가 있으므로 백 죽음이다. 만약 흑7로 —

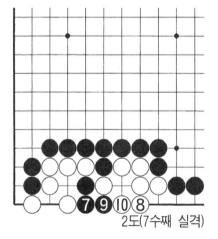

2도(7수째 실격)

2도(패)

본도 흑7을 먼저 두는 것은 백8의 기수(奇手)가 있어 백10까지 패가 된다.

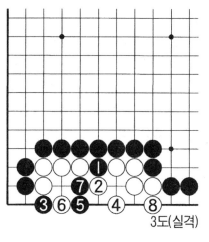

3도(실격)

3도(반쪽 삶)

1도의 수순을 바꾸어, 흑1에 먼저 두는 것은 백8까지 반쪽을 살아가는 수단이 있다. 수순중 흑5에 대해 백6의 끼움이 한 쪽 안형을 보장하는 묘수다.

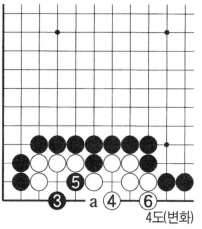

4도(변화)

4도(이단패)

전도 흑3으로 본도 흑3의 치중에도 백4·6으로 반쪽 삶을 유도할 수 있다. a의 패가 남아 있지만, 잡을 수 있는 모양에서 패는 무조건 실격이다. 그리고 이 패는 단패가 아니므로 2도보다도 흑이 불리하다.

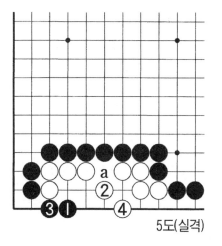

5도(실격)

5도(간단한 삶)

처음부터 흑1의 치중도 백을 공략하기에는 마땅치 않다. 이하 백4까지 쉽게 살고 만다. 수순중 흑3으로 a에 두면 4도로 환원되는 모양이다.

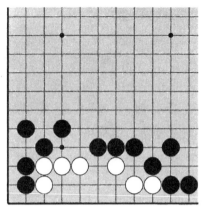

제6형 (흑선)

【제6형】

본형은 제5형과 같은 모양의 궁도를 가지고 있지만, 공배가 많이 비어 있어 제5형의 수법은 성립하지 않는다. 본형의 결함은 오른쪽이기 때문이다.

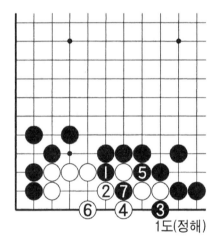

1도(정해)

1도(패)

흑1로 들어간 후 흑3에 젖히는 것이 좋은 공략법이다. 백4로 늦춰야 할 때 이하 흑7까지 패를 하는 것이 최선의 수법이다. 만약 백4로 -

2도(백의 실격)

2도(백 죽음)

본도 백4에 늦추는 것은 흑5·7로 백 죽음이다.

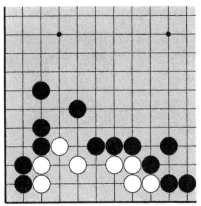

제7형 (흑선)

【제7형】

본형은 제6형과 비슷한 것 같지만 또 다르다. 이번에는 결함이 왼쪽이다.

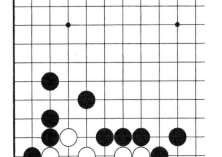

1도(정해)

1도(선행)

흑1의 치중이 선행되어야 할 절대점이다. 계속해서 –

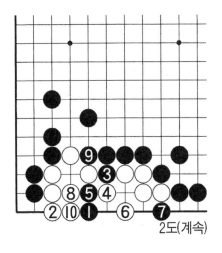

2도(계속)

2도(패)

백2로 차단하면 이하 백10까지 패가 되는 것이 최선이다. 여기서 만약 백이 2로 –

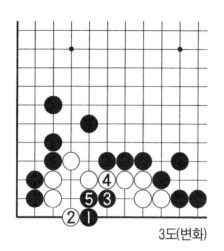

3도(변화)

3도(주효)

　본도 백2로 저항해 오면 흑3·5의 수순이 주효하다. 계속해서 백은 -

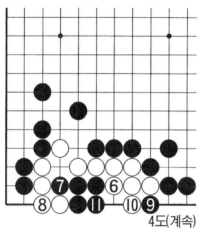

4도(계속)

4도(5궁도화)

　백6으로 삶의 길을 모색해 보지만, 흑11까지의 수순으로 5궁도화를 피할 수 없다.

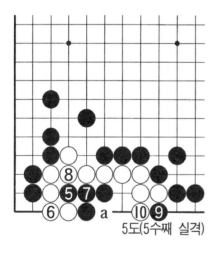

5도(5수째 실격)

5도(성급한 단수)

　3도 흑5로 본도 흑5에 성급하게 단수하는 것은, 흑9에 백10으로 궁도를 넓혀 살게 된다. 흑이 a에 둔다 해도 이미 죽음의 궁도는 아니기 때문이다. 결론은 빅이다.

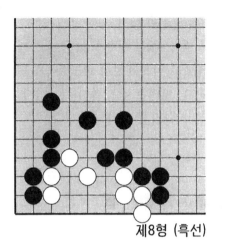

제8형 (흑선)

【제8형】

본형은 제7형에 비해 궁도가 약간 줄어든 모양이다. 그 때문에 오히려 흑은 제7형 1도의 치중을 사용할 수 없게 되었다.

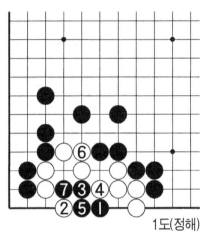

1도(정해)

1도(기로)

이번에는 눈모양이 생길 수 있는 흑1이 급소가 된다. 백2로 차단한다면 이후 흑7에 이르러 백은 2가지의 돌밑수 중 어느 하나를 선택해야 할 기로에 섰다.

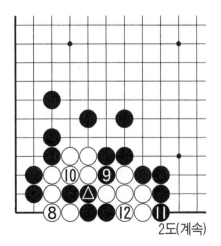

2도(계속)

2도(후절수)

먼저 백8쪽을 이으면 흑9의 끊음이 준비된 수단이다. 이하 흑13까지 후절수로 백을 몽땅 잡을 수 있게 되며 –

⓭⋯▲

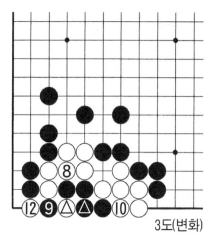

3도(변화)

3도(후치중수)

본도 백8로 윗쪽을 잇는 것은 백10으로 뒤에서 몰아 떨구겠다는 뜻이나, 반대로 흑13까지 '후치중수'가 기다리고 있다.

⓫…△ ⓭…△

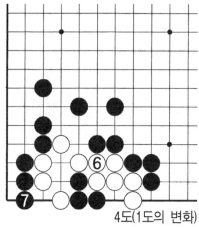

4도(1도의 변화)

4도(백 죽음)

또 1도의 수순중 백6으로 본도 백6으로 약점을 해소하면 흑7이 침착하여 역시 백 죽음이다.

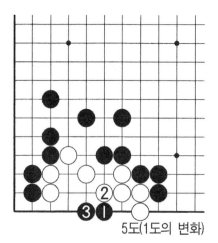

5도(1도의 변화)

5도(죽음뿐)

또 흑1로 치중할 때 백2로 변화하면 흑3으로 늘어 그만이다. 계속해서 백의 어떤 저항도 성립하지 않음을 확인하기 바란다.

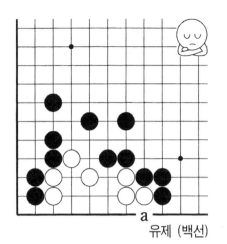

유제 (백선)

[유제]

제8형에서 백이 a에 두어 죽었다고 가정하면, 이 수로는 어떻게 두어야 살 수 있는지 참고로 알아 두기 바란다.

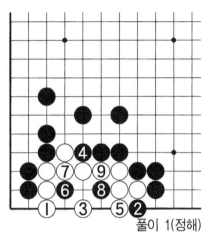

풀이 1(정해)

풀이 1(빅 삶)

백이 살 수 있는 유일한 급소는 백1이며, 흑2 때 백3을 차지하는 길뿐이다. 이하 백9까지 빅으로 유도하여 백 삶이다. 수순중 흑4로-

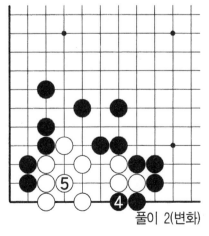

풀이 2(변화)

풀이 2(웅크림)

본도 흑4에 들어가 궁도를 줄이면 백5로 웅크려 살 수 있다.

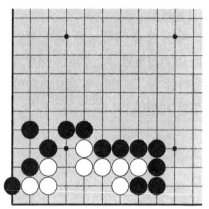

본형의 결함은 중앙의 빈 공간과 젖히는 곳이다. 그리고 외부의 공배가 모두 메워졌다는 점이다.

제9형 (흑선)

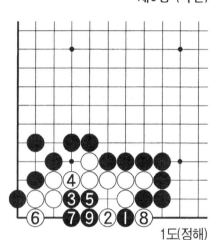

1도(정해)

1도(5궁도화)

흑1·3의 수순이 결함을 노리는 수법이다. 계속해서 백4로 받으면 흑9까지 5궁도화이다. 만약 백4로
—

2도(변화)

2도(양자충)

본도 백4에 안형을 만들면 이하 흑7까지 양자충이 기다리고 있다.

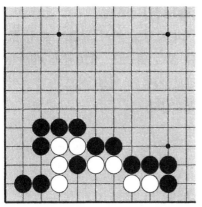

제10형 (흑선)

【제10형】

이 모양도 고전에 실려 있는 문제다. 결함을 찾기가 쉽지 않다면 맥점이 존재하는지 살필 필요가 있다.

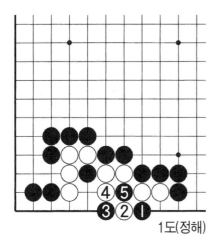

1도(정해)

1도(패)

흑1의 껴붙임이 자충의 약점을 추궁하는 맥점이다. 백2로 응수하면 흑5까지의 패가 백으로서는 최선이다. 수순중 백4로 자충 때문에 5의 곳에 잇지 못함을 확인할 것.

2도(백 죽음)

흑1에 대해 백2로 잇는 것은 흑3 · 5의 수순으로 죽는다.

2도(백의 실격)

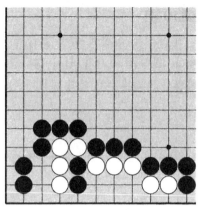

제11형 (흑선)

【제11형】

이 모양도 역시 고전에 빠짐 없이 실려 있는데, 제10형과 마찬가지로 자충의 허를 찌르는 수순이 필요하다.

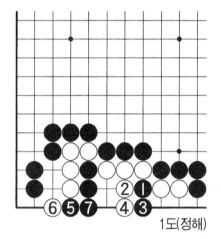

1도(정해)

1도(자충)

흑1·3의 수순으로 이 곳에 자충의 환경을 만든 후 흑5·7로 활용하는 것이 일사불란한 수순이다. 자충 때문에 백 전체가 잡힌 모습이다.

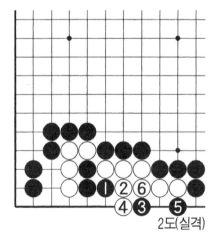

2도(실격)

2도(기대)

흑1·3은 백을 조여 잡으려는 것이지만, 백은 4·6이 좋은 수순으로 떳떳하게 살아간다. 수순중 백4로는 6의 곳에 이어도, 흑5 때 백6으로 마찬가지의 결과다.

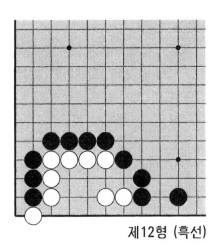

제12형 (흑선)

【제12형】

 본형은 변9궁이 만들어지는 초기 단계인데, 이 백을 흑이 쉽게 잡을 수 있다고 생각하면 오산이다. 백에게도 끈질기게 버티는 귀수가 준비되어 있다.

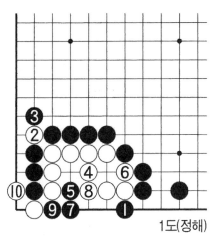

1도(정해)

1도(패)

 백의 귀수란 흑1 때 백2로 끊어 두고 나서, 흑9까지 집요하게 잡으러 올 때 백10의 패로 버티는 수단을 만들어 놓는 것이다.

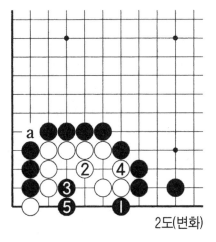

2도(변화)

2도(마찬가지)

 백이 미리 a에 끊어 두지 않더라도 흑이 5까지 공격할 때, 다음 백이 a의 곳에 끊으면 전도와 마찬가지의 패가 성립한다.

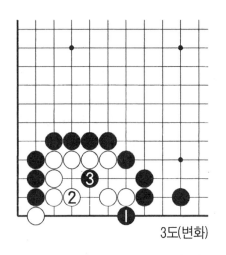

3도(변화)

3도(치중)

흑1로 젖혔을 때 본도와 같이 백2로 꼬부려 삶을 모색하면 흑3의 치중으로 그만이다.

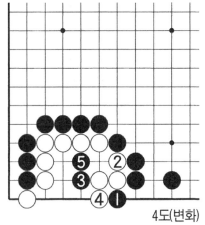

4도(변화)

4도(약점)

흑1 때 백2로 궁도를 넓히면 흑3의 곳이 약점으로, 흑5까지 백의 저항수단도 소용없다.

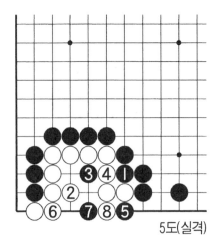

5도(실격)

5도(흑1 나약)

흑1은 변의 됫박형 모양으로 빅을 만들어 주는 가장 나약한 공략수단이다. 계속해서 흑의 끈질긴 공격에도 백8까지 빅의 형태를 만들게 된다.

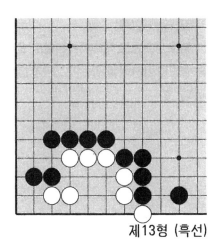

제13형 (흑선)

【제13형】

본형은 중앙과 오른쪽 2곳에 결함을 가지고 있지만, 귀쪽으로 밀고 들어갈 수 있어 공략하기가 쉽지만은 않다.

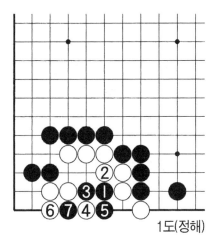

1도(정해)

1도(패)

흑1·3으로 약점을 추궁했지만 백에게도 4·6으로 저항하는 수단이 있어 패가 최선이 된다.

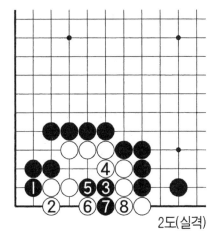

2도(실격)

2도(탄력)

흑1은 백2를 두게 하여 오히려 궁도에 탄력을 주게 된다. 흑3·5로 공격해 보지만 백8까지 이제는 그냥 살게 되어 실격이다.

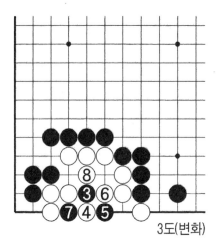

3도(변화)

3도(공격실패)

　본도 흑3으로 공략하려 해도 백 8까지 방어하여 아무 수도 되지 않는다. 또 -

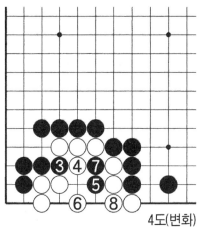

4도(변화)

4도(백6 호착)

　본도 흑3으로 먼저 밀고 들어간 다음 흑5로 치중해도, 이번에는 백 6이 호착으로 백8까지 이 백을 잡는 수는 없다.

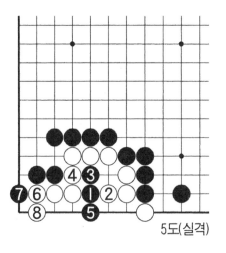

5도(실격)

5도(크게 산다)

　처음부터 흑1로 치중해서 공략하는 것은 백8까지 큰 궁도로 살게 된다.

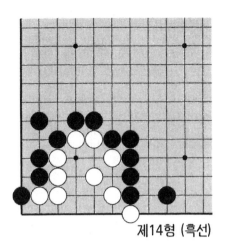

제14형 (흑선)

【제14형】

본형은 고전에 거의 실려 있는 문제다. 약점은 3군데지만 약점을 노리는 급소는 한 군데로, 이 급소를 두기 위한 수순이 필요하다.

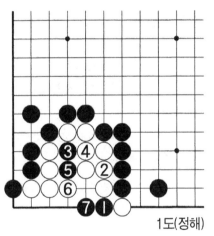

1도(정해)

1도(먹여침)

흑1의 먹여침이 궁도를 줄이면서 백6의 급소를 노리는 수순이다. 흑이 이를 피하여 백2로 저항하면 흑3·5의 맥으로 공략할 수 있다. 흑7까지 백 죽음이다.

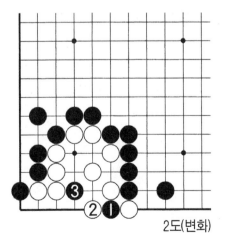

2도(변화)

2도(급소 탈취)

흑1 때 백2로 따내면 흑3의 급소를 탈취하여, 이것으로 백 죽음이다.

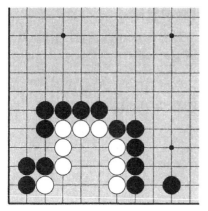

제15형 (흑선)

【제15형】

본형은 세워진 변8궁의 파생형이다. 이런 모양은 궁도의 윗 부분에 대해 죽음의 궁도로 만드는 경계선을 긋고, 그 경계선 밑을 공략하는 것이 요령이다.

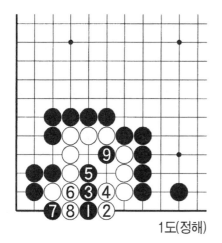

1도(정해)

1도(양자충)

흑1이 그러한 요건을 갖춘 급소의 위치다. 백이 죽음의 궁도를 피하여 저항하는 수단은 백2지만 흑은 3 이하로 계속 급소를 추궁하여 흑9까지 양자충으로 잡을 수 있다. 수순중 백4로 –

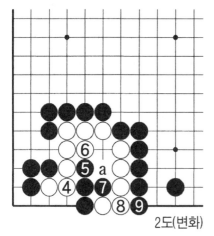

2도(변화)

2도(5궁도화)

본도 백4와 같이 이어도, 이하 흑9에 이르러 5궁도화가 된다. 흑9로는 a에 두어도 무방하다.

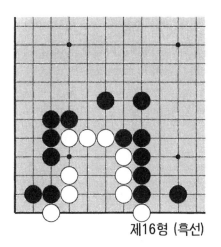

제16형 (흑선)

【제16형】

　이 모양도 세워진 변8궁의 파생형이다. 일단 궁도를 줄이고 치중하지 않으면 안 될 것이다.

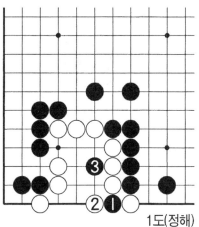

1도(정해)

1도(먹여치고 치중)

　흑1·3은 절대의 수순이다. 먹여치고 치중하는 이치다. 백이 계속해서 -

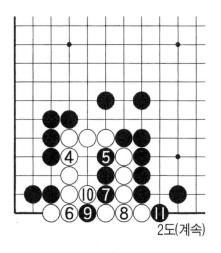

2도(계속)

2도(죽음의 궁도)

　백4로 궁도를 넓히면 흑5 이하 흑11까지 죽음의 궁도로 만들 수 있다. 또 백4로 -

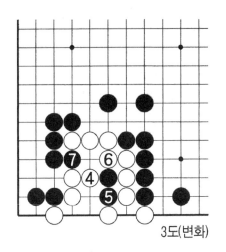

3도(변화)

3도(백 죽음)

본도 백4에 치받으면 흑5·7로 잡는 것이 수순이다. 또-

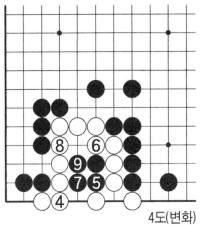

4도(변화)

4도(죽음의 궁도)

본도 백4에 이으면 흑은 5·7의 수순을 거쳐 흑9까지 죽음의 궁도를 만들 수 있다.

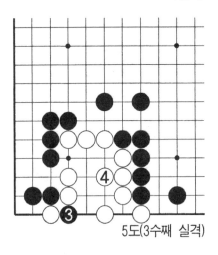

5도(3수째 실격)

5도(삶의 궁도)

1도 흑3으로 본도 흑3에 먹여치는 것은 백4로 삶의 궁도를 갖추게 된다.

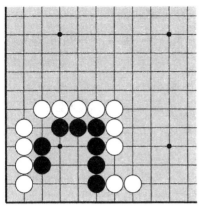

제17형 (흑선)

【제17형】

본형은 흑으로 두어 사는 방법을 묻는 것이다. 이 모양은 세워진 변8궁의 기초형으로 암기해 둘 수순이 있다.

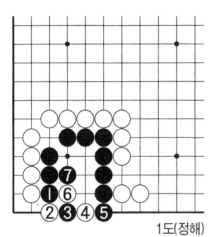

1도(정해)

1도(희생수법)

흑1은 절대로 이 수가 아니고서는 사는 수단이 없다. 백2·4의 공략에는 흑5·7로 한 점을 희생하는 수법을 알고 있어야 한다. 수순중 흑5로 –

2도(5궁도화)

본도 흑5에 따내는 것은 백8까지 5궁도화로 흑 죽음이다.

2도(5수째 실격)

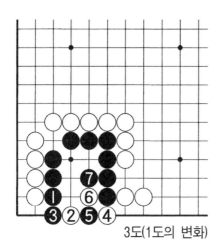

3도(1도의 변화)

3도(희생타)

흑1 때 백2로 치중하는 본도의 진행도, 이하 흑7까지 흑5의 한 점을 희생하여 사는 수순을 보여 주고 있다. 수순중 흑3으로 –

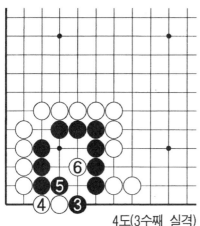

4도(3수째 실격)

4도(5궁도화)

본도 흑3에 차단하여 2도와 마찬가지로 백4로 넘겨 주면, 5궁도화의 모양이 되어 백6의 치중에 죽음이 있다.

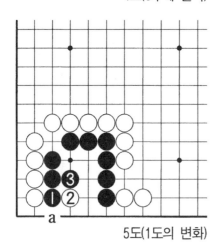

5도(1도의 변화)

5도(정수)

흑1 때 백2로 공략하면 흑3, 또는 a로 사는 것이 정수다. 흑3은 두 눈으로 사는 것이고, 흑a는 빅으로 사는 것이다.

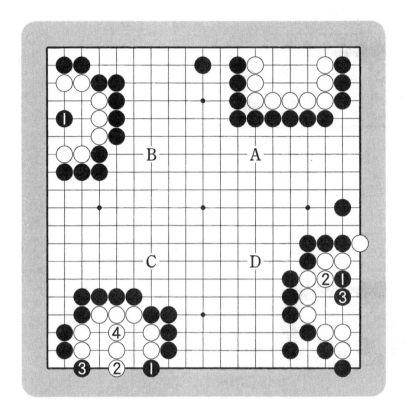

변9궁이라 하면 생소하겠지만, 변에서 만들어지는 정방형의 9궁에서 파생된 궁도 사활을 말하는 것으로, 대표적인 형태로는 그림 C가 있다. 기본형은 A로서 이 백은 가일수하지 않아도 최하 빅으로 살아 있다. 그림 B는 흑1의 치중에 의해 죽은 그림이고, 그림 C는 백4까지 살아 있으며, 그림 D는 흑1·3의 수순으로 죽은 모양이다.

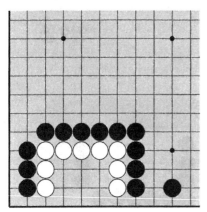

제1형 (흑선)

【제1형】

앞서 말했지만, 본형은 백이 가일수하지 않아도 살아 있는 모양이다. 그 변화를 보면—

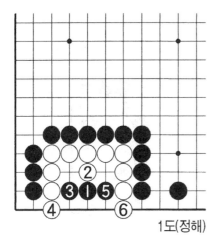

1도(정해)

1도(백 후수빅)

좌우동형의 중앙에 흑1로 치중하여 백6까지 빅이 되는데, 백의 후수빅이므로 실전에서는 대개의 경우 백이 이 곳을 방치하지는 않는다.

2도(실격)

2도(과수)

흑1의 젖힘도 생각할 수 있다. 백2 때 흑3·5는 과수로 백6·8로 산다. 백2 때 1도보다는 손해지만, 흑은 백6의 곳을 치중하여 빅을 만드는 것이 무난할 것이다.

❼…❶

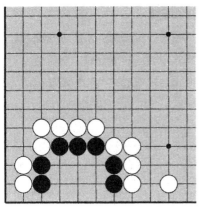

제2형 (흑선)

【제2형】

본형은 전형적인 좌우동형의 모양으로, 고전에도 실려 있는 흑선 활(活)의 문제다.

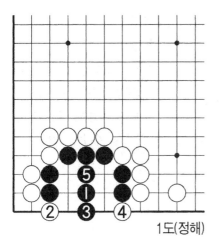

1도(정해)

1도(좌우동형)

흑1의 지킴은 절대지만 백2 때 흑3이 눈에 잘 띄지 않는 가착이다. 다음 이번에도 백4의 젖힘이면 흑5까지 알차게 산다. 흑1·3·5가 모두 좌우동형의 중앙에 있음을 확인하기 바란다. 수순중 백2 때 —

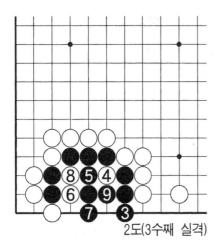

2도(3수째 실격)

2도(흑 손해)

본도 흑3으로 받아도 흑9까지 살수는 있다. 그러나 이 수순은 정해와 비교하여 두 점을 희생한 손해가 크므로 미흡한 결과다. 수순중 백6 때 흑이 백8의 곳에 두면 백이 흑7의 곳에 두어 패가 발생한다.

【제3형】

본형은 급소에 직접 치중해서는 백의 저항을 받는다. 오른쪽 1선에 백의 젖힘이 있기 때문이다.

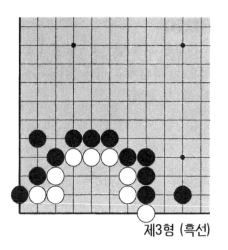

제3형 (흑선)

1도(백 죽음)

흑1의 붙임으로 출발하여 흑11까지의 수순이 정확한 수법이다. 뒤에 나오겠지만, 흑1의 곳을 백에게 허용하면 백에게도 끈질긴 저항수단이 생긴다. 수순중 백4로 —

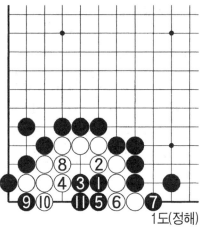

1도(정해)

2도(죽음의 궁도)

본도 백4처럼 이어도 흑5의 젖힘이면 죽음의 궁도다.

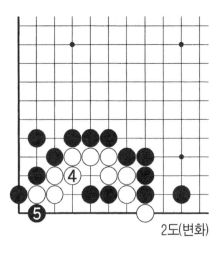

2도(변화)

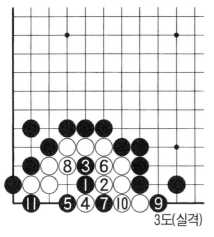

3도(실격)

3도(패)

흑1로 직접 치중하여 백2를 허락하면 이하 백12까지 패가 된다. 수순중 백6으로 -

⑫…④

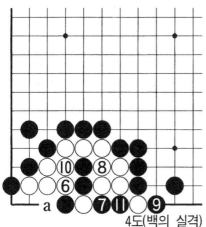

4도(백의 실격)

4도(촉촉수 불발)

본도 백6 이하로 저항하는 것은 백의 실격이다. 흑11로 잡을 때 자충이 되어 a의 촉촉수가 불가능하기 때문이다.

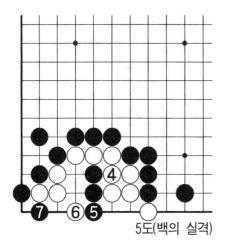

5도(백의 실격)

5도(죽음의 궁도)

3도 백4의 젖힘으로 본도 백4에 잇는 것도 흑7까지 죽음의 궁도가 되어 백의 실격이다.

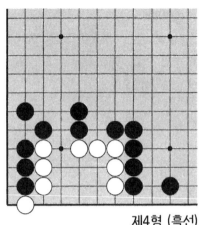

제4형 (흑선)

【제4형】

본형도 한눈에 변9궁의 전형적인 궁도를 가지고 있음을 알 수 있다. 이 모양의 결점은 좌 중앙과 왼쪽 1선 먹여침의 자리, 오른쪽 1선 젖힘의 자리 2곳이다.

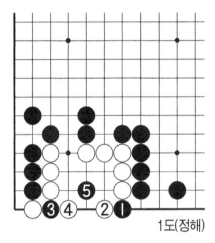

1도(정해)

1도(양젖힘의 효력)

본도 흑1·3은 일종의 양젖힘으로 궁도를 줄인 효과가 있다. 이어 흑5의 치중으로 죽음의 궁도를 만들어 갈 수 있다. 계속해서 –

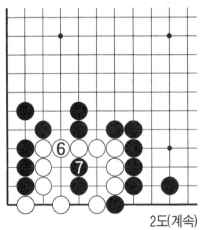

2도(계속)

2도(매화6궁)

본도 백6으로 궁도를 넓히면 흑7로 매화6궁의 궁도가 된다. 또 백6으로 –

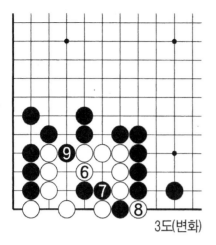

3도(변화)

3도(백 죽음)

본도처럼 백6으로 궁도를 꼬부려 삶을 모색하면 흑7·9의 수순으로 잡는다.

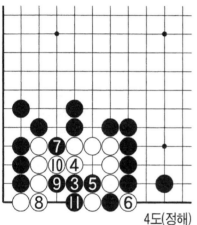

4도(정해)

4도(5궁도화)

1도 흑3으로는 본도처럼 흑3에 먼저 치중해도 잡을 수 있다. 백8쪽으로 궁도를 늘려도, 이번에는 흑7쪽에서 궁도를 줄인 다음 흑11까지 5궁도화가 된다.

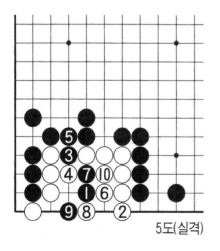

5도(실격)

5도(패)

처음부터 흑1로 먼저 치중하는 것은 백2로 저항할 수 있다. 흑3쪽으로 궁도를 줄일 때 백6의 곳을 백에게 허용해 백10까지 패가 된다.

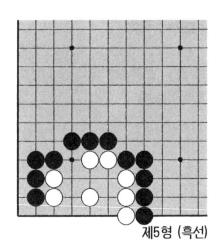

제5형 (흑선)

【제5형】

본형도 고전에 빠짐없이 실려 있는 문제다. 백이 중앙을 지킨 모양이므로 포인트는 자충을 이용하는 수순을 찾는 것이다.

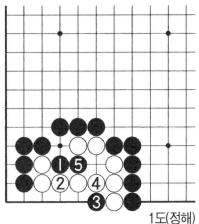

1도(정해)

1도(자충의 허)

흑1과 흑3의 수순이 자충의 허를 찌르는 수순이다. 백4에는 흑5로 그만이다.

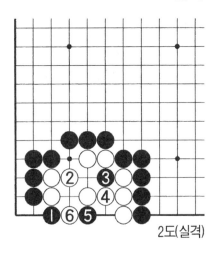

2도(실격)

2도(패)

흑1로 먼저 젖히는 것은 백2의 곳을 허용하여 흑3의 맥을 찾아도 백6까지 패를 피할 수 없어 실격이다.

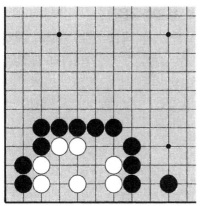

【제6형】

이 모양도 제5형의 유사형이다. 따라서 자충을 이용하지 않고는 잡을 수 없다.

제6형 (흑선)

1도(백 죽음)

이번에는 흑1·3이 수순이다. 백4의 수비에는 흑5의 치중이 준비된 수법이다. 결국 흑7로 백 죽음이다. 만약 백4로 –

1도(정해)

2도(준비된 젖힘)

본도 백4로 흑 한점을 잡으면 이번에는 흑5의 젖힘이 준비된 수법이다. 백은 더 이상 저항하지 못한다.

2도(변화)

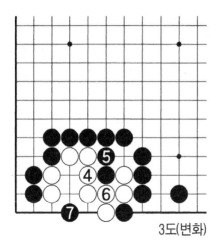

3도(변화)

3도(백 죽음)

전도의 백4로 본도 백4의 수비에는 흑5·7로 알기 쉽게 백 죽음이다.

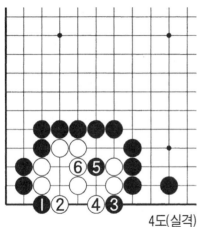

4도(실격)

4도(방향착오)

1도 흑1의 젖힘을 본도 흑1쪽을 젖히는 것은 방향착오다. 뒤늦게 흑3·5로 두어도 백6으로 알기 쉽게 산다.

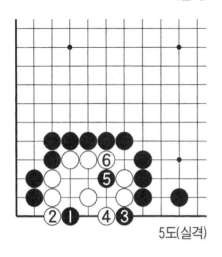

5도(실격)

5도(수순 미스)

흑1로 먼저 치중하는 것도 수순이 틀린 것이다. 뒤늦게 흑3·5는 성립하지 않는 것이다. 백6까지 크게 살고 만다.

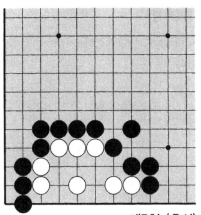

제7형 (흑선)

【제7형】

본형도 제5, 6형과 같은 맥락이다. 백의 궁도가 오른쪽으로 한 칸 넓어진 대신 왼쪽 1선에 흑이 힘차게 내려서 있다.

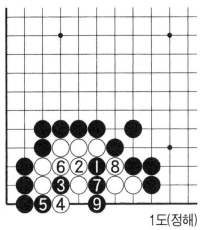

1도(정해)

1도(양자충)

흑1이 일단 안형을 파괴하는 첫 수다. 백2로 지키면 흑3·5가 자충을 만드는 수순이다. 그리고 흑7·9로 자충의 허를 찌르면 된다.

2도(백 죽음)

흑1 때 백2로 끊어 잡으면 흑3으로 침착히 궁도를 줄여 들어간다. 계속해서 백4에는 흑5·7로 역시 자충의 허를 찔러 잡는다.

2도(변화)

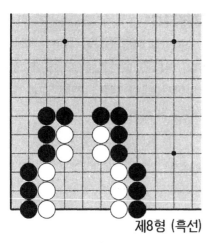

제8형 (흑선)

【제8형】

본형은 한눈에 급소가 보일 것이다.

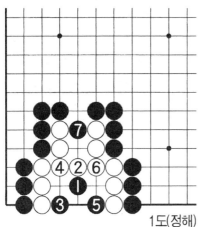

1도(정해)

1도(죽음의 궁도)

변9궁의 일차적인 급소는 흑1의 곳이다. 흑3·5는 죽음의 궁도를 만드는 수순이며, 다음 흑7로 파호하여 잡는다.

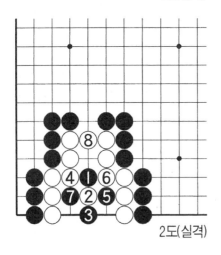

2도(실격)

2도(빅의 궁도)

흑1·3도 급소의 위치이기는 하지만 백2를 허용하면, 이하 백8까지 큰 궁도로 빅이 된다.

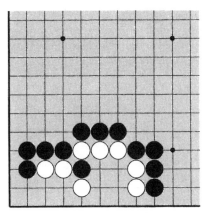

제9형 (흑선)

【제9형】

본형도 작위적이기는 하지만 변 9궁의 속성을 그대로 가지고 있다.

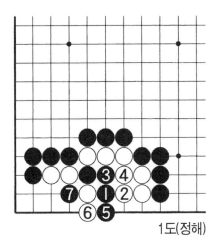

1도(정해)

1도(키워 죽임)

흑1이 변9궁의 급소와 같은 위치임을 확인하기 바란다. 다만 백 2·4로 저항할 때 흑5로 키워 죽이는 수법은 읽기가 필요한 부분이다. 이하 흑7까지 백 죽음이다. 수순중 백6으로—

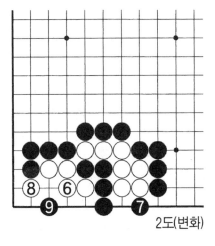

2도(변화)

2도(치중)

본도 백6에 이어 귀쪽만 살고자 해도 흑9의 치중으로 백의 의도는 무산된다.

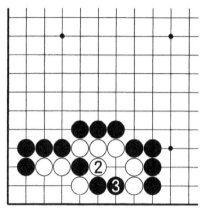

3도(1도의 변화)

3도(백 죽음)

1도의 흑1 때 본도처럼 백2에 잡으면 흑3으로 더 이상 저항할 수 없다.

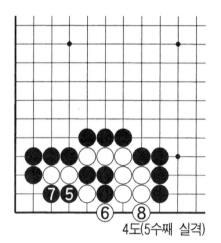

4도(5수째 실격)

4도(흑5 성급)

1도 흑5로 본도처럼 먼저 흑5에 단수하는 것은 성급한 실수다. 흑7 때 백8이면 살게 된다.

5도(백 삶)

처음부터 흑1로 단수하는 것은 실전에서 상용되는 수법이기는 하지만, 현재의 사활에서는 백6까지 방어하여 성립하지 않는다.

5도(실격)

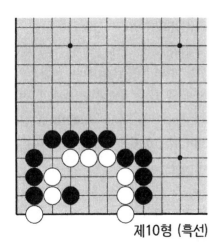

제10형 (흑선)

【제10형】

이 모양도 전형적인 변9궁이라 할 수 있다. 백의 궁도가 가진 결함은 왼쪽 윗부분과 자충이다.

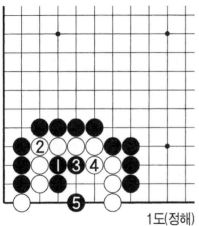

1도(정해)

1도(급소)

흑1·3·5가 죽음의 궁도를 구성하는 급소의 위치이며, 본 사활의 출발은 사실상 이제부터다.

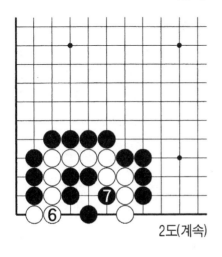

2도(계속)

2도(매화6궁)

전도 흑5에 이어 우선 백6으로 이으면 흑7로 매화6궁이 된다. 따라서 백6으로 –

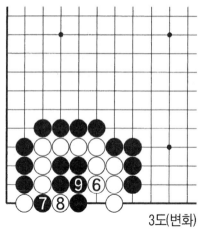

3도(변화)

3도(5궁도화)

매화6궁을 피해 백6에 두면 흑7의 먹여침이 긴요하다. 만약 이곳에 백돌이 놓여지면 무조건 빅이 되기 때문이다. 이때 백8로 따내면 흑9로 5궁도화가 된다. 따라서 백8로 -

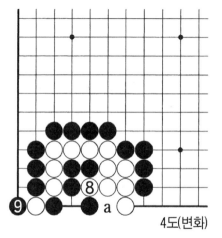

4도(변화)

4도(자충)

본도 백8에 단수를 쳐도 흑9에 따내면 백은 자충이 되어 백a의 촉촉수가 불가능하다.

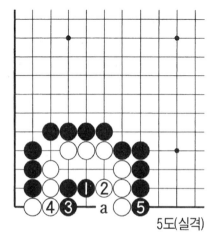

5도(실격)

5도(패)

단순히 흑1에 두는 것은 궁도의 결함을 추궁하지 못한 것으로, 흑5까지 최선을 다해도 결국 a의 패를 할 수밖에 없다.

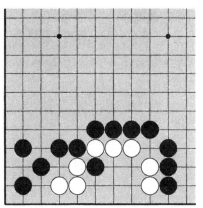

제11형 (흑선)

【제11형】

본형의 결함은 오른쪽에 있다. 그리고 그 내용은 역시 자충이다. 다만 수순이 필요할 뿐이다.

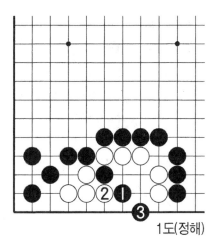

1도(정해)

1도(상용의 맥)

흑1·3이 수순이다. 그 중 흑3 은 자충을 유도하는 상용의 맥으 로, 계속해서 -

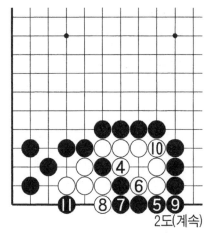

2도(계속)

2도(백 죽음)

백이 자충을 피해 백4 이하로 두 어도, 흑11에 이르러 두 눈을 확 보할 수 없다. 만약 백4로 -

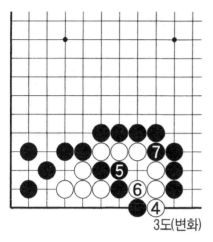
3도(변화)

3도(촉촉수)

본도 백4로 차단하는 것은 흑5
·7의 수순으로 촉촉수가 된다.

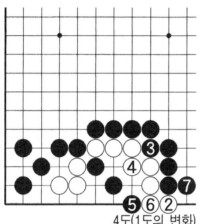
4도(1도의 변화)

4도(정확)

1도 흑1 때 백2로 젖히는 것은
가장 치열한 저항수단이지만, 흑3
· 5·7의 수순이 정확해 더 이상
의 저항은 불가능하다. 또 ―

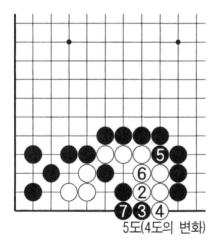
5도(4도의 변화)

5도(연타)

백2의 저항에는 흑3·5의 수순
이 백에게 숨을 돌릴 틈을 주지
않는 좋은 연타로, 흑7까지 역시
백 죽음이다.

세계챔피언이 착각한 3궁도

바둑에서 프로 9단이라면 아마추어에게는 자체로 숭배의 대상이다. 그중에서도 세계 챔피언을 다투는 초일류급 9단이라면 그냥 하느님이다. 바둑에 관한 것이라면 전지전능일 것이라고 믿어 의심치 않는다.

그런데 그런 전지전능의 프로9단, 세계 챔피언도 때로 사활을 착각한다. 그것도 복잡하고 어려운 문제라면 모르는데, 이건 겨우 일직선 3궁도. 가운데 두면 살고, 가운데 두면 잡는 그런 문제. 18급 시절에나 고심하던 그런 문제이니 기막히다고 할밖에.

소개하는 〈장면〉이 바로 그 해프닝의 현장이다. 1997년 4월2일 한국기원에서 두어진 제8기 동양증권배 결승5번기 제2국. 백을 든 사람은 조훈현 9단이고, 흑이 일본의 고바야시 사토루(小林 覺) 9단이다.

흑1·3으로 우하변쪽에서 큰 패가 생겼다. 이를테면 승부패.

백은 4를 팻감으로 쓰고 6으로 패를 때렸다. 다음 흑이 팻감으로 둔 수가 7인데, 이게 엄청난 착각의 소산이었던 것. 흑7 다음 백은 ―

〈실전진행〉백1로 패를 이어버렸다. 백이 공짜로 패를 해소했으니 흑이 〈장면〉의 7로부터 무슨 대가를 구하지 못한다면 승부는 백에게 기울어질 판이다.

〈장면〉의 흑7은 우상귀쪽 백에 대해 선수라고 본 것인데, 과연 어떨지. 〈실전진행〉에서 보듯 흑2로 이으면 수가 갑자기 확 늘어나고, 그러면 잡혀 있던 우상귀 흑돌이 거꾸로 그 아래쪽 백◎ 일곱 점을 잡는다 ― 이 것이 〈장면〉 흑7의 생각이었다.

〈실전진행〉백3은 절대이고, 이하 흑6까지도 필연. 이것으로 흑이 완생은 아니지만, 수는 늘었다. 백◎는 다섯 수. 흑은?

백A면 흑B로 된다고 본다. 흑은 자체로 5궁도화. 5궁도화는 여덟 수인데, 백3·5로 두 수가 들어가 있으니 여섯 수. 거기에다 C의 공배가 하나 있으니, 도합 일곱 수. 따라서 수상전은 무조건 흑승이다. 그런데 ―

1도 백1로 제1선에 가만히 내려서는 수가 있었다. 흑2는 생략할 수 없다. 소홀히하면 백은 2의 곳으로 나오면서 우하쪽 백◎들과 연결을 한다.

백1에 이어 다시 백3, 다시 한 번 제1선에 가만히 내려서고. 사토루 9단은 경악하고 만다.

A와 B가 맞보기 아닌가. 일단 완생하는 것은 막고 보아야 하니 더 둔다면 흑은 A에 치중해야 하는데, 그 때 백B면 이제는 거꾸로 흑이 수상전에서 턱 없이 안 되는 것. 세계 챔피언급의 프로 9단이 이런 실수를! ― 하고 비난할 것만은 아니다. 세계 챔피언급인 신(神)과 같은 프로 9단도 역시 인간인 것을!

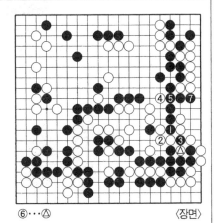

⑥…△　　　　　　〈장면〉

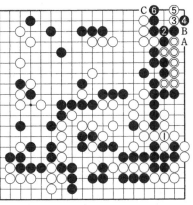

〈실전진행〉

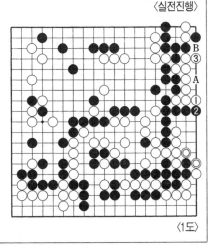

〈1도〉

제2부

맥절 사활

맥이 바둑의 기술에서 차지하는 범위는 실로 막대하다. 사활의 분야도 마찬가지로 실전 사활이든 창작 사활이든 맥을 빠뜨리면 삶과 죽음의 관계는 무미건조하기 이를 데 없을 것이다.

그러나 맥에 관한 전반적인 내용은 별도로 하고 여기서는 사활에 국한된 부분, 특히 수상전을 제외한 일반 사활만을 취급하기로 한다. 또 그 중에서도 실전에 가장 자주 등장하는 패턴을 중심으로 살펴보기로 한다. 다음 그림 8개의 패턴을 소개하면 각각 다음과 같다.

A…치중으로 잡는 맥   B…마늘모로 잡는 맥

C…뻗기로 사는 맥   D…잇기로 잡는 맥

E…한칸으로 잡는 맥   F…날일자로 사는 맥

G…환격으로 잡는 맥   H…후절수로 잡는 맥

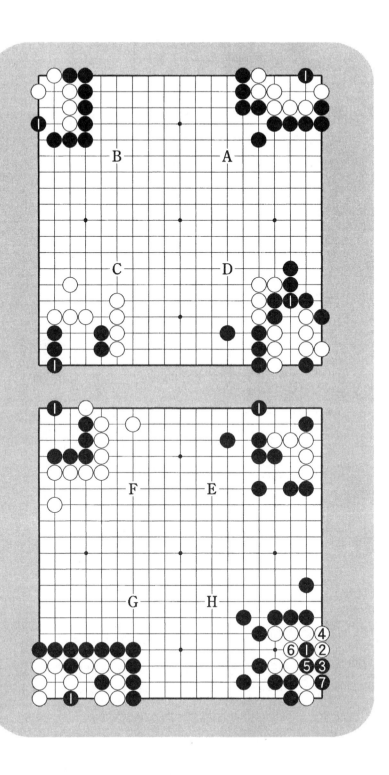

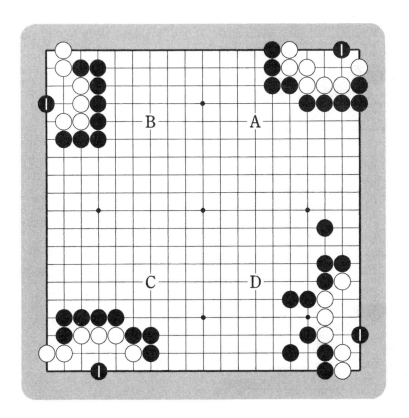

치중은 사활뿐 아니라 접근전의 기술 중 가장 많이 사용되는 맥이다. 그림 A, B, C, D는 그 중 가장 기초적인 형태지만, 이러한 치중부터 눈에 익혀야 복잡한 수순을 필요로 하는 치중의 기술도 익힐 수 있을 것이다.

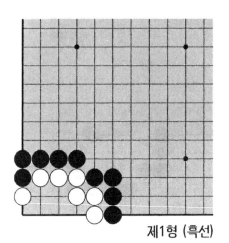

제1형 (흑선)

【제1형】

본형은 굳이 단수 정도를 배운 초보자가 아니더라도 실수하기 쉬운 모양이다. 궁도와 자충에 대한 이해가 따르지 않으면 그렇게 쉽지만도 않은 것이다.

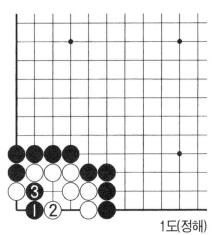

1도(정해)

1도(두 가지 노림)

흑1의 치중이 자충내지 죽음의 궁도를 노리는 급소다. 백2면 흑3으로 자충을 유도한다. 또 백2로 흑3에 이으면, 흑은 백2의 곳에 두어 죽음의 궁도를 만든다.

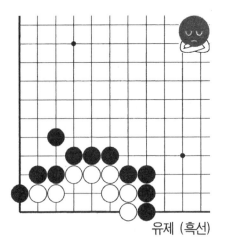

유제 (흑선)

[유제]

본도는 제1형이 변으로 한 칸 이동한 것과 사실상 같다. 따라서 급소도 같은 곳이다. 백을 잡는 급소를 찾아보자.

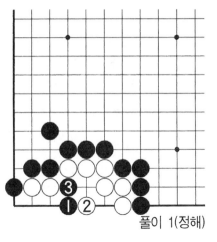

풀이 1(정해)

풀이 1(양자충)

흑1의 곳과 1도의 치중을 비교해 보기 바란다. 같은 곳의 급소임을 알 수 있다. 따라서 백2면 흑3까지 양자충이 되어 백 죽음이다.

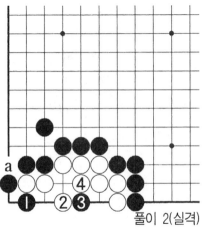

풀이 2(실격)

풀이 2(백 완생)

흑1의 젖힘은 백2에 지켜 실패한다. 보통때는 흑3도 급소지만 지금은 귀 끝이기 때문에 a의 약점으로 백을 잡을 수 없다.

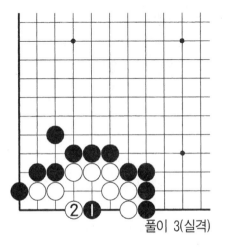

풀이 3(실격)

풀이 3(치중 불발)

흑1의 치중도 전도와 같은 이유로 성립하지 않는다. 백2로 지켜 완생이다. 물론 이 모양이 변에서 이루어졌다면 전도나 본도 모두 잡는 수법이 된다.

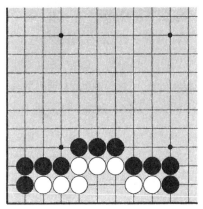

제2형 (흑선)

본형이 제1형과 같은 결함을 가지고 있다는 것은 금방 알아차리기 쉽지 않다. 그러나 이러한 모양도 결함을 추궁당하면 무너지고 만다.

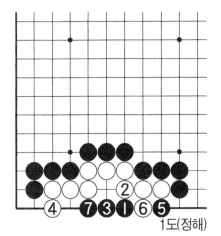

1도(정해)

1도(죽음의 궁도)

흑1의 치중이 제1형과 같은 결함이었다. 백2로 지키면 흑3 다음 백4로 궁도를 넓혀도 흑5·7의 수순으로 죽음의 궁도가 된다. 수순 중 백2로 -

2도(자충)

본도 백2에 지켜도 이하 흑5까지 자충이 기다리고 있다.

2도(변화)

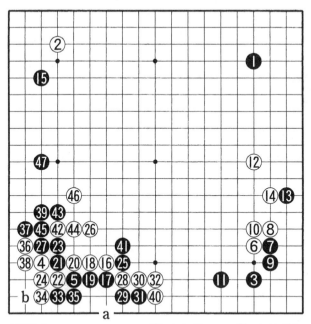

NHK배 　　● 大矢浩一 　　○ 中村秀仁

프로 바둑에서 생긴 실전 사활의 예를 보자.

흑41은 a로 지켜 백b의 삶을 강요한 다음 두는 것이 정수였다. 문제는 하변 흑과 좌하 백의 사활 관계인데, 백에게는 어떤 수단이 있을까?

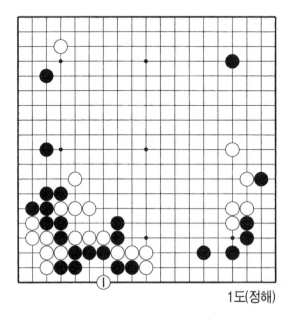

1도(정해)

1도(치중)

본도 백1의 치중이 이 모양에서의 급소였다. 계속해서─

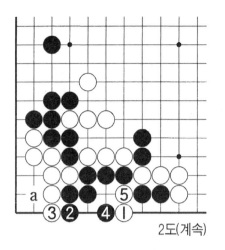

2도(계속)

2도(자충)

흑2에는 백3으로 막아 백5까지 흑의 자충을 추궁한다. 이 흑이 죽음이라는 것은 제2형에서 이미 보았던 것이다. 다음 흑이 a로 두어도 수상전은 흑이 이길 수 없다. 수순중 흑4로 -

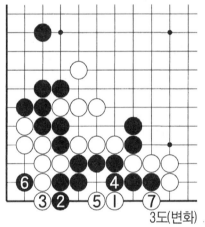

3도(변화)

3도(백승)

본도 백4로 이어 변화해도 백5 이하의 수순으로, 이 수상전은 백승이다.

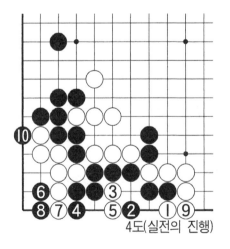

4도(실전의 진행)

4도(흑승)

실전은 백이 애석하게 백1의 젖힘을 선택하여 흑10까지 진행되었다. 이 수상전은 흑승이다. 그러나 백에게는 흑2 때도 약간의 찬스가 있었던 것이다.

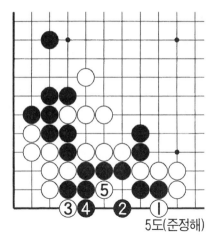

5도(준정해)

5도(이 때라도)

흑2 때라도 백은 3의 젖힘을 선택하여 5로 파호한다. 계속해서 −

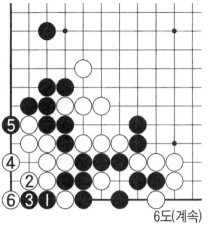

6도(계속)

6도(한 수 늘어진 패)

흑1부터 백6까지 이 수상전의 결과는 한 수 늘어진 패로, 백이 유리하다. 또 만약 흑1로 −

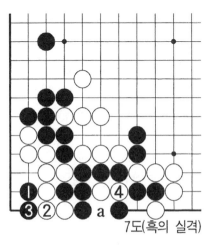

7도(흑의 실격)

7도(백 한수 승)

본도 흑1로 안쪽에서 붙여 수를 줄여오면 백4까지 백의 한 수 승이다. 계속해서 흑이 a로 따내면 백은 4의 곳을 먹여친다.

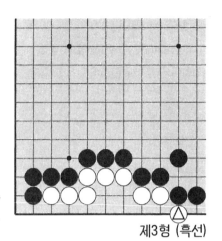

제3형 (흑선)

【제3형】

본형은 제2형에 백△가 추가된 것이다. 급소는 변하지 않으나 이 때문에 백도 버틸 여지가 생겼다.

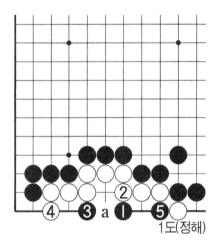

1도(정해)

1도(패)

흑1의 치중에 이어 흑도 이번에는 흑3에 두어야 한다. 백4로 궁도를 넓힐 때 흑5에 먹여쳐 백a의 패를 기다려야 한다. 만약 흑3으로 –

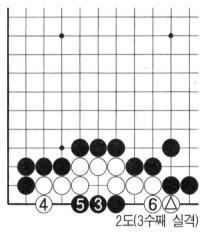

2도(3수째 실격)

2도(젖힘의 효과)

본도와 같이 패를 피해 흑3·5로 두면 백6까지 빅이 된다. 또 흑5로 백6에 먼저 먹여치면 백은 흑5에 두어 산다. 백△의 효과다.

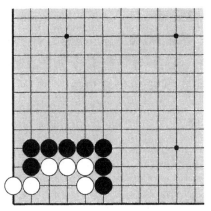

제4형 (흑선)

【제4형】

본형도 실전 기초형이다. 웬만한 기력이면 금방 찾을 만한 급소일 것이다.

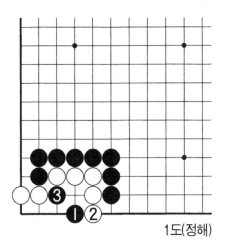

1도(정해)

1도(교과서적)

흑1·3은 가장 교과서적인 수순인데, 흑3이 성립하는 이유는 자충이 있기 때문이다.

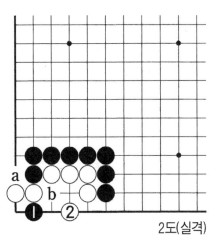

2도(실격)

2도(맥점 불발)

흑1의 붙임은 맥점같이 보이지만 이 모양에서는 불가하다. 백2로 지켜 그만이기 때문이다. 설령 a가 막혀 있다 해도 백b로 이어 빅을 유도할 수도 있다. 백이 주의할 점은 백2로–

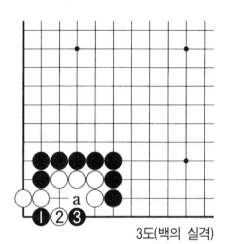

3도(패)

본도 백2에 두는 것이다. 이 때는 흑3의 단수가 있어 백은 a의 패로 버틸 수밖에 없다.

3도(백의 실격)

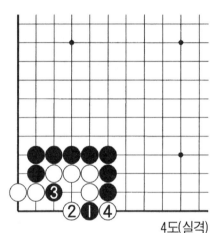

4도(백 삶)

흑1·3의 수순도 백4까지 성립하지 않는다. 백2의 곳을 놓쳤기 때문이다.

4도(실격)

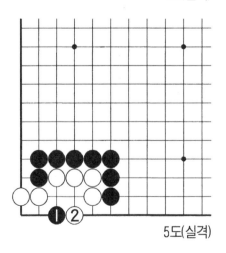

5도(치중 미스)

흑1의 치중도 급소를 벗어나, 백2로 지켜 그만이다.

5도(실격)

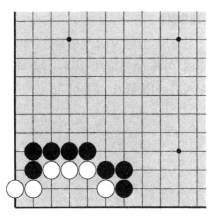

제5형 (흑선)

【제5형】

본형도 실전 기초형이지만 사실상 제4형과 같은 구조를 가지고 있어, 급소 역시 동일한 곳이다.

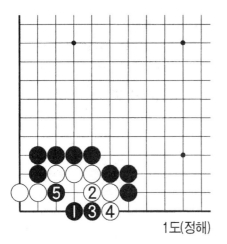

1도(정해)

1도(백 죽음)

본도의 수순을 보면 흑5까지 제4형 1도와 같다는 것을 알 수 있다. 만일 흑1의 치중으로—

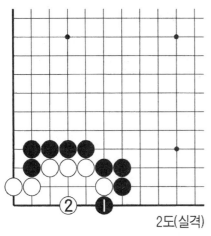

2도(실격)

2도(백 완생)

흑1의 1선 단수는 제4형으로 유도하려는 소박한 생각이지만, 백은 2의 급소를 즉시 지켜 버릴 것이다.

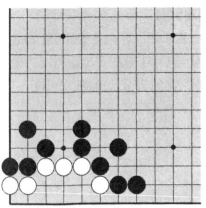

제6형 (흑선)

【제6형】

본형도 실전 기초형이지만 제4형에 비해 난이도가 있다. 급소의 위치가 이동했기 때문이다.

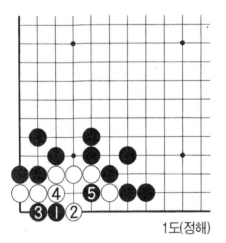

1도(정해)

1도(백 죽음)

본형의 급소는 흑1의 치중이다. 이어 백2로 저항하면 흑3·5의 수순이 준비되어 있다.

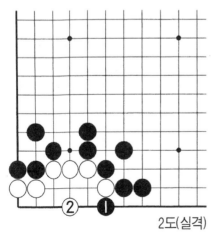

2도(실격)

2도(백 삶)

본도 흑1의 1선 단수는 제4형과 마찬가지로 백2에 지켜 살게 된다.

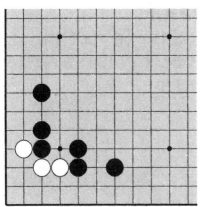

제7형 (흑선)

【제7형】

본형은 치중과 더불어 1선으로 한 칸 뛰는 맥까지 볼 수 있어야 한다. 그러나 이 모양도 실전 기초형임에는 분명하다.

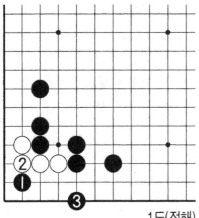

1도(정해)

1도(기초 맥)

본도 흑1로 치중하고 흑3에 한 칸 뛰는 수순이 이 모양을 추궁하는 기초 맥이다. 백은 더 이상 삶의 길이 보이지 않는다.

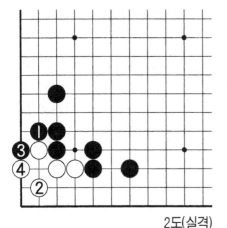

2도(실격)

2도(패)

흑1로 막으면 백2·4의 패로 버틸 수 있다.

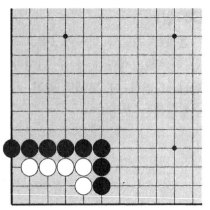

제8형 (흑선)

【제8형】

　본형도 실전 기초형이다. 잡는 방법은 3가지가 되지만 정공법은 치중이다.

1도(정공법)

　본도의 수순이 정공법이다. 흑1로 치중하고 백2를 기다려 흑3·5로 백 한점을 끊으면 백은 더 이상 저항할 수 없다.

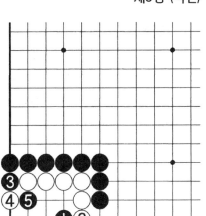

1도(정해)

2도(간발의 봉쇄)

　본도의 수순으로도 흑11까지 봉쇄하여 백을 잡을 수는 있지만, 주변 여건이 달라지면 성립하지 않을 수도 있으므로 권할 만한 수순은 아니다.

2도(준정해)

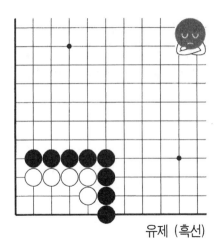

유제 (흑선)

[유제]

제8형과 더불어 이 문제 역시 실전형이지만 치중의 장소와 방법은 다르다. 환경이 다르기 때문이다. 백을 잡는 수순은?

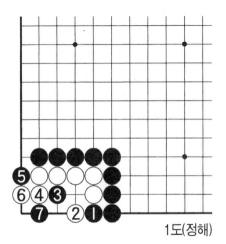

1도(정해)

1도(정공법)

본도의 수순이 정공법이다. 먼저 흑3에 치중하여 백4, 흑5, 백6, 흑7의 수순으로도 잡을 수 있지만, 이 역시 권할 만한 수순은 아니다. 주변 상황에 따른 변수가 생길 수 있기 때문이다.

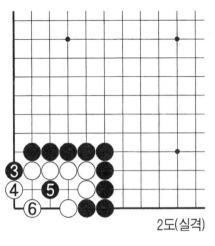

2도(실격)

2도(백 완생)

전도 흑3·5의 수순은 바뀌면 안된다. 본도 흑5 때 백6으로 지키는 수단이 있기 때문이다.

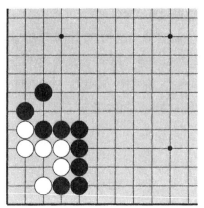

제9형 (흑선)

【제9형】

본형은 됫박형의 변형으로 기초
형인데, 치중의 맥을 모르면 패가
되고 만다.

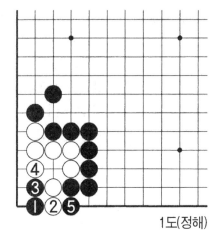

1도(정해)

1도(백 죽음)

본도 흑1의 치중은 기억해 둘 필
요가 있는 맥이다. 백2를 기다려
흑3·5까지 백을 잡는다.

2도(실격)

2도(패)

보통 흑1의 붙임이 떠오르는 곳
이지만, 이 경우는 백4까지 패가
되어 실격이다.

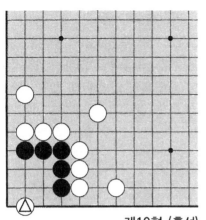

제10형 (흑선)

【제10형】

뒷박형에서 백△로 치중하는 것
은 원래 성립하지 않는 이맥이다.
그러나 잘못 응수하면 그냥 죽을
수도 있다. 이 수를 대응하는 과
정에 치중의 맥이 있다.

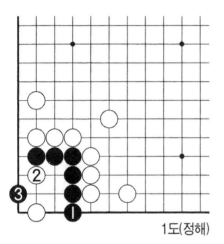

1도(정해)

1도(흑3 급소)

흑1·3이 위기에서 벗어나는 맥
의 수순이다. 흑1을 찾아도 흑3의
치중을 모르면 소용 없다. 계속해
서 —

2도(촉촉수)

백4를 기다려 흑5·7·9로 촉촉
수를 만드는 수순은 기억해 둘 필
요가 있다. 만약 백4로 흑5에 두
면 흑도 백4에 두어 이번에는 빅
이다.

2도(계속)

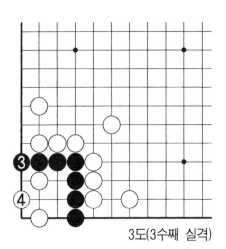

3도(3수째 실격)

3도(죽음의 궁도)

1도 백2 다음 흑3에 빠지는 것은 백4로 죽음의 궁도라는 것은 궁도 사활에서 설명한 바 있을 것이다.

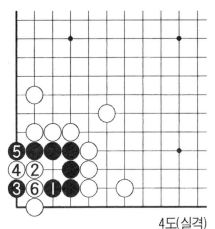

4도(실격)

4도(유가무가)

본형의 장면에서 본도 흑1 역시 백2·4·6의 수순으로 유가무가가 되어 흑 죽음이다.

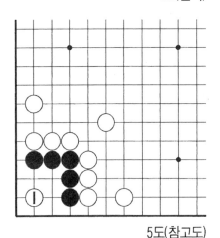

5도(참고도)

5도(뒷박형의 급소)

참고로 뒷박형의 급소는 백1의 곳이 정수다.

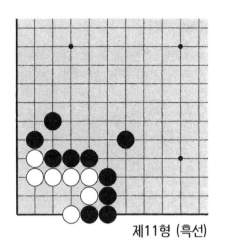

제11형 (흑선)

【제11형】

본형은 귀곡사 편에서 본 것이지만, 본래 사활의 시작은 치중이다.

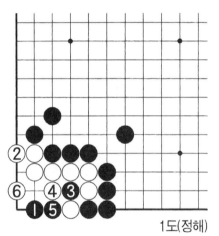

1도(정해)

1도(패)

본도 흑1의 치중부터 백6까지의 패가 쌍방 최선의 수순이다. 백이 주의할 점은 백2로-

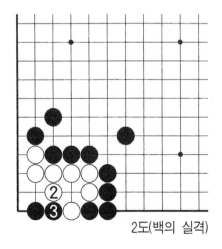

2도(백의 실격)

2도(백 손해패)

본도와 같이 패를 하는 것은 1도보다 손해라는 것이다.

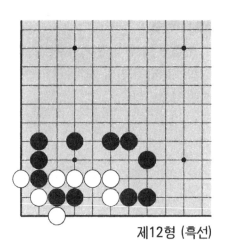

제12형 (흑선)

【제12형】

본형은 치중의 범위가 얼마나 넓은지를 보여 주는 한 예일 것이다.

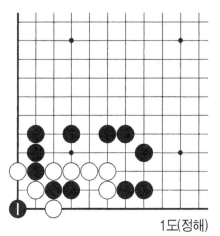

1도(정해)

1도(백 죽음)

흑1과 같은 치중은 금방 눈에 들어오지 않는 맥으로, 이 수가 아니면 무조건 패가 된다.

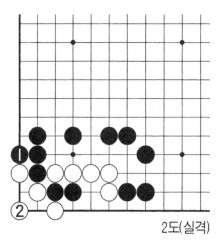

2도(실격)

2도(패)

대개의 경우 단순히 흑1의 단수로 백2의 패를 만드는 것이 보통인데, 이는 치중의 맥을 간과한 것이다.

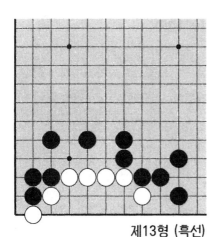

제13형 (흑선)

【제13형】

본형은 변8궁인데 패는 한눈에
도 보이는 수단이지만, 이 궁도의
결함은 치중으로 노출된다.

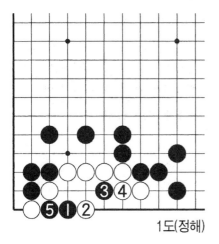

1도(정해)

1도(백 죽음)

흑1과 흑3의 두 곳이 치중의 대
상이 된다. 백2·4로 수비하면 흑
5까지 백 죽음이다.

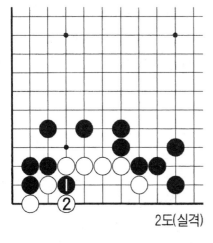

2도(실격)

2도(패)

흑1의 패는 누구라도 할 수 있
는 것이다.

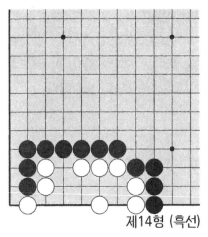

제14형 (흑선)

【제14형】

본형은 빅편에서 잠깐 선보인 바 있는 모양으로, 여기에도 궁도의 결함을 추궁하는 치중이 있다.

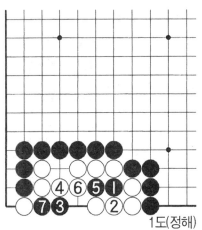

1도(정해)

1도(키워 죽임)

흑1로 눈 모양을 없앤 후 흑3의 치중으로 이 백은 죽음이다. 백4 때 흑5로 키워 죽이는 수법에 유의하자. 흑5의 수는―

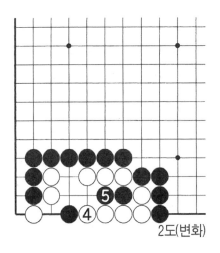

2도(변화)

2도(마찬가지)

본도 백4에도 마찬가지로 사용되는 맥점이다.

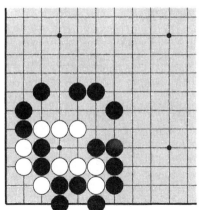

제15형 (흑선)

【제15형】

본형이 실전에 나타나면 대개의 경우 무심히 패의 수단을 만들어 주기 십상이지만 여기에도 치중의 맥이 있다.

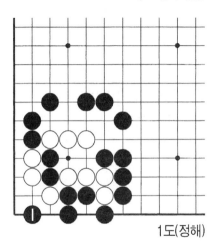

1도(정해)

1도(백 죽음)

흑1이 패의 수단을 미연에 방지하는 치중의 맥이다. 이 수로는 보통 –

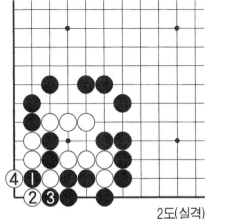

2도(실격)

2도(패)

본도 흑1로 단수치게 마련이지만 이때 백에게는 바로 그 치중의 자리(백2)로 두어 백4까지 패로 저항하는 수단이 발생하는 것이다.

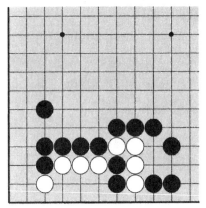

제16형 (흑선)

【제16형】

본형도 실전이라면 무심코 귀 쪽을 살려 줄 수 있는 모양이다. 그러나 이때도 치중은 그 위력을 여지없이 드러낸다.

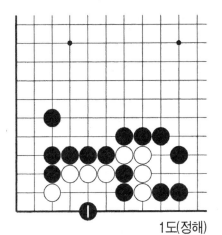

1도(정해)

1도(감각)

흑1의 치중을 실전에서 한 눈에 감각적으로 찾아낼 수 있다면 거의 전문가의 수준이라고 할 수 있다. 이때 백이 —

2도(흑9 맥점)

백2 이하로 저항하는 것은 이하 흑9까지 백 죽음이다. 이 수순에서 눈여겨 둘 맥점은 흑9로 뻗는 수법이다.

2도(계속)

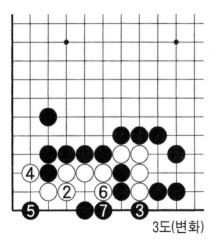

3도(변화)

3도(백 죽음)

1도 흑1 때 본도 백2·4로 귀 쪽만 살고자 해도 흑5의 치중 으로 그만이다. 백6에는 흑7로 연결할 수 있기 때문이다.

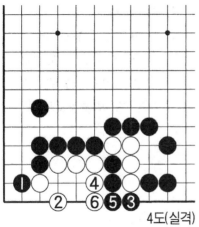

4도(실격)

4도(귀쪽 삶)

본형의 장면에서 흑1로 무심코 젖히면, 백6까지 귀 쪽이 살게 되 어 실격이다.

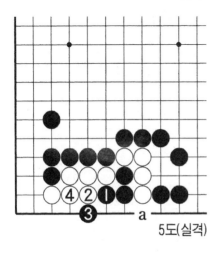

5도(실격)

5도(최악)

본도의 수순은 흑a로 넘는 수마 저 없어져 백을 가장 크게 살려 주는 최악의 변화다.

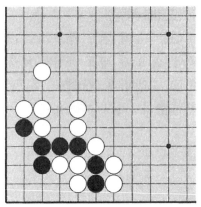

제17형 (흑선)

【제17형】

본형은 응용형인데 치중 이후에 마늘모의 맥을 활용할 수 있어야 삶이 있다.

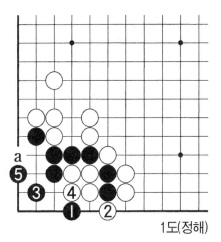

1도(정해)

1도(흑 완생)

흑1의 치중이 선행된 다음 흑3·5의 수순까지 읽을 수 있어야 한다. 여기서 흑3이 마늘모의 맥이다. 수순중 흑5로는 a로도 살 수 있다.

2도(패)

흑1·3은 백4로 단수할 때 패를 피할 수 없어 실격이다.

2도(실격)

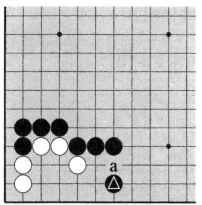

제18형 (흑선)

【제18형】

본형은 실전형으로 흑◭가 a에만 있어도 살아 있는 모양이다. 지금과 같은 이 흑돌의 위치가 어떤 작용을 할까?

1도(젖혀이음)

지금은 흑1의 치중 이후 흑3·5의 젖혀이음이 성립한다.

1도(정해)

2도(끝내기에 불과)

본도 흑1로 붙인 다음 백6까지의 수순은 끝내기에 불과한 것이다.

2도(실격)

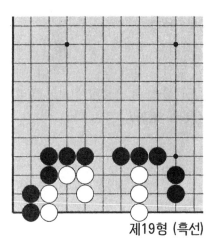

제19형 (흑선)

【제19형】

본형은 치중의 묘미를 감상할 수 있는 모양이다.

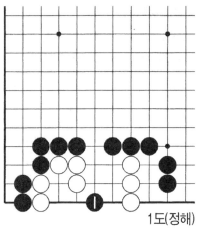

1도(정해)

1도(훌륭)

흑1의 치중이 한눈에 보였다면 감각이 훌륭한 것이다. 계속해서 –

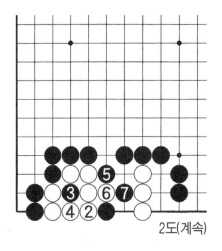

2도(계속)

2도(백 죽음)

백2로 지킬 때 흑3은 자충을 만드는 작업이다. 백4라면 흑5·7로 오른쪽의 눈을 없앨 수 있다. 수순중 백2로 –

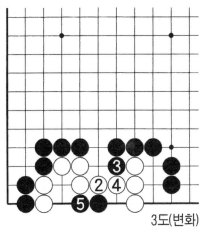

3도(변화)

3도(백 죽음)

본도 백2로 수비하면 흑3의 수순이 필요하다. 백4에는 흑5로 백 죽음이다.

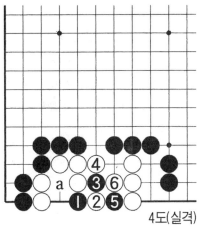

4도(실격)

4도(촉촉수)

대개의 경우 흑1의 붙임이나 흑3의 붙임이 먼저 보이기 쉽지만, 이 수들은 촉촉수를 간과한 이맥들이다. 백6까지 된 다음 흑은 a로 백 두점을 잡을 수 있는 정도가 고작이다.

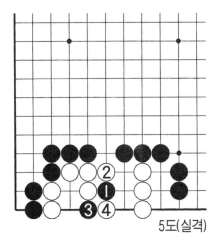

5도(실격)

5도(환원)

이번에는 흑1로 붙이면 이하 백4까지 전도와 마찬가지로 촉촉수에 걸려 4도로 환원된다.

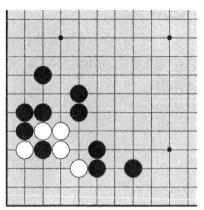

제20형 (흑선)

【제20형】

본형은 그다지 어렵지 않다. 치중 이후의 수순이 2수에 불과하기 때문이다.

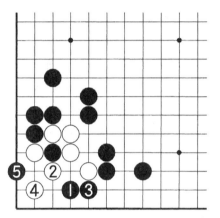

1도(정해)

1도(일석이조)

흑1의 치중은 백2의 곳과 흑3의 곳을 동시에 노리는 1석2조의 급소다. 백2, 흑3 다음 백4로 삶의 길을 모색하면 흑5로 공격하여 백 죽음이다. 수순중 백2로-

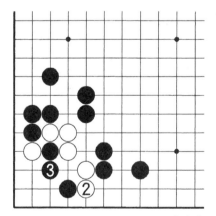

2도(변화)

2도(백 죽음)

본도 백2로 차단하면 흑3으로 한 점을 살려 그만이다.

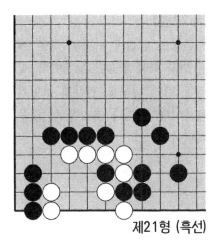

제21형 (흑선)

본형도 치중의 진수를 맛볼 수 있는 문제다.

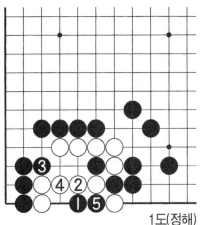

1도(정해)

1도(백 죽음)

흑1이 백의 명맥을 끊는 통렬한 급소다. 백2에는 흑3이 준비된 수단이다. 백4로 이어야 할 때 흑5로 먹여쳐서 옥집을 만든다.

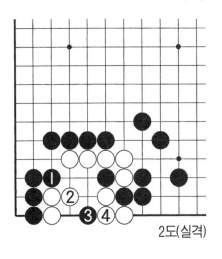

2도(실격)

2도(백 완생)

1도의 수순을 바꾸어 흑1을 먼저 두면 백2로 받은 다음 흑3의 치중 때 백4로 잇는 수가 성립하여 실패한다.

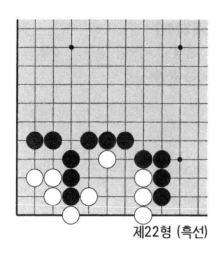

제22형 (흑선)

【제22형】

본형은 실전에 나타날 경우 패를 만들 확률이 높은 모양이다. 붙임의 맥이 너무도 뻔하게 보이기 때문이다. 그러나 붙임은 이 경우 이맥이다.

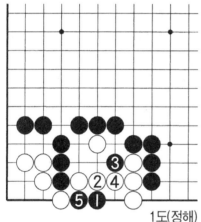

1도(정해)

1도(정맥)

정맥은 흑1의 치중이다. 이곳은 언뜻 눈에 잘 뜨이지 않는 자리이다. 백2에는 흑3의 타진을 거쳐 흑5로 백 죽음이다. 수순중 백2로 –

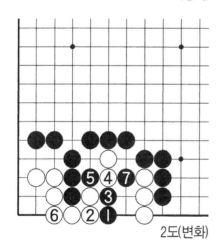

2도(변화)

2도(백 죽음)

본도 백2로 이으면 이하 흑7까지 백이 이곳에 눈을 만들 여지는 없다.

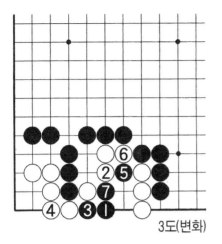

3도(변화)

3도(절묘)

흑1 때 백2의 저항이 다소 까다
롭지만, 흑5·7의 수순이 절묘해
백이 소생할 길은 없다.

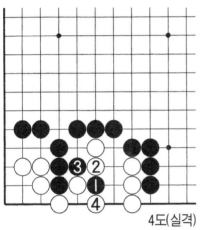

4도(실격)

4도(이맥)

본형의 장면에서 흑1이 맥인 듯
하지만 백2·4로 저항하면 패가 되
어 실격이다. 또 흑3으로 -

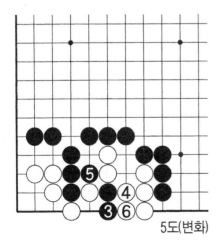

5도(변화)

5도(백 완생)

본도 흑3으로 안형을 공격해도
백4 이하 백6까지 그만이다. 백4
로는 흑5의 곳에 두어도 된다.

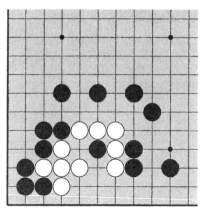

제23형 (흑선)

【제23형】

본형은 두 곳의 급소가 있으나 한 곳은 처음부터 성립하지 않는 곳이다.

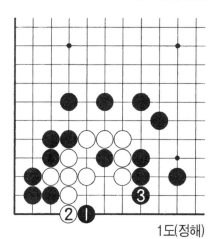

1도(정해)

1도(백 죽음)

흑1·3의 수순으로 백이 죽는 것을 보면, 흑이 먼저 3에 둘 때 백이 1의 곳을 차지해 살게 된다는 것을 알 수 있다. 참고로 흑3으로는-

2도(마찬가지)

본도 흑3의 한칸으로 두어도 백 죽음에는 변함이 없다.

2도(변화)

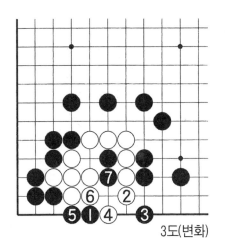

3도(변화)

3도(백 죽음)

흑1 때 백2에는 이하 흑7까지 백에게 수단의 여지는 없다.

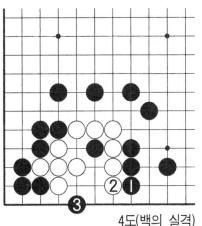

4도(백의 실격)

4도(착각)

1도에서 잠시 설명했지만 흑1은 백2를 기다려 흑3에 치중하려는 생각이지만 이는 착각이다. 백은 2로–

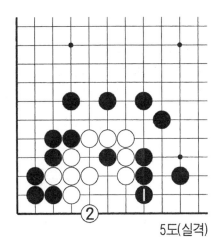

5도(실격)

5도(기사회생)

본도 백2로 지키는 맥이 있어 기사회생한다.

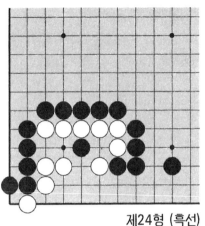

제24형 (흑선)

【제24형】

본형은 제23형과 비교해 무엇이 다른지 생각해 볼 필요가 있다. 그것은 좌하에 젖힘이 있다는 것과 좌상에 공배가 있다는 것, 그리고 우측의 흑의 수비가 강하다는 것이다.

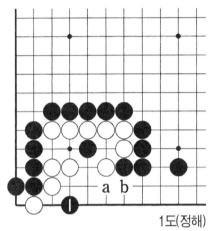

1도(정해)

1도(유일)

그러나 흑1의 치중 이외에는 어느 곳도 성립되는 것이 없다. 첫 수는 이 곳뿐이다. 백도 저항하는 곳은 a, b 단 두 곳뿐이다. 계속해서 —

2도(흑3 맥점)

백2에는 흑3의 붙임이 준비된 맥점이다. 흑7까지 우측의 견고한 수비를 십분 활용하고 있다.

2도(계속)

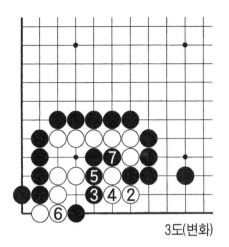

3도(변화)

3도(백 죽음)

1도의 흑1 때 본도 백2라면 흑 3·5로 좌측의 결함을 추궁할 수 있다. 이하 흑7까지 백의 저항은 무위에 그친다.

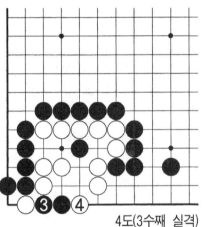

4도(3수째 실격)

4도(단순한 끊음)

2도 흑3으로 본도처럼 단순히 흑 3에 끊는 것은 백4로 알기 쉽게 살고 만다.

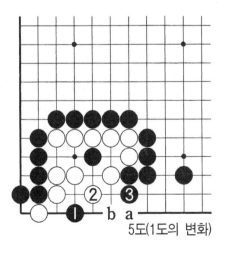

5도(1도의 변화)

5도(백 죽음)

흑1의 치중에 백2로 수비하면 흑 3으로 두어 잡는다. 제23형과는 달리, 백2 때 흑a는 백b의 저항이 있어 성립하지 않는다.

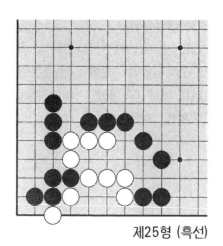

제25형 (흑선)

【제25형】

본형은 실전 기초형으로, 눈 모양을 탈취하는 급소를 찾는 문제다.

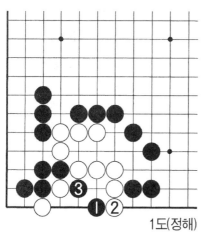

1도(정해)

1도(백 죽음)

흑1의 치중은 반드시 익혀 둘 필요가 있는 맥이다. 백2를 기다려 흑3으로 깨끗이 잡을 수 있다.

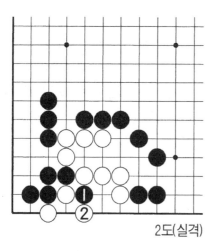

2도(실격)

2도(패)

흑1로 단수하여 백2로 패를 만들고 즐거워 할 수는 없는 노릇이다.

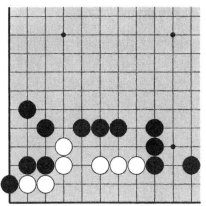

제26형 (흑선)

【제26형】

본형에는 백이 실수할 경우 마늘모의 맥으로 패 없이 잡히는 함정이 숨어 있는 모양이다. 물론 치중이 먼저다.

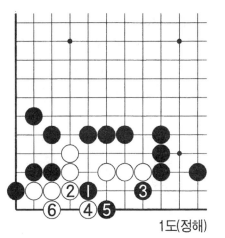

1도(정해)

1도(패)

흑1로 치중을 선행하고 흑3의 젖힘으로 궁도를 조이는 수순이 좋은 공략법이다. 백6까지 쌍방 최선의 진행으로 패가 된다. 수순중 백4로 —

2도(마늘모의 맥)

본도 백4는 a의 절단을 노린 묘수같아 보이지만 이는 백의 착각이다. 흑5로 마늘모의 맥이 작동되어, 패 없이 죽게 되므로 백의 실격이다.

2도(백의 실격)

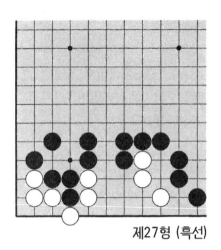

제27형 (흑선)

【제27형】

본형은 현현기경에 조현세(造玄勢)라는 이름으로 수록된 문제다. 이러한 문제를 접하면서 치중의 묘미를 감상해 보기 바란다.

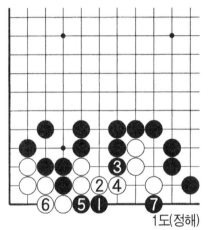

1도(정해)

1도(일사천리)

흑1의 치중이 눈에 잘 띄지 않는 급소로, 그 이유는 이후의 수순이 눈에 금방 들어오지 않기 때문이다. 흑1을 발견했다면 그 다음은 일사천리다. 이하 본도의 수순을 밟는다면 흑7까지 백 죽음이다. 수순중 백2로 —

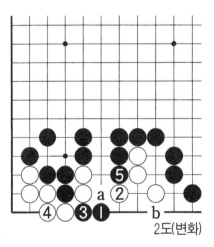

2도(변화)

2도(준비)

본도 백2에 지키는 것은 흑3·5의 수순이 준비되어 있다. 다음 백a라면 흑b에 두어 1도로 환원된다.

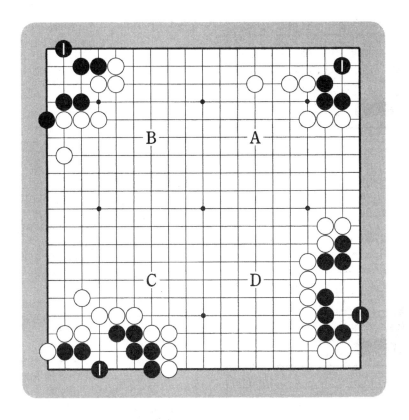

그림 A, B, C, D는 모두 흑1의 마늘모로 살고 있다. 모양으로는 모두 호구에 해당하는 것이지만, 호구 자체가 마늘모로 구성되는 것이므로 마늘모라는 맥의 범주에 속한다고 하겠다. 또 마늘모는 거의 대부분이 한칸과 더불어 치중과 상대적 관계를 가지고 있는 맥이기도 하다.

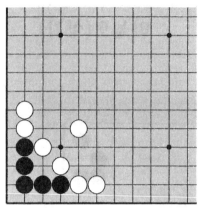

【제1형】

본형은 기초 사활에 해당하는 것이지만, 맥의 유형으로 본다면 마늘모에 속한다.

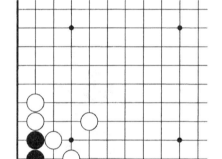

1도(정해)

1도(마늘모)

본도 흑1의 마늘모가 아니면 살지 못한다는 것쯤은 이제 교과서적인 내용일 것이다.

2도(실격)

2도(귀곡사)

흑1·3으로 궁도를 넓히면 그 결과가 백4까지 귀곡사라는 것도 교과서적인 내용이다.

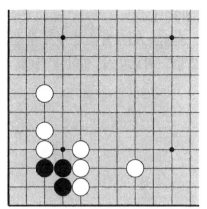

제2형 (흑선)

【제2형】

귀6궁의 변형에서 다룬 바 있는 실전 기초 사활이다. 이 모양도 맥의 유형에서 본다면 마늘모에 속한다.

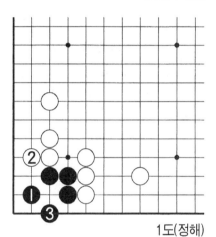

1도(정해)

1도(암기)

흑1·3으로 사는 수순은 암기해 둘 필요가 있다.

2도(실격)

2도(치명적 급소)

흑1로 궁도를 넓히려고만 하는 착상은 이제부터 고쳐야 한다. 백2의 자리는 그만큼 상대적 급소이며, 따라서 살아야 할 입장의 흑에게는 치명적이다. 흑3에는 백4로 전형적인 죽음의 모양이다.

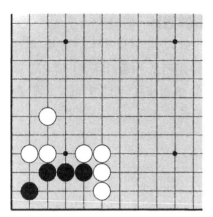

제3형 (흑선)

【제3형】

본형도 제1형처럼 한 수로 두 눈 모양을 확보할 수 있어야 한다.

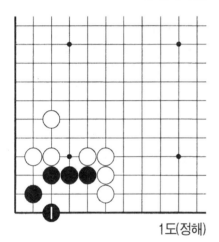

1도(정해)

1도(급소)

흑1의 곳이 한 수에 두 눈 모양을 갖추는 급소다.

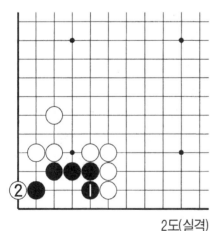

2도(실격)

2도(흑 죽음)

흑1처럼 어느 한 쪽의 궁도를 넓혀도 백2처럼 다른 한 쪽이 결함이 있다면 소용없다.

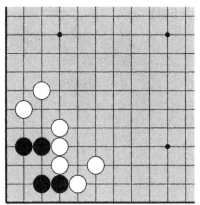

제4형 (흑선)

【제4형】

본형은 고전 및 각종 사활집에 거의 실려 있는 교과서와 같은 문제다.

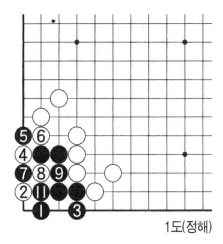

1도(정해)

1도(촉촉수)

흑1의 마늘모가 정수다. 백2로 공격해 오면 흑3으로 한 눈을 확보한 후, 백4에는 이하 흑11까지 촉촉수로 이곳에 눈을 만들 수 있다.

⑩···④

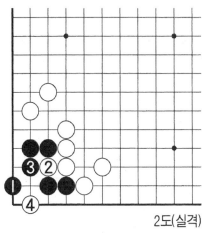

2도(실격)

2도(급소 이탈)

흑1은 같은 '2의 1'이지만 급소를 벗어난 것이다. 백2·4로 흑 죽음이다.

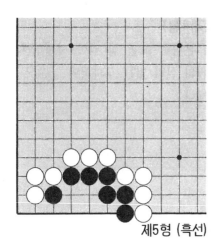

제5형 (흑선)

【제5형】

본형도 기초 사활에 해당한다. 마늘모 즉 호구의 급소는 두 자리인데, 어느 곳이 정맥인가?

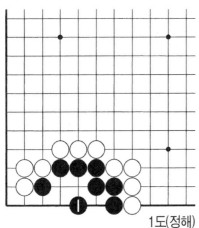

1도(정해)

1도(삶의 급소)

본도 흑1은 이 모양에서 반드시 암기해야 할 급소이다. 또 이곳은 제3형의 1도와 사실상 같은 곳이다.

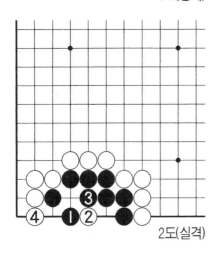

2도(실격)

2도(이맥)

흑1은 이맥이다. 백2의 급소를 맞으면 백4까지 삶이 없어진다.

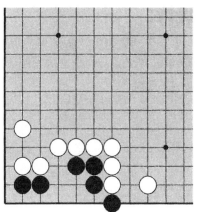

제6형 (흑선)

【제6형】

본형은 지금까지의 형들에 비해 다소 난이도가 있다. 그러나 급소의 위치가 바뀌는 것은 돌의 모양이 바뀌었기 때문이다.

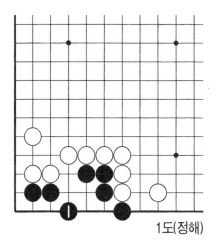

1도(정해)

1도(안형 확보)

흑1이 양쪽에 안형을 확보하는 급소다. 이 모양은 제5형의 모양을 좌우로 뒤집어 놓은 것과 같다.

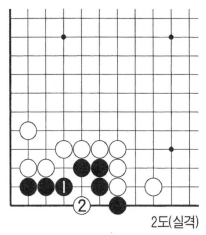

2도(실격)

2도(흑 죽음)

흑1로 삶을 서두르는 것은 백2의 치중으로 삶이 없다.

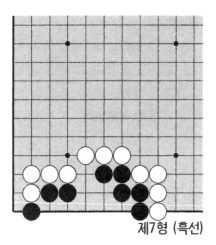

제7형 (흑선)

【제7형】

본형은 제6형과 사실상 같은 모양이다. 변으로 한 칸 이동했다고 할 수 있다.

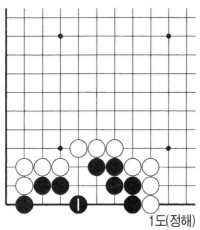

1도(정해)

1도(삶의 급소)

따라서 제6형의 1도처럼 흑1의 위치가 급소다. 이 수로-

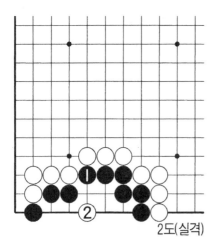

2도(실격)

2도(흑 죽음)

본도 흑1로 궁도를 넓히는 것은 백2의 급소를 맞아, 자충으로 잡히거나 죽음의 궁도가 된다.

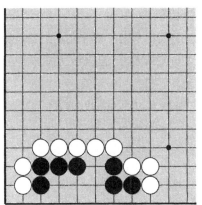

제8형 (흑선)

【제8형】

본형은 기초 사활로, 빅편에서 보았던 모양이다. 그러나 맥의 유형으로만 본다면 본형도 마늘모의 맥일 뿐이다.

1도(암기)

흑1은 암기해 둘 급소이자 맥이다. 백2로 안형을 공격하면 흑3으로 빅을 만들 수 있다.

1도(정해)

2도(흑 죽음)

1도의 수순이 바뀌면 무사할 리 없다. 즉 흑1로 궁도를 넓히면 백은 즉시 백2로 치중한다.

2도(실격)

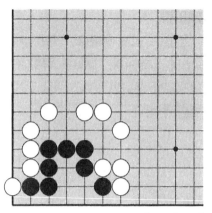

제9형 (흑선)

【제9형】

본형도 기초 사활이다. 그러나 마늘모의 맥을 모르면 중급자들도 패를 만들기 일쑤다.

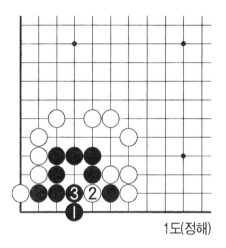

1도(정해)

1도(흑 삶)

흑1의 마늘모가 정맥이다. 백2에는 흑3으로 응수해야 무사하다.

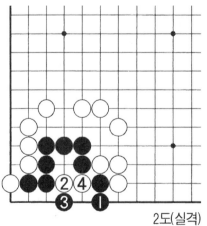

2도(실격)

2도(흑 죽음)

흑1로 궁도를 넓히는 것은 백2·4의 수순으로 흑 죽음이다.

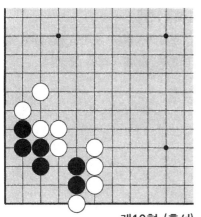

제10형 (흑선)

【제10형】

본형도 실전형이다. 이 흑을 사는 수는 두 가지지만 정맥은 하나라고 할 수 있다.

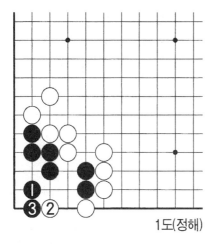

1도(정해)

1도(정수)

흑1이 정수로 주변 여건에 관계없이 살아 있다. 이 수로는-

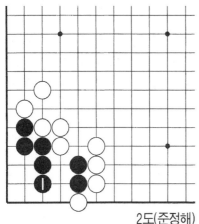

2도(준정해)

2도(주변 여건)

흑1로도 살아 있지만, 이 모양은 주변 여건에 따라 불이익을 받을 수도 있으므로 권할 수 없다.

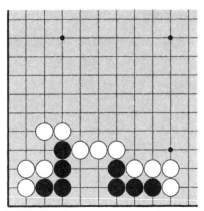

제11형 (흑선)

【제11형】

본형도 거의 모든 사활집에 실려있는 교과서적인 문제다.

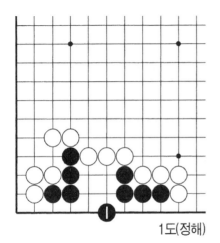

1도(정해)

1도(좌우 한 눈씩)

흑1이 좌우로 한 눈씩을 확보할 수 있는 마늘모의 맥이다.

2도(죽음의 궁도)

흑1처럼 어느 한 쪽의 궁도를 늘리는 것은 백2, 흑3 다음 백4·6의 수순이 좋아 죽음의 궁도를 면할 수 없다.

2도(실격)

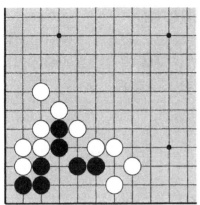

제12형 (흑선)

【제12형】

본형은 실전 기초형이다. 이 모양도 마늘모의 맥이 생명줄이다.

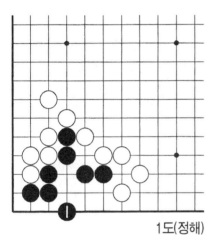

1도(정해)

1도(생명줄)

흑1이 아니면 무사하지 못한다. 이 수가 양쪽으로 안형을 확보하는 생명줄이다.

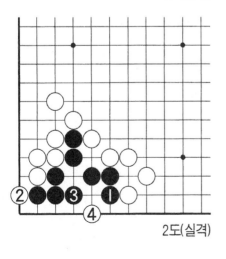

2도(실격)

2도(흑 죽음)

역시 흑1처럼 어느 한 쪽의 궁도를 넓히는 것으로는 이하 백4까지 삶이 없다.

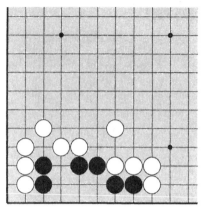

제13형 (흑선)

【제13형】

본형도 실전 기초형이다. 귀와 변의 사활 중 마늘모의 맥은 거의 1선에 위치하고 있다.

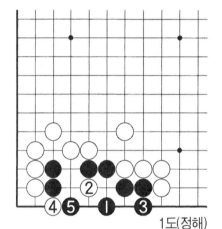

1도(정해)

1도(촉촉수)

흑1은 좌측의 촉촉수를 읽을 수 있어야 한다. 촉촉수가 있기 때문에 백4에는 흑5로 강하게 대응할 수 있다.

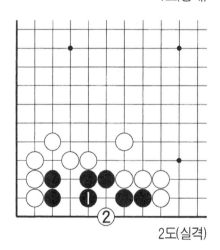

2도(실격)

2도(백2 급소)

흑1의 호구는 백2의 급소를 맞아 삶이 없다.

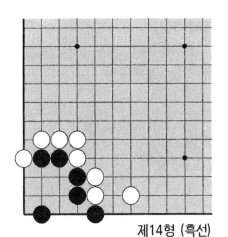

제14형 (흑선)

【제14형】

본형도 사활집에 많이 실려 있다. 마늘모의 맥을 사용하는 문제로서는 제격이다.

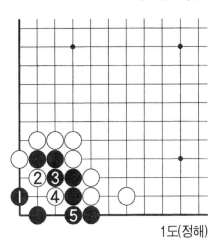

1도(정해)

1도(안전)

흑1은 일견 위태로워 보이지만 흑5까지 안전하다. 흑1의 수로 −

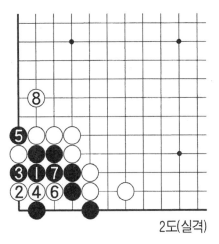

2도(실격)

2도(백2 급소)

본도 흑1에 후퇴하는 것은 백2의 급소를 맞아 삶이 없다. 계속해서 진행한다면 이하 백8까지 더 이상 버틸 수 없다.

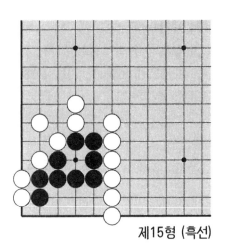

제15형 (흑선)

【제15형】

본형은 눈 모양을 갖추는 급소를 찾는 문제다.

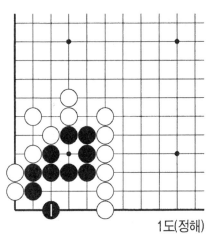

1도(정해)

1도(절묘)

흑1이 아니면 그냥 사는 수는 없다. 역시 여기서도 마늘모의 맥이 절묘하다.

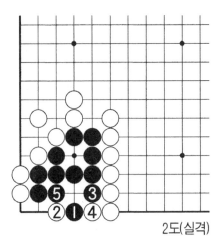

2도(실격)

2도(패)

흑1의 한칸도 자주 사용되는 맥의 하나지만, 이 경우는 성립하지 않는다. 백2의 치중이 있기 때문이다. 이하 흑5까지 패가 난다.

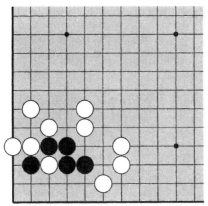

제16형 (흑선)

【제16형】

　실전이라면 본형은 중급자들에게 어려운 문제지만, 여기에도 기사회생의 마늘모의 맥이 있다.

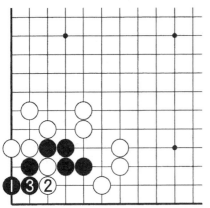

1도(정해)

1도(유일)

　흑1이 흑을 살릴 수 있는 유일한 맥이다. 백2에는 흑3으로 둔다.

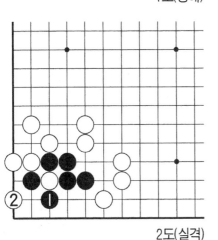

2도(실격)

2도(흑 죽음)

　흑1로 단순히 백 한점을 잡는 것은 백2의 치중으로 삶이 없다.

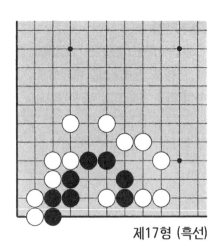

제17형 (흑선)

【제17형】

본형도 마늘모 맥의 유용함이 여지 없이 나타나는 문제다.

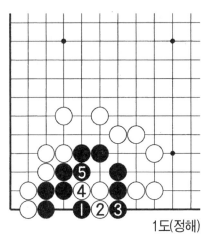

1도(정해)

1도(눌러잡기)

흑1이 눈을 만들면서 백의 연결을 차단하는 정맥으로, 백2에는 흑5까지 눌러잡기가 준비되어 있다.

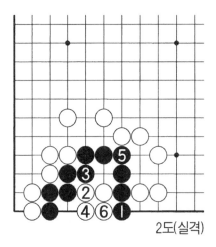

2도(실격)

2도(죽음의 궁도)

단순히 흑1로 빠져 백의 연결을 차단하는 것은 백6까지 죽음의 궁도를 면치 못한다.

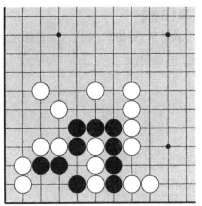

제18형 (흑선)

【제18형】

본형도 백의 연결을 차단하면서 삶의 궁도를 갖추는 정맥을 찾아야 한다.

1도(삶의 궁도)

흑1이 a의 연결을 차단하면서 삶의 궁도를 갖추는 정맥이다. 백2에는 흑3으로 그만이다.

1도(정해)

2도(흑 죽음)

단순히 흑1로 잡는 것은 백2 또는 a로 삶이 없다.

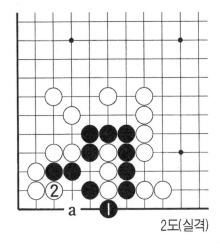

2도(실격)

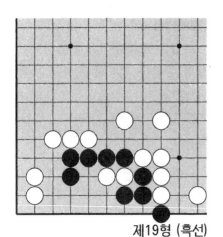

제19형 (흑선)

【제19형】

본형도 사실은 제17, 18형과 같은 맥락이다.

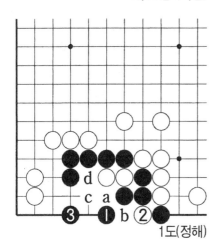

1도(정해)

1도(흑 완생)

일견 어눌해 보이는 흑1이 정맥으로, 백2의 먹여침에는 흑3이 또한 준비된 한칸의 맥이다. 이후 백a라면 흑b, 백c, 흑d로 죽음의 궁도를 피해 완생이다.

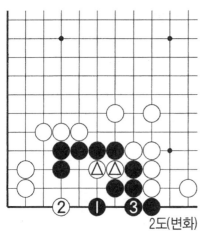

2도(변화)

2도(가만히 한 집 마련)

흑1 때 백2로 한칸의 맥을 차지하면 흑3으로 눈을 만들면 된다. 이때 백△는 달아날 수 없다.

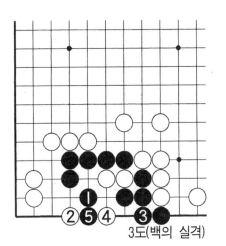

3도(백의 실격)

3도(흑의 착각)

흑1로 백2를 유도한 후 흑3에 이을 수 있다고 생각하는 것은 흑의 착각이다. 그렇게만 된다면 백4로 들어와도 흑5로 막아 삶에는 이상이 없지만, 백은 2로—

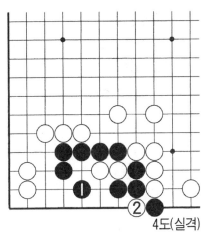

4도(실격)

4도(먹여침)

백2로 먼저 먹여치는 수순을 택할 것이다. 이것으로 흑에게는 삶이 없다.

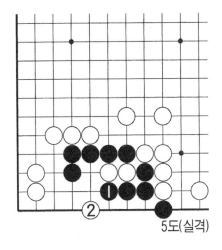

5도(실격)

5도(비마)

또 단순히 흑1로 잡는 것은 백2의 비마가 있어 이것으로 그냥 흑 죽음이다.

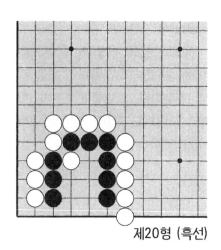

제20형 (흑선)

【제20형】

본형은 둘 만한 곳이 많아 보여도, 자세히 보면 둘 곳은 거의 정해져 있다.

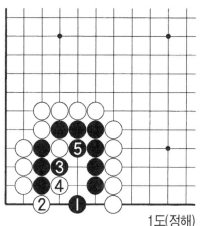

1도(정해)

1도(흑 완생)

수읽기를 시작할 만한 장소는 본도와 2도뿐인데, 본도 흑1이 정맥이다. 이하 흑5까지 완생이다.

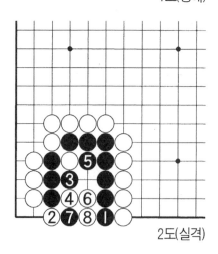

2도(실격)

2도(자충)

흑1로 궁도를 넓히는 것은 이하 백8까지, 자충 때문에 촉촉수가 성립하지 않으므로 흑 죽음이다.

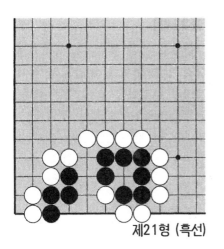

제21형 (흑선)

【제21형】

본형은 문제라고 생각하면 누구나 풀 수 있지만, 실전이라면 아마 패를 내기가 쉬울 것이다.

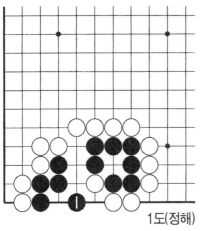

1도(정해)

1도(흑 완생)

흑1이 정맥이다. 이것으로 패를 피할 수 있다.

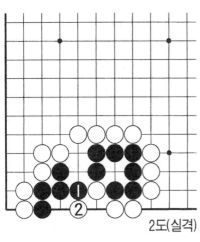

2도(실격)

2도(패)

무심코 흑1에는 백2로 패가 되므로 실격이다.

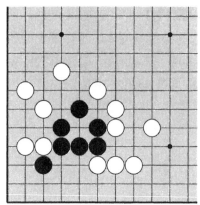

제22형 (흑선)

【제22형】

본형은 거의 모든 맥, 사활집에 실려 있는 문제로, 마늘모의 맥이 방대한 분량임을 보여 주는 예다.

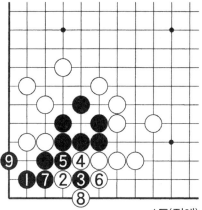

1도(정해)

1도(흑 삶)

본도 흑9까지의 수순만이 귀 끝에 한 눈을 확보할 수 있다. 이 때도 흑1의 마늘모가 첫 단추이다.

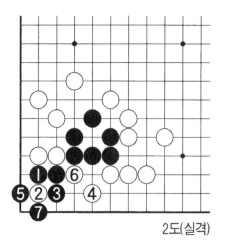

2도(실격)

2도(중앙 절단)

흑1로 두면 백2가 절호의 맥이다. 계속해서 흑7까지 흑 귀는 살수 있지만, 중앙이 절단되어 실격이다.

마늘모(잡기)

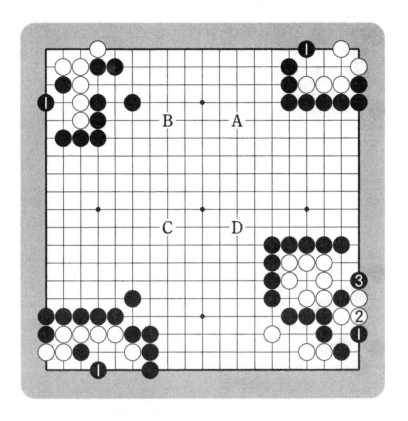

그림 A, B, C, D는 모두 마늘모의 맥을 이용해 잡는 그림들이다. 마늘모의 맥은 이처럼 한칸의 맥과 더불어 살기 뿐 아니라 잡기에도 널리 쓰이는 보편적인 맥이다.

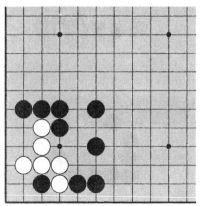

제1형 (흑선)

본형의 변화에는 백에게도 상대적으로 한칸의 맥도 숨어 있고, 붙임의 맥도 숨어 있다.

1도(패)

흑의 최선은 본도 흑3까지의 패다. 여기서 알아 둘 사항은 흑1로 –

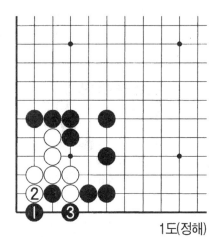

1도(정해)

2도(한칸의 맥)

단순히 본도 흑1로 넘었을 때는 백에게도 백2의 한칸의 맥이 있다는 것이다. 계속해서 흑3에는 백4로 살아간다.

2도(실격)

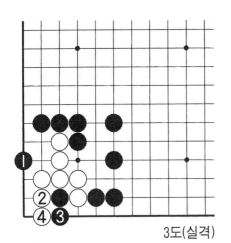

3도(실격)

3도(날일자 공격)

처음부터 흑1의 날일자로 공격하면 백2·4로 간단하게 사는 것이 정수다.

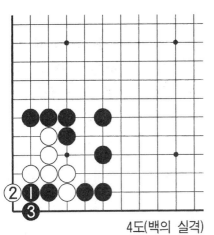

4도(백의 실격)

4도(백의 대응 미스)

본도는 중요한 변화로서, 흑1 때 백의 대응이 그것인데, 여기서 백2는 잘못된 응수다. 백2로는 -

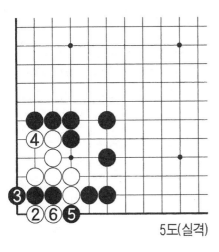

5도(실격)

5도(붙임의 맥)

본도 백2의 붙임이 정맥이다. 이것으로 흑의 연결을 선수로 방지할 수 있어 백4·6까지 무사하다.

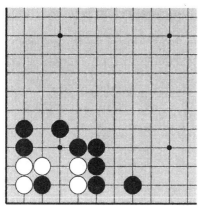

제2형 (흑선)

【제2형】

본형은 실전 기초형을 약간 변형한 것인데, 마늘모의 아기자기한 맛이 있다.

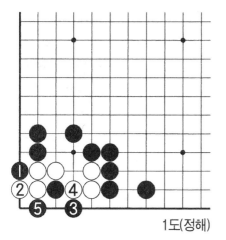

1도(정해)

1도(패)

흑1은 상용의 수순이고 이어 흑3의 마늘모가 포인트다. 백4를 기다려 흑5까지 패를 낼 수 있다. 만약 흑3의 수로-

2도(3수째 실격)

2도(백 삶)

단순히 흑3이면 이번에는 백이 4로 마늘모의 맥을 구사하게 된다. 계속해서 흑5면 백6으로 살고, 흑이 6으로 이으면 백이 5의 곳을 차지하여 빅이 된다.

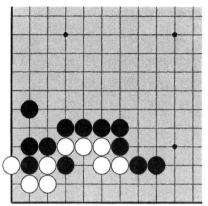

제3형 (흑선)

【제3형】

본형에는 백의 저항 수단으로, 한칸의 맥이 볼 만하다.

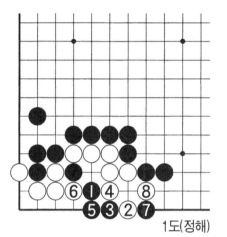

1도(정해)

1도(패)

흑1의 마늘모는 한눈에 보이지만, 백2의 한칸은 잘 눈에 띄지 않는 맥이다. 이 수가 있어 백8까지 패가 쌍방 최선이다. 만약 백2의 한칸으로 –

2도(백의 실격)

2도(백 죽음)

단순히 본도 백2에 두면, 한칸에 해당했던 바로 그 자리 흑3에 치중당해 무조건 백 죽음이다. 또 –

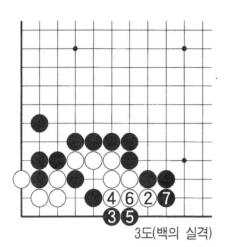

3도(백의 실격)

3도(백 죽음)

백2로 젖히면 흑3으로 또 한 번의 마늘모가 있다. 이하 흑7까지 흑승이다. 수순중 백4로-

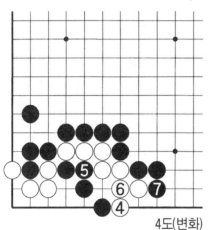

4도(변화)

4도(백 잡힘)

본도 백4에 호구쳐도 흑5·7의 수순으로 그만이다.

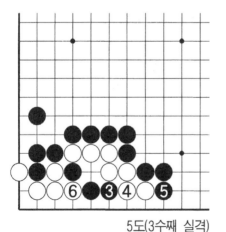

5도(3수째 실격)

5도(백의 계략)

3도 흑3으로 본도 흑3에 두는 것은 백의 계략에 걸린 것이다. 이하 백6까지 쉽게 살게 된다.

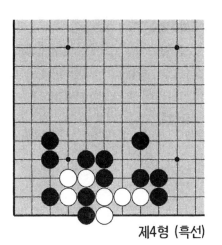

제4형 (흑선)

【제4형】

본형은 마늘모의 맥 중 참으로 음미할 만한 모양인데, 엄밀히 말하면 돌밑수를 볼 수 있어야 하는 정도의 수준이다.

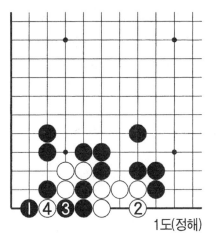

1도(정해)

1도(옥집)

흑1의 마늘모는 흑3으로 키워 죽인 후 백4로 잡으면 흑5로 3의 자리에 되따내 옥집을 만들 수 있는 묘수다.

❺ ⋯ ❸

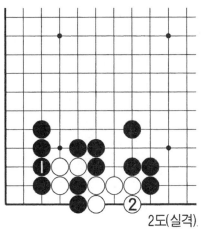

2도(실격)

2도(백 삶)

본도 흑1로는 백에게 아무런 영향력도 없다. 백2로 쉽게 살고 만다.

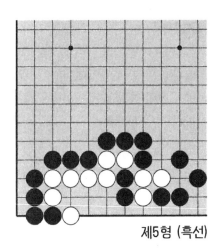

제5형 (흑선)

본형은 창작 묘수풀이집에 있는 것으로, 자충을 이용한 마늘모 맥의 위력이 유감 없이 발휘되는 수작이다.

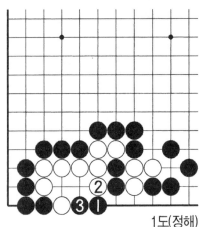

1도(정해)

1도(자충 이용)

흑1·3은 자충을 십분 이용한 맥의 절묘한 수순이다.

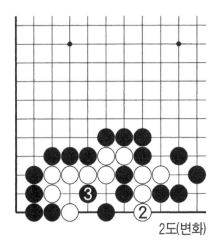

2도(변화)

2도(백 죽음)

전도의 흑1 때 백2에 차단하면 또 한 번 흑3의 마늘모가 있다. 이것으로 백은 꼼짝할 수 없다.

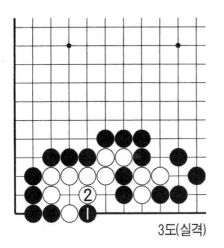

3도(실격)

3도(패)

단순히 흑1로 단수하는 것은 백 2의 패가 한눈에 보이는 변화다.

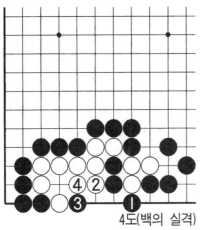

4도(백의 실격)

4도(패)

흑1의 연결도 맥을 읽지 못한 탓 이다. 그러나 백2의 단수는 백의 실수. 백4까지 다시 패가 되므로 백의 실격이다. 백2로는 -

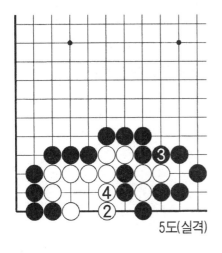

5도(실격)

5도(한칸의 맥)

본도 백2의 한칸이 정수다. 흑3 으로 잡을 때 백4로 도생할 수 있 다. 마늘모의 상대적인 맥은 한칸 이다.

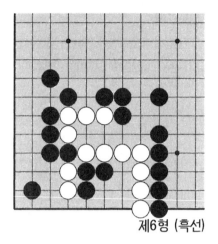

【제6형】

　본형도 마늘모의 위력을 유감 없이 보여 주는 문제다. 윗쪽에 백이 한 집을 이미 마련하고 있음에 유념해야 한다.

제6형 (흑선)

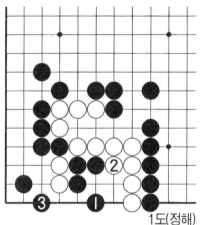

1도(정해)

1도(흑3 명점)

　따라서 아래쪽에 백에게 한 집도 주면 안 되는데, 흑1에 이은 흑3의 마늘모가 명점이다. 이 수가 아니면 패가 된다. 마늘모 맥의 진가가 이런 것이다.

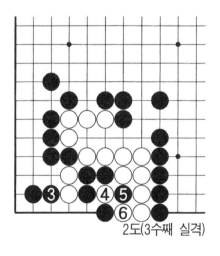

2도(3수째 실격)

2도(패)

　전도 흑3으로 본도 흑3에 단순히 수를 줄이면 백4·6으로 패가 되고 만다.

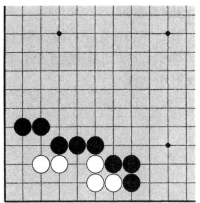

제7형 (흑선)

【제7형】

본형은 실전형으로, 마늘모 맥의 위력이 아니면 패 없이 그냥 사는 백의 호수순이 있다.

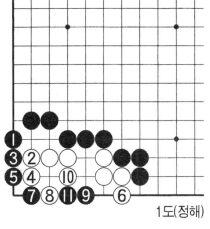

1도(정해)

1도(패)

흑1의 마늘모가 정맥으로 이하 흑11까지 패가 쌍방 최선이다.

2도(실격)

2도(촉촉수)

흑1의 비마는 수습의 빌미를 주게 된다. 본도의 수순은 다소 복잡하지만 흑9 때 백10이 묘수로, 백16까지 촉촉수가 되어 무사하다. 참고로 이곳 변화를 간단히 살펴 보면 -

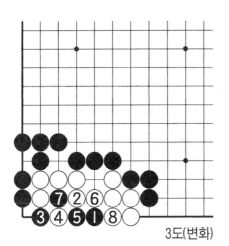

3도(변화)

3도(촉촉수)

전도 백10까지 된 다음, 흑1의 치중에는 백2 이하 백8까지의 촉촉수가 있다.

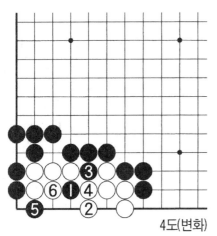

4도(변화)

4도(백2 호수)

흑1에는 백2가 호수다. 그리고 흑5 때 백6에 늦추기까지 역시 촉촉수가 있어, 흑1쪽에 눈이 보장된다.

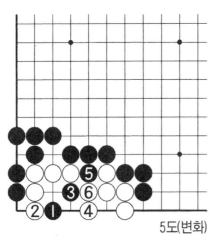

5도(변화)

5도(백 완생)

흑1의 치중도 백4가 좋아 백6까지 훌륭히 살고 있다.

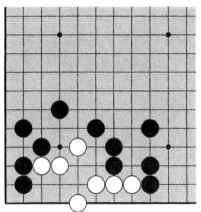

제8형 (흑선)

【제8형】

본형은 고급자도 간과하기 쉬운 실전형이다.

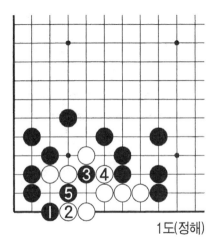

1도(정해)

1도(백 죽음)

흑1은 그야말로 마늘모의 진수를 보여 주고 있다. 백2로 지키면 흑3·5가 절묘한 수순으로, 백은 이곳에 집을 마련할 수 없다.

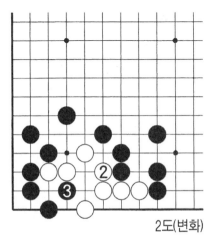

2도(변화)

2도(눈모양 탈취)

전도의 흑1 때 백2로 반대편을 넓히면 흑3으로 다시 한 번 마늘모가 백의 눈모양을 탈취하고 있다.

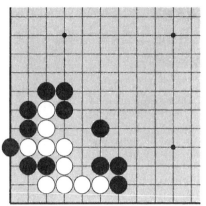

제9형 (흑선)

【제9형】

본형도 맥이나 사활집에는 빠짐 없이 등장하는 문제다.

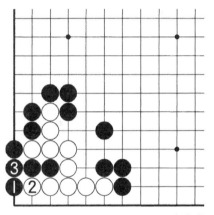

1도(정해)

1도(백 죽음)

흑1의 마늘모가 아니면 백에게 붙임의 맥을 허용하여 패가 된다. 이 모양에서는 백2면 흑3으로 이어 그만이다. 전술한 패의 변화란 —

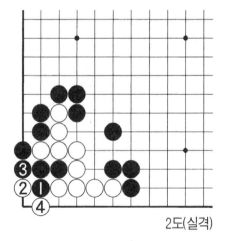

2도(실격)

2도(패)

흑1로 둘 때 백2의 붙임을 말하는 것이다. 촉촉수를 피해 흑3으로 받아야 할 때 백4면 패가 되는 것이다.

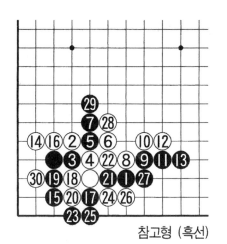

참고형 (흑선)

[참고형]

제9형의 맥은 본형과 같은 소목 정석 과정에서도 발생한다. 흑1로 협공하여 백30까지 진행되었을 때, 흑이 좌하의 곳을 정비하는 수법은?

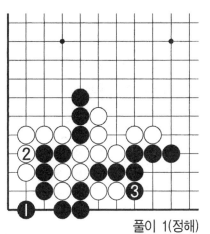

풀이 1(정해)

풀이 1(순조로운 진행)

흑1의 마늘모가 아니면 이 지역은 무사하지 못하다. 계속해서 백2로 잇고 흑3으로 잡아 정석은 순조롭게 진행된다.

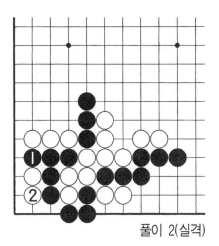

풀이 2(실격)

풀이 2(욕심)

흑1로 욕심을 부리면 백2를 당하여 이 지역은 죽음이 있다.

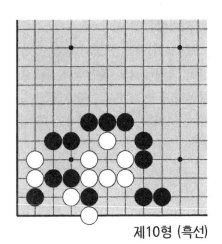

제10형 (흑선)

【제10형】

　본형도 마늘모 맥의 진수를 보여 주는 문제다.

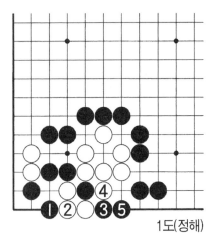

1도(정해)

1도(옥집)

　흑1·3은 마늘모로 자충을 유도하는 교묘한 수순이다. 흑5까지 옥집이 되어 백 죽음이다.

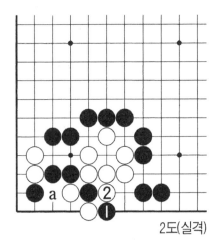

2도(실격)

2도(절단 노출)

　흑1처럼 두어 전도의 수순이 누락되면 백a의 절단이 노출되어 흑의 실격이다.

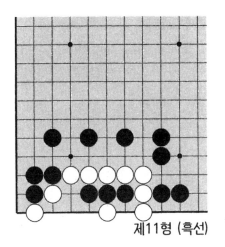

제11형 (흑선)

【제11형】

　본형은 마늘모의 모양이기는 하지만 사실상 치중의 급소와도 상통한다.

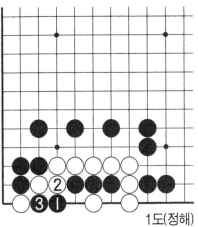

1도(정해)

1도(백 죽음)

　흑1은 기착점의 여건상 마늘모이기는 하지만 종합11 – 제13형의 1도 변8궁의 치중과 같은 곳이다. 계속해서 백2로 지킬 때 흑3으로 먹여쳐 백을 잡는다.

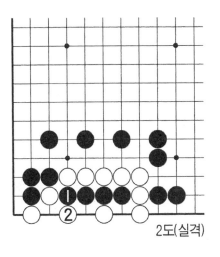

2도(실격)

2도(패)

　흑1로 단순히 끊으면 백2로 무조건 패다.

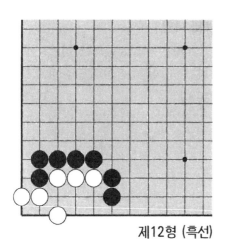

제12형 (흑선)

【제12형】

본형은 실전 기초형이다. 역시 자충을 유도하는 마늘모의 맥이 필요하다.

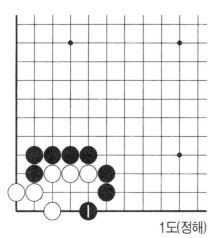

1도(정해)

1도(기초 맥)

흑1과 같은 맥은 암기가 되어 있어야 할 기초 맥이다. 백은 더 이상 꼼짝하지 못한다.

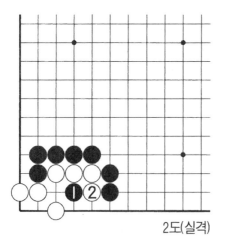

2도(실격)

2도(촉촉수)

흑1은 초보자 시절 촉촉수를 간과하여 무심코 두는 수다. 백2면 이어 주기를 바라는 흑의 의도가 간단하게 무산된다.

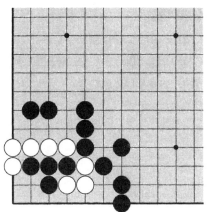

제13형 (흑선)

【제13형】

본형은 사석작전을 어떻게 하는가의 문제다. 마늘모 이후 붙임의 맥이 연관되어야 가능하다.

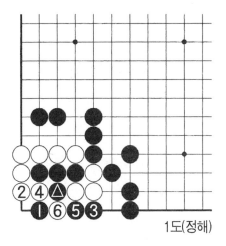

1도(정해)

1도(붙임의 맥)

흑1과 더불어 흑3의 붙임이 결합함으로써 흑7의 되따냄으로 백의 안형을 탈취할 수 있다. 수순 중 흑3으로—

❼···△

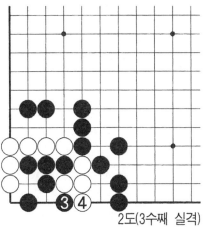

2도(3수째 실격)

2도(패)

본도 흑3으로 젖히는 것은 백4로 막아 패가 된다.

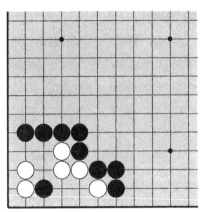

제14형 (흑선)

【제14형】

잡는 마늘모의 맥은 죽음의 궁도를 만들거나 자충을 유도할 때 가장 많이 사용된다.

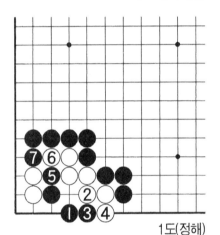

1도(정해)

1도(자충 유도)

흑1의 마늘모를 이용해 자충을 유도한 후 흑7까지 자충을 완료하여 백 죽음이다.

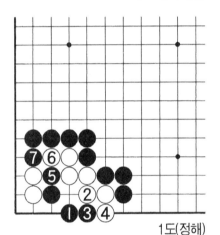

2도(실격)

2도(백 삶)

흑1의 1선 단수는 백에게 2의 곳을 허용하여 실격이다.

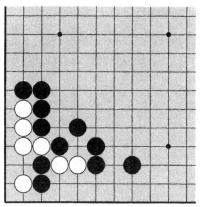

제15형 (흑선)

【제15형】

본형에서는 마늘모의 수순이 바뀌면 문제가 발생한다. 수순이란 이처럼 중요하다.

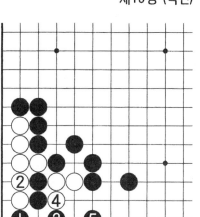

1도(정해)

1도(마늘모와 한칸)

흑3의 마늘모 뒤에는 흑5의 한칸이 뒷받침되는 것이 이 모양의 포인트다. 특히 중요한 사항은 흑3의 마늘모를 두기 전에 반드시 흑1이 선행되어야 한다는 것이다. 만약 수순을 바꾸어 –

2도(실격)

2도(패)

흑1을 먼저 두면 백2로 저항하는 수가 있다. 흑이 끝까지 잡으려 하면 백8까지 패가 된다.

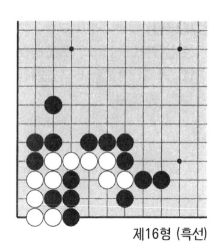

제16형 (흑선)

【제16형】

본형은 전체 사활이 아닌 부분 사활일 때 더 많이 나타난다.

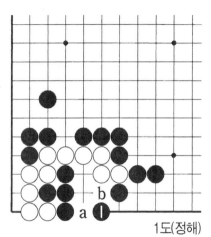

1도(정해)

1도(맞보기)

흑1이 정맥이다. 백a에는 흑b, 백b에는 흑a가 맞보기다.

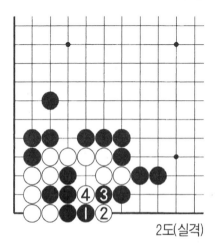

2도(실격)

2도(촉촉수)

흑1과 같은 형태의 맥이 없는 것은 아니지만, 지금은 백2를 당해 백4까지 촉촉수가 된다.

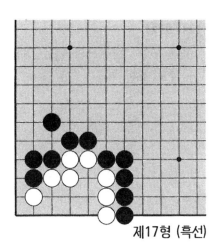

제17형 (흑선)

【제17형】

본형은 궁도 사활이자 맥 사활이다. 다시 말해 맥점을 이용해 죽음의 궁도를 만드는 것이다.

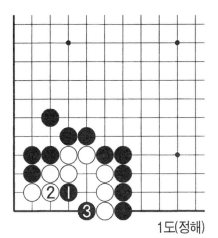

1도(정해)

1도(죽음의 궁도)

흑1의 붙임에 이은 흑3의 마늘모가 이 백을 죽음의 궁도로 만드는 통렬한 공격이다.

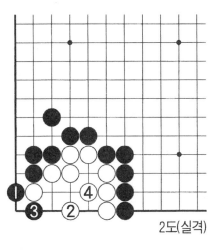

2도(실격)

2도(정비)

흑1의 젖힘에는 백2·4로 정비해 완생이다. 이때 백2의 한칸은 1도 흑3의 마늘모에 대한 상대적 맥이다.

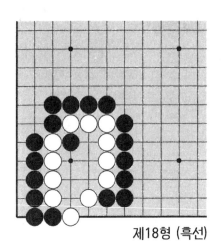

제18형 (흑선)

【제18형】

본형 역시 마늘모의 맥을 이용한 궁도 사활이다.

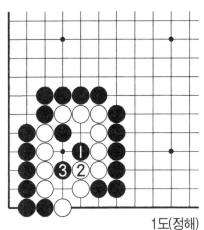

1도(정해)

1도(백 잡힘)

흑1의 마늘모는 자충을 유도해 흑3을 둘 수 있게 하는 맥이다. 역시 죽음의 궁도로 백은 잡힌다.

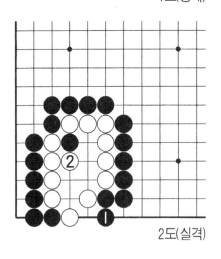

2도(실격)

2도(백 완생)

흑1로 슬며시 공격하는 것으로는 백의 궁도 내에 어떤 영향력도 주지 못한다. 지금은 백2로 두어 그만이다.

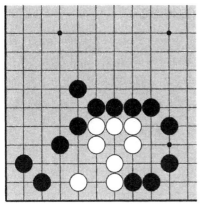

제19형 (흑선)

【제19형】

본형은 난이도가 높다. 이런 장면에서 마늘모의 맥이 어떻게 작용하게 되는지 감상해 보자.

1도(정해)

1도(마늘모 두 방)

흑1·3의 마늘모 두 번으로 이 백은 살 길이 없다. 어찌 보면 너무 평범한 듯 하지만, 흑3을 찾기 위해서는 약 10수의 수읽기가 필요하다. 즉 흑3으로 –

2도(3수째 실격)

2도(백 탈출)

본도 흑3·5로 젖혀 이어, 옥집을 만들어 잡으려는 것은 백10에 이르러 실패로 끝난다.

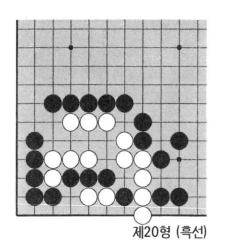

제20형 (흑선)

【제20형】

　본형은 마늘모 이전의 수순이 전제되어야 풀이가 가능하다. 백의 윗쪽은 집이 완전하므로, 흑은 백의 아래쪽에서 집을 주어서는 안될 것이다.

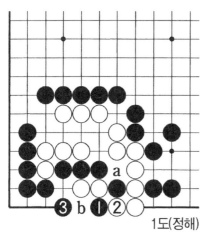

1도(정해)

1도(자충 유도)

　흑1의 젖힘으로 자충을 유도한 후 백2로 받으면 흑3의 마늘모로 안형을 탈취한다. 만일 백2로 백 a면 흑b로 공격하여 자충이 됨을 확인하기 바란다.

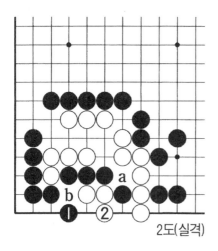

2도(실격)

2도(젖힘 누락)

　흑1로 젖힘의 수순이 누락되면 백2의 자리를 뺏겨 잡을 수 없다. 다음 a와 b가 맞보기가 된다.

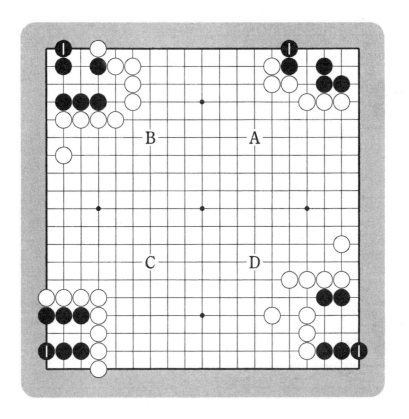

그림 A, B, C, D는 모두 붙여두기(쌍점)의 형태로 살고 있다. 그러나 맥의 유형상 2선 쪽에서 1선에 붙여두는 것은 '뻗기'라고 말하며, 위 4개의 그림이 바로 뻗기이다.

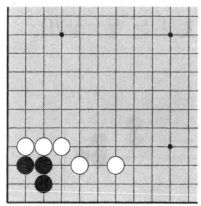

제1형 (흑선)

【제1형】

본형은 뻗어 살기의 기초형이다. 가장 기초 사활이므로 여기서부터 시작하는 것이다.

1도(기초 맥)

흑1 · 3으로 뻗어 사는 모양은 실전에서 빈번하게 등장하는 기초 맥이다.

1도(정해)

2도(패)

흑1, 백2 다음 흑3으로 두면 백4의 단수로 흑a에 패를 할 수밖에 없어 실격이다.

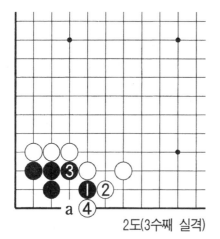

2도(3수째 실격)

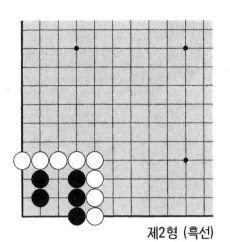

제2형 (흑선)

【제2형】

본형은 기초 사활이다. 여기에
도 뻗기의 맥이 사용된다.

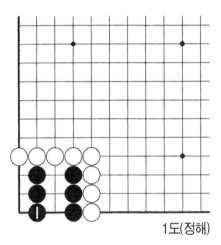

1도(정해)

1도(흑 완생)

흑1이 아니면 무조건 패가 된다.
간단한 모양이지만 뻗기의 맥을 모
르면 함정에 빠질 수도 있는 것이
다.

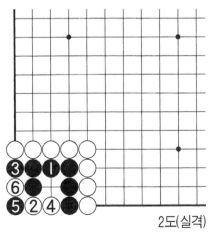

2도(실격)

2도(패)

흑1로 두거나 흑3으로 두는 것
은 백2의 붙임을 당해 패가 되므
로 모두 실격이다.

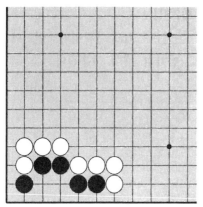

제3형 (흑선)

【제3형】

본형도 기초 사활이다. 여기에도 뻗기의 맥이 사용된다.

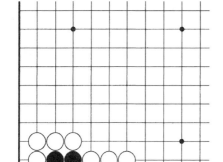

1도(정해)

1도(절대점)

흑1은 절대점이다. 이 모양에서는 이렇게 궁도를 넓혀 두는 것이 최선이다.

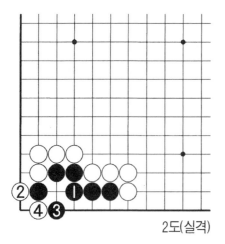

2도(실격)

2도(패)

두려움이 앞서 흑1로 두는 것은 백2·4로 패가 되므로 실격이다.

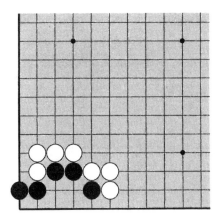

제4형 (흑선)

【제4형】

본형도 기초 사활이다. 고급자도 흔히 지나치고 마는 이 모양에는, 사는 방법에 따라 2집의 차이가 생기는 것이다.

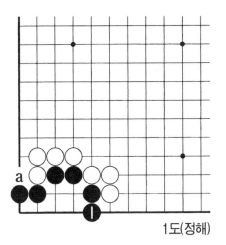

1도(정해)

1도(5집 삶)

흑1이 정수다. 이것으로 흑집은 5집. 물론 a가 막혀 있다면 이 수는 성립하지 않는다.

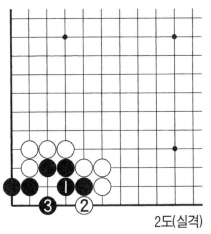

2도(실격)

2도(3집 삶)

본도 흑1·3과 같이 사는 것은 눈뜨고 2집을 도둑맞는 것이다.

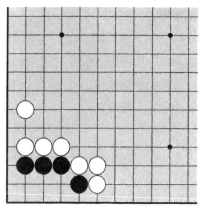

제5형 (흑선)

【제5형】

　본형은 귀8궁에서 다룬 것이다.
뻗기를 모른다면 그냥 잡히는 수
가 있다.

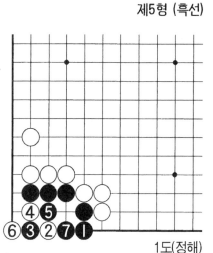

1도(정해)

1도(패)

　흑1이 정수로 이하 흑7까지 패
가 된다. 패가 되는 변화는 2가지
가 더 있지만 생략하겠다.

2도(실격)

2도(흑 죽음)

　흑1 이하는 죽음의 과정을 보여
주는 한 예다.

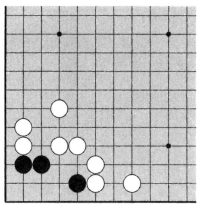

제6형 (흑선)

【제6형】

　본형은 뻗는 맥의 필요성을 절감할 수 있는 고난도의 귀8궁이다.

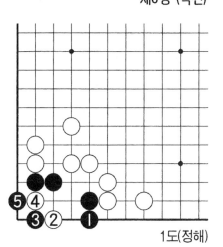

1도(정해)

1도(패)

　흑1로 뻗는 것이 정수다. 백2로 치중하면 흑3·5로 패를 만드는 것이 정해다. 또 백이 흑3의 곳으로 치중하면 흑은 백2의 곳을 두어 역시 패다.

2도(실격)

2도(흑 죽음)

　흑1로 궁도를 넓히는 것은 백8까지의 과정을 거쳐 죽음이 있다.

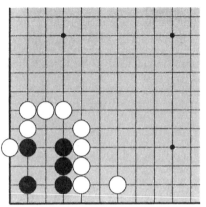

제7형 (흑선)

【제7형】

본형은 됫박형의 변형으로 패를 만들면 실격이다.

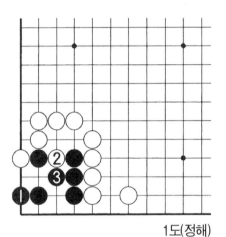

1도(정해)

1도(흑 삶)

흑1의 뻗기에 이어 백2에는 흑3으로 살 수 있다.

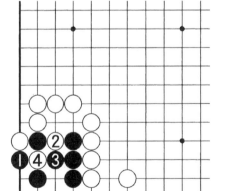

2도(실격)

2도(패)

흑1로 막는 것은 백4까지 패를 피할 수 없어 실격이다.

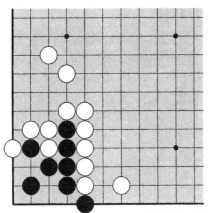

제8형 (흑선)

【제8형】

본형은 귀 자체만을 놓고 말하면 패가 되지만, 위쪽 백의 약점이 있어 살 수 있다.

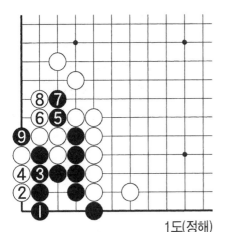

1도(정해)

1도(촉촉수)

흑1의 뻗기는 흑5·7·9의 촉촉수를 읽지 못하면 둘 수 없을 것이다.

2도(실격)

2도(귀곡사)

흑1로 잇는 것은 이하 백6까지 전형적인 귀곡사다.

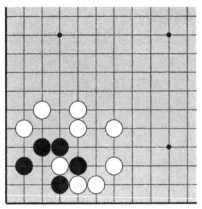

제9형 (흑선)

【제9형】

　본형은 공배가 많아 난해할 것 같지만, 둘 수 있는 경우는 단 한 수다.

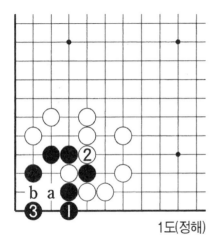

1도(정해)

1도(유일한 활로)

　흑1의 뻗기로 시작해 흑3의 한 칸이 유일한 활로다. 계속해서 백 a에는 흑b로 지킬 수 있어야 한다.

2도(실격)

2도(죽음의 궁도)

　흑1로 잇는 것은 아래쪽의 약점이 있어 백10까지 죽음의 궁도가 된다. 수순중 백8로는 그냥 백10에 두어도 된다.

❼ … △

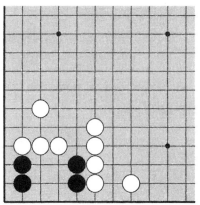

제10형 (흑선)

【제10형】

본형은 생각지 못한 곳에 뻗기가 있지만, 사실 이 수는 기본적인 맥의 하나다.

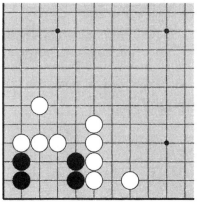

1도(정해)

1도(일석이조)

흑1의 뻗기로만 살 수 있다. 흑1은 귀에 한 눈을 확보하면서 오른쪽에 흑5까지 촉촉수를 돕고 있는 일석이조의 맥점이다.

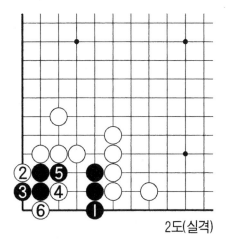

2도(실격)

2도(급소 간과)

흑1의 뻗기는 궁도만 넓힌 것일 뿐 급소를 간과한 것으로, 백6까지 죽음의 궁도다.

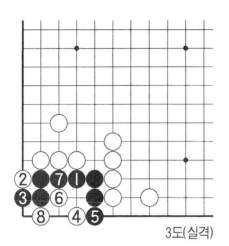

3도(죽음의 궁도)

흑1도 궁도만 넓힌 것이다. 백2에 젖힌 다음 백4로 치중하면 이하 백8까지 죽음의 궁도를 피할 수는 없다.

3도(실격)

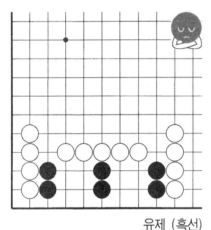

유제 (흑선)

[유제]

만약 이러한 모양이라면 어떨까? 물론 제10형을 이해했다면 이 문제는 쉬울 것이다.

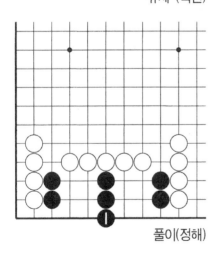

풀이(정해)

풀이(정중앙 1선)

제10형과 마찬가지로 흑1의 뻗기가 아니면 살 수 없다. 정확히 정중앙 1선에 급소가 있는 모양이다.

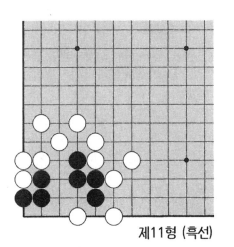

제11형 (흑선)

【제11형】

본형은 백이 흑을 죽음의 궁도로 유도하고 있는 과정이다. 수읽기는 생각보다 길어 탈출까지 보고 있어야 한다.

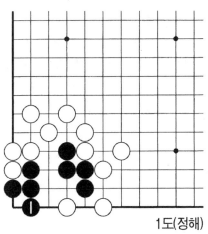

1도(정해)

1도(묘수)

흑1은 맥이지만 묘수라고 할 수 있다. 계속해서 —

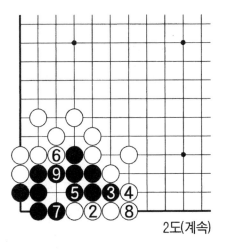

2도(계속)

2도(흑 완생)

백2로 이은 다음 이하 흑9까지 살 수 있는데, 만약 백8로 —

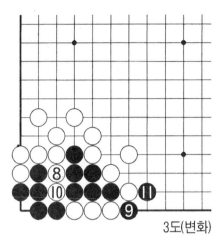

3도(변화)

3도(탈출)

본도 백8·10에 파호하여 끝까지 잡으려 하면, 흑11까지 탈출이 있다.

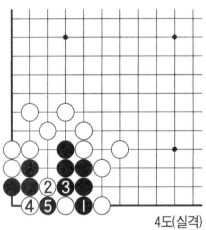

4도(실격)

4도(패)

흑1의 차단은 백의 의도에 순응하는 것으로, 흑3 때 백4로 패가 된다. 또 흑3으로–

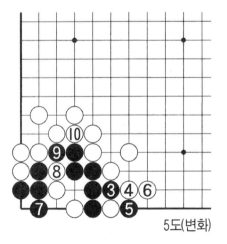

5도(변화)

5도(양자충)

본도 흑3·5의 수순을 밟아도 공배는 늘어나지 않는다. 따라서 흑7이라면 백10까지 양자충이다.

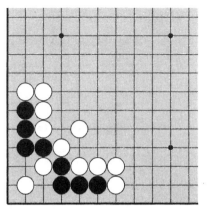

제12형 (흑선)

【제12형】

본형은 현현기경에 오재(誤載)된 문제로, 여기서는 흑선 활로 풀어 보기 바란다.

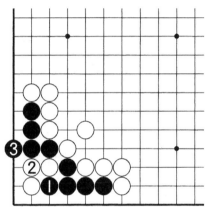

1도(정해)

1도(흑승)

흑1로 단수한 다음, 흑3과 같은 수법은 사실 거의 수상전에서 사용되는 맥인데, 지금 또한 부분적으로는 수상전이다. 물론 여기까지 오면 수상전은 흑승이다. 만약 흑3으로-

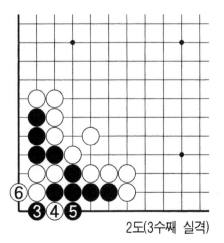

2도(3수째 실격)

2도(흑 죽음)

본도 흑3에 성급히 젖혀 백4·6의 수순을 밟는다면, 이 그림은 양자충이 기다리고 있다.

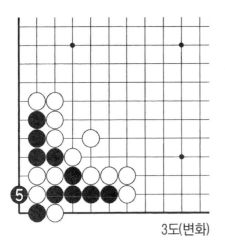

3도(변화)

3도(패)

물론 전도의 흑5로 본도 흑5에 두면 패는 되지만, 어쨌든 실격이다.

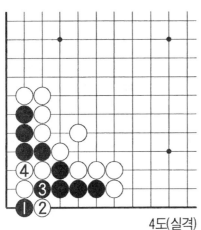

4도(실격)

4도(패)

흑1에 붙이는 것 역시 백4까지 되어 패 이상의 변화는 없다. 또 백은 2로—

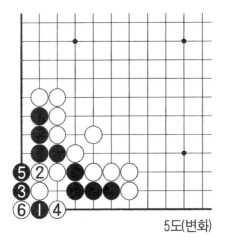

5도(변화)

5도(패)

본도 백2와 같이 두어도 이하 백6까지 패다.

뻗기(잡기)

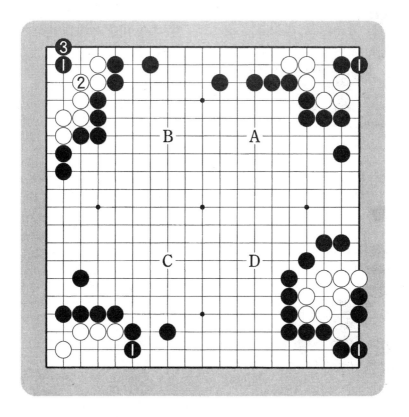

그림 A, B, C, D의 뻗기는 모두 돌을 잡는데 이용되는 맥이다. 단 그림 B는 패가 되며, 그림 D는 축축수를 피해 돌을 살리는 맥이기도 하다.

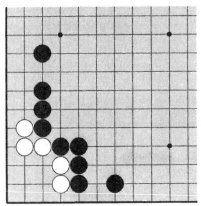

제1형 (흑선)

【제1형】

본형은 첫 수가 치중이 아니면 안 된다. 문제는 그 다음 수인데, 이때 뻗기의 맥을 구사하지 못하면 패로 버틸 기회를 만들어 주고 만다.

1도(치중에 이은 뻗기)

흑1의 치중에 이은 흑3의 뻗기가 백의 명맥을 끊는 맥이다. 계속해서 –

1도(정해)

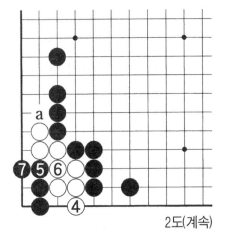

2도(유가무가)

백4로 저항하면 흑7까지 유가무가가 된다. 주의할 점은 흑7로 a에 막으면 백이 흑7에 젖혀 패가 된다는 것이다.

2도(계속)

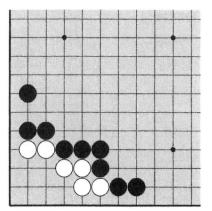

제2형 (흑선)

【제2형】

결론을 말하면 본형은 패가 되는데 그냥 잡는 것으로 잘못 알고 있는 경우가 많다.

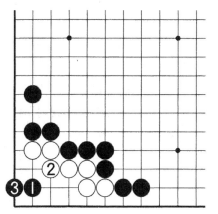

1도(정해)

1도(마찬가지)

제1형과 마찬가지로 흑1의 치중에 이은 흑3의 뻗기가 맥이다. 계속해서–

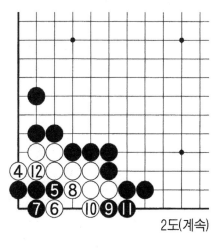

2도(계속)

2도(패)

백4도 정수이며 흑5 때 백6이 패로 버틸 수 있는 끈질긴 수법이다. 이하 백12까지 패가 쌍방 최선이다.

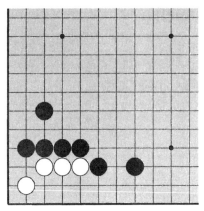

제3형 (흑선)

본형은 실전 기초형이다. 마늘
모편에도 있는 것으로, 마지막에
마늘모의 맥으로 잡는 모양이다.

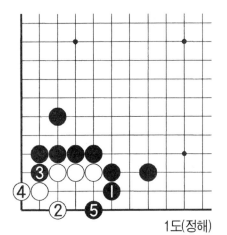

1도(정해)

1도(백 절명)

본도의 진행을 보면 마늘모편에
서 본 것이라는 것을 알 수 있을
것이다. 여기서도 흑1의 뻗기가 주
효하며, 마지막 흑5의 마늘모가 백
의 명맥을 끊는 맥이다.

2도(패)

흑1과 같은 한칸도 경우에 따라
서는 필살의 맥이 되지만, 지금은
백6까지 패가 되어 실격이다.

2도(실격)

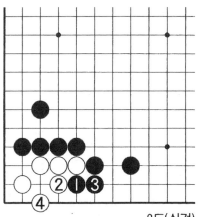

3도(실격)

3도(기초 사활)

흑1·3으로 젖혀 잇는 것은 가장 단순한 착상이다. 백4로 산다는 것은 기초 사활에 해당한다.

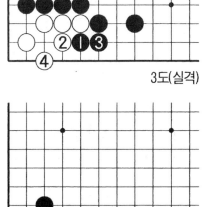

4도(실격)

4도(백 완생)

흑1로 공격하는 것도 연구 부족. 백2·4로 궁도를 넓히면 변6궁의 형태가 되어, 최소한 패 이상은 기대할 수 없다. 만약 흑5로 젖힌다면 최악의 상태가 벌어진다. 백6으로 뻗어 완생의 모양이기 때문이다.

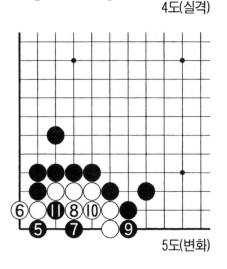

5도(변화)

5도(패)

전도 흑5로는 이 때라도 본도 흑5로 껴붙이는 수순을 밟아야 한다. 그래야 흑11까지의 패라도 만들 수 있기 때문이다.

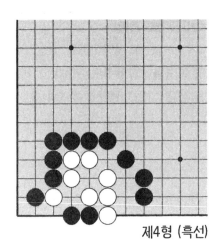

제4형 (흑선)

본형은 중급 과정에서 배우는 맥이지만, 실전에서는 고급도 간과하기 쉬운 수법이다.

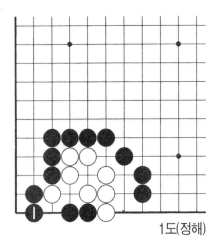

1도(정해)

1도(백 죽음)

흑1의 뻗기가 침착한 호수다. 이것으로 백은 더 이상 꼼짝할 수 없다.

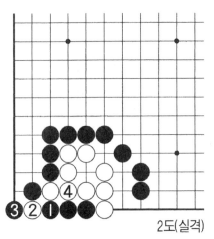

2도(실격)

2도(촉촉수)

흑1은 쉽게 생각할 수 있는 수지만, 백2의 먹여침으로 백4까지 촉촉수를 피할 수 없다.

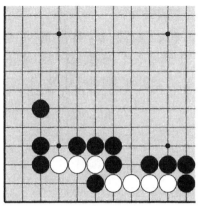

제5형 (흑선)

【제5형】

본형은 일반적으로 마늘모편에
있어야 제격이다. 그러나 제4형이
만들어지는 과정이 이 속에 있다.

1도(정해)

1도(출발점)

흑1로 마늘모한 다음 백2의 단
수를 기다려 흑3에 빠지는 수법이
풀이의 시작이다. 계속해서 –

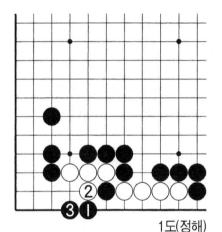

2도(계속)

2도(흑7 결정타)

백4로 젖힌 후 백6으로 따내면
흑7이 결정타가 되는 것이다. 이
때 흑7로 –

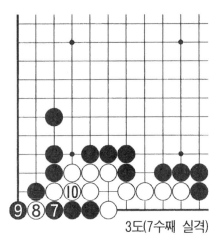

3도(7수째 실격)

3도(촉촉수)

본도 흑7에 응수하면 백8에 의해 촉촉수가 성립한다. 2도와 본도의 변화가 제4형에서 본 것이다.

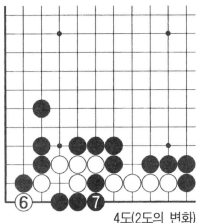

4도(2도의 변화)

4도(다른 촉촉수)

2도 백6으로 촉촉수를 피해 본도와 같이 백6에 젖히면, 그때는 흑7로 이어 이번에는 허리 부분의 백4점이 촉촉수가 된다.

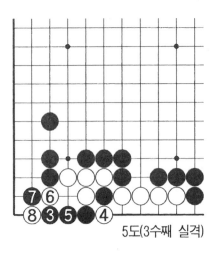

5도(3수째 실격)

5도(3도로 환원)

또 하나 1도의 흑3으로 본도 흑3에 두는 것은 일견 한칸의 맥처럼 보이지만, 이하 백8까지 되면 3도로 환원되고 만다. 물론 이 과정에서 흑5로 패를 내는 수단이 있는데, 확인하기 바란다.

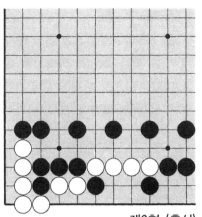

제6형 (흑선)

【제6형】

 본형은 붙여두기, 즉 쌍점 두 번으로 백의 안형을 탈취하는 수법이 볼 만하다. 뻗기와 꼬부리기가 그것이다.

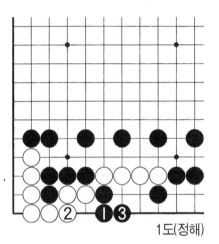

1도(정해)

1도(쌍점 두 방)

 본도 흑1·3은 실전에서는 찾아내기 힘든 수순일 것이다. 계속해서 –

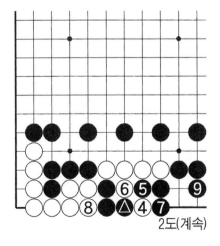

2도(계속)

2도(되따냄)

 백이 4 이하로 저항해 보아도 흑11의 되따냄에 이르러 백의 눈 모양이 사라진다.

⑩···④ ⓫···⚫

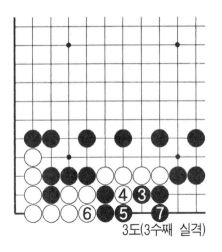

3도(3수째 실격)

3도(패)

1도 흑3의 꼬부림으로 본도와 같이 두는 것은 흑5 때 먹어치지 않고 그냥 백6으로 뒤에서 단수하는 수가 성립해, 패가 되므로 실격이다.

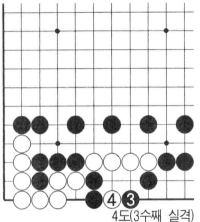

4도(3수째 실격)

4도(끼움)

또 흑3의 마늘모도 맥처럼 보이지만 백4의 끼움이 성립해 실격이다.

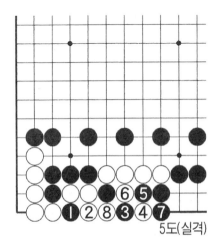

5도(실격)

5도(패)

패로 만드는 수법에는 본도 백8까지의 수순도 있다. 그러나 그냥 잡는 수가 있는 이상 실격이다.

잇기(가만히 잇는 형)

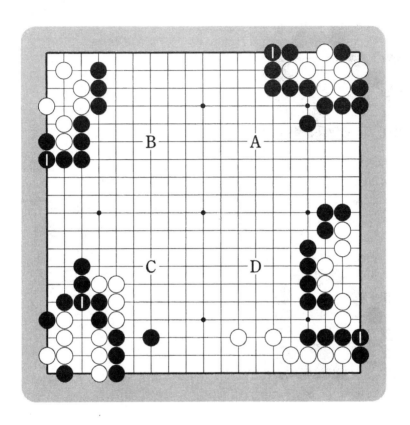

그림 A, B, C, D의 잇는 맥은 자신의 약점을 먼저 보강해 상대의 약점을 노출시키게 하는 인내와 침착의 상징이다. 잇는 맥은 간단하기는 하지만 수동적이기 때문에, 수읽기의 대상에서 제외되는 경우가 많아 고급자들도 실전에서는 간과하기 쉬운 수법이다.

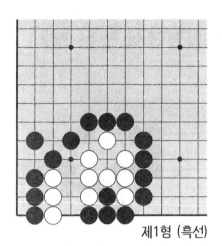

제1형 (흑선)

【제1형】

본형은 맥의 유형으로 보아도 기초 사활에 해당한다. 그러나 실전에서는 조급한 나머지 맥점을 놓치기 십상이다.

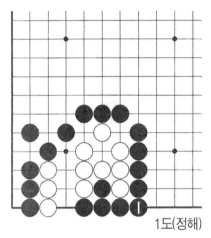

1도(정해)

1도(백 죽음)

흑1은 침착과 인내의 맥점이다. 이것으로 백의 삶은 없다.

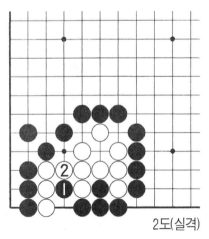

2도(실격)

2도(악수)

흑1로 안형을 직접 공격하는 것은 성급함이 부르는 악수다. 백2로 받아 그만이다.

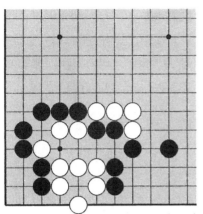

제2형 (흑선)

【제2형】

본형도 제1형과 같은 맥락이다. 조급함에 앞서 침착과 인내가 필요한 장면이다.

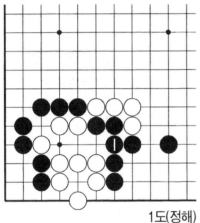

1도(정해)

1도(백 죽음)

흑1의 잇기가 실전에서 척척 보이려면 조급함을 버려야 한다.

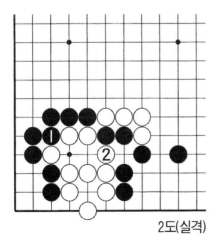

2도(실격)

2도(알뜰한 삶)

흑1로 먼저 단수하면 백2의 단수가 먼저 들어 백은 알뜰하게 살 수 있다.

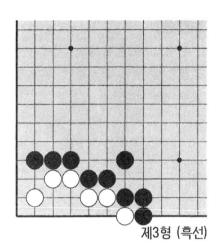

제3형 (흑선)

【제3형】

본형은 고전에도 보이는 모양인데, 잇기가 보이지 않아 패로 해결하는 고급자도 많다.

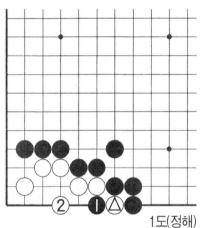

1도(정해)

1도(출발점)

흑1, 백2 다음 흑3으로 잇는 수는 출발점에서는 심리적으로 보이지 않는 것이다. 계속해서 —

❸···△

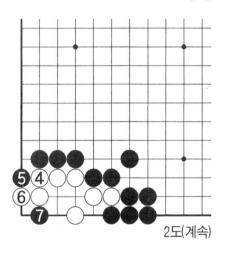

2도(계속)

2도(백 죽음)

백4에는 흑5·7이 준비된 공격이다. 이것으로 백의 삶은 없다.

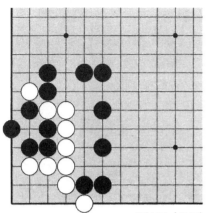

【제4형】

　본형과 같은 경우도 우선 흑에게도 문제가 있는 것이므로, 자신의 약점을 보강하는 것이 상대에 대한 최강의 공격이 되는 것이다.

제4형 (흑선)

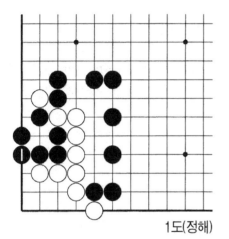

1도(정해)

1도(자연사)

　흑1의 이음이 자신의 결점을 완벽하게 보강한 최강의 공격수다. 본래 귀의 백은 자체로 죽어 있었던 것이기 때문.

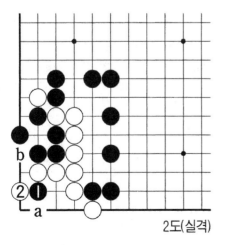

2도(실격)

2도(패)

　흑1의 직접적인 공격은 자신의 약점을 돌보지 않은 조급함에서 비롯된 것이다. 이제 흑a라면 백b의 패가 성립한다.

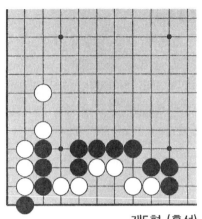

【제5형】

본형은 제4형보다 약간 난이도가 높다. 잇기 이후의 사활도 읽어야 하기 때문이다.

제5형 (흑선)

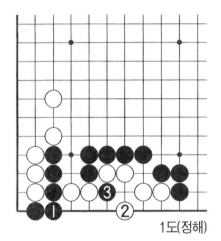

1도(정해)

1도(절단)

흑1로 이은 다음 백2로 지키면 흑3의 절단도 일종의 맥이다. 더 이상 백은 두 눈을 확보하지 못한다.

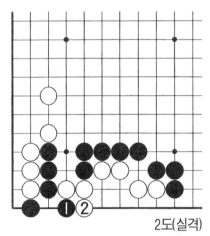

2도(실격)

2도(패)

흑1의 젖힘은 성급함이 빚은 실수다. 백2로 막으면 패를 피할 수 없다.

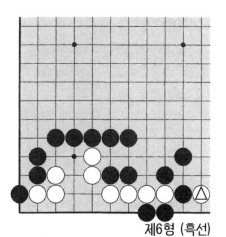

제6형 (흑선)

【제6형】

본형도 백⊙가 마음에 거슬린다. 그러나 이런 때일수록 동요함이 없어야 수가 보일 것이다.

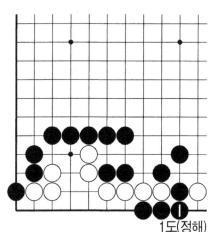

1도(정해)

1도(죽음을 재촉)

흑1의 잇기가 침착하게 백의 죽음을 재촉하는 맥이다. 계속해서 –

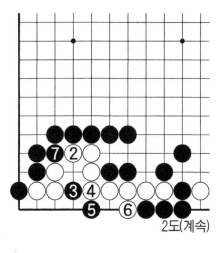

2도(계속)

2도(백 죽음)

백2로 궁도를 넓혀도 흑3으로 치중하여 이하 흑7까지 백에게 삶은 없다. 만일 백4로 –

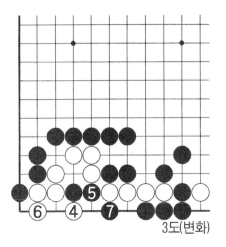

3도(호수순)

본도 백4로 젖혀 패를 유도하는 것은 흑5·7의 호수순에 의해 역시 백의 삶은 없다.

3도(변화)

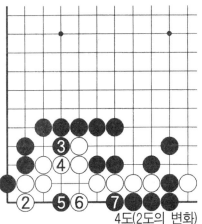

4도(백 죽음)

2도 백2로 본도 백2와 같이 궁도를 넓혀도 흑5의 치중이 있어 백 죽음이다.

4도(2도의 변화)

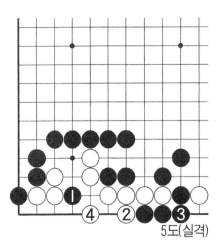

5도(백 완생)

처음부터 흑1의 치중으로는 백 2·4의 수순으로 완생이다.

5도(실격)

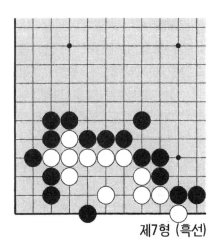

【제7형】

본형은 5수째에 잇기의 맥이 필요하다.

제7형 (흑선)

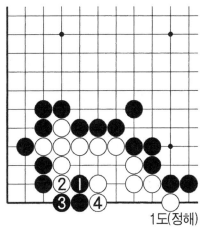

1도(운명의 한 수)

흑1 이하 백4로 막았을 때가 이 사활의 키포인트다. 흑의 다음 수가 백의 운명을 좌우하는 기로의 한 수다.

1도(정해)

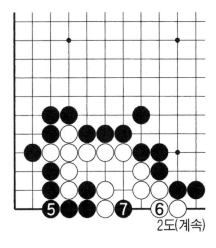

2도(백 죽음)

흑5가 이 사활을 결정짓는 맥으로, 백6의 이음에 흑7의 치중까지 백 죽음이다.

2도(계속)

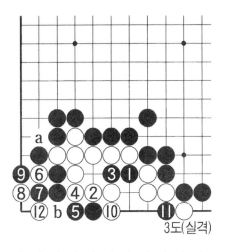

3도(실격)

3도(패)

흑1부터의 공격은 긴 수읽기를 필요로 하지만 백6·8이라는 묘수가 있어 백12까지 패로 버틸 수 있다. 백12 때 흑이 백6의 곳에 이으면 백은 a로 끊어 b의 곳이 선수로 될 때까지 패로 싸우게 된다. 만약 흑9로—

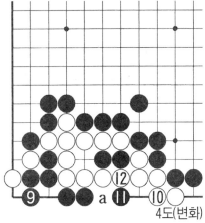

4도(변화)

4도(백 삶)

본도 흑9로 버티면 백10으로 잇는 수가 있다. 백12 때 흑은 자충이 있어 a에 둘 수 없다.

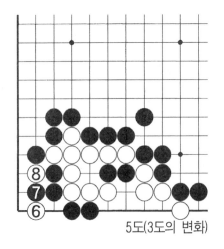

5도(3도의 변화)

5도(패 혹은 촉촉수)

3도 흑6으로는 본도 백6·8과 같이 수순을 바꾸어도 같은 결과의 패이며, 패를 피하면 역시 촉촉수다.

한칸(살기)

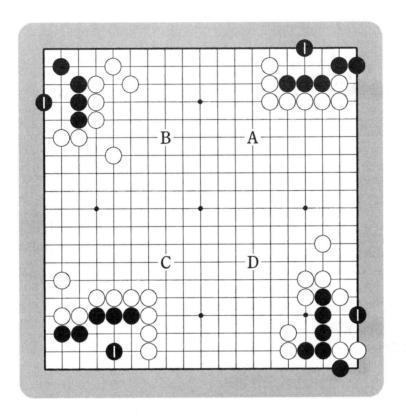

한칸은 마늘모와 더불어 가장 구사하는 빈도가 높은 맥이다. 그리고 둘의 관계는 상대적이다. 상대적이라는 뜻은 흑백간의 공방 관계에 놓여 있어 서로 적대적이라는 의미로 이해하면 될 것이다. 그림 A, B, C, D는 한칸의 맥 중에서도 가장 기초적인 모양이다.

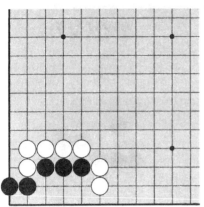

제1형 (흑선)

【제1형】

본형은 사활로 말할 때 한칸의 수비 중 가장 기본적인 모양이다.

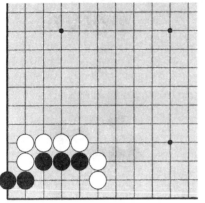

1도(정해)

1도(수비법)

흑1과 같은 이러한 지킴은 이와 유사한 모양, 특히 행마에서도 빈번하게 등장하는 수비법이다.

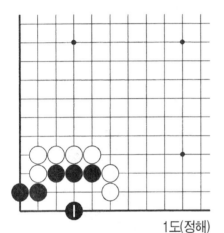

2도(실격)

2도(흑 죽음)

흑1은 백2의 마늘모로 삶이 없다. 이 모양은 마늘모편에도 있는 것이다.

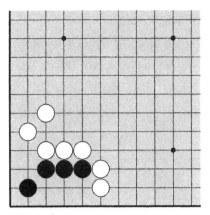

제2형 (흑선)

본형은 제1형의 응용 문제라고 할 수 있다. 따라서 함정도 있다.

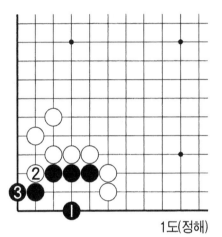

1도(정해)

1도(간단)

흑1·3으로 간단하게 살 수 있는 것이지만, 만약 흑3으로–

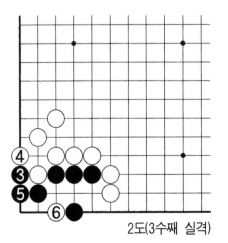

2도(3수째 실격)

2도(함정)

본도 흑3·5로 타이트하게 두면 자충이 생기므로, 백6의 맥을 당해 패가 된다. 실전이라면 이렇게 될 가능성도 있을 것이다. 이것이 함정이다.

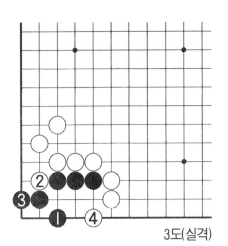

3도(실격)

3도(흑 죽음)

흑1의 호구는 만일 흑이 패를 피해, 백2에 대해 흑3이라면 제1형 2도와 같이 백4에 의해 삶이 없다. 물론 패도 실격은 마찬가지다.

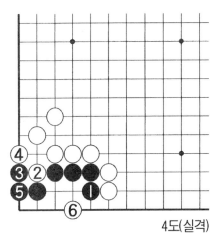

4도(실격)

4도(패)

흑1로 궁도를 넓히는 것도 백2·4 후 백6의 치중으로 패가 되어 실격이다.

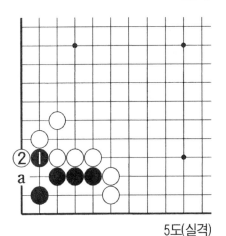

5도(실격)

5도(패를 자청)

본도 흑1은 패를 자청하는 셈이다. 백2에는 흑a로 패를 할 수밖에 없다.

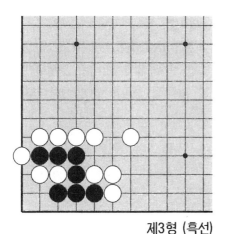

제3형 (흑선)

【제3형】

본형은 귀의 특수성 때문에 특히 암기해 둘 필요가 있다.

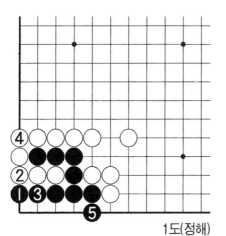

1도(정해)

1도(직4궁)

본도의 수순이 아니면 이 흑을 살릴 수 있는 방법은 없다. 흑1의 한칸으로부터 흑5까지 직4궁으로 살게 된다.

2도(실격)

2도(흑 죽음)

흑1로 단순히 단수하는 것은 백2로 버티는 수가 있어, 이것으로 흑 죽음이다.

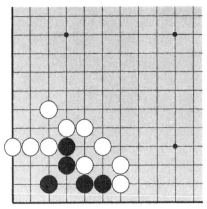

제4형 (흑선)

【제4형】

본형의 급소를 한눈에 볼 수 있다면 맥에 밝은 것이다. 2개의 맥을 한번에 보아야 하기 때문이다.

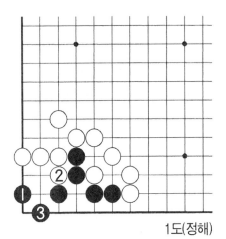

1도(정해)

1도(한칸과 마늘모)

흑1·3은 모두 맥이다. 흑1은 한칸, 흑3은 마늘모로, 흑3을 보지 못했다면 흑1도 무용지물이다.

2도(변화)

2도(맞보기)

흑1 때 백2의 치중에는 흑3이 정확한 수비다. 백2와 흑3은 서로 맞보기인 셈이다.

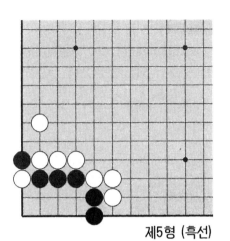

제5형 (흑선)

【제5형】

본형은 귀8궁의 파생형의 변화 중 하나다.

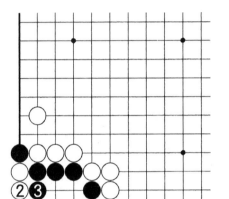

1도(정해)

1도(정맥)

흑1의 수비가 정맥이다. 이 수가 아니면 그냥 사는 수는 없다. 백2에는 흑3으로 사는 길이 열린다.

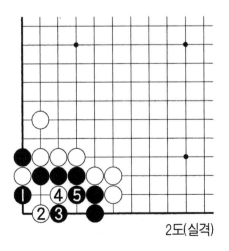

2도(실격)

2도(패)

단순히 흑1로 따내면 백2·4의 수순으로 패가 된다. 백이 주의할 점은 백2로 백4에 먼저 두면 흑이 백2의 곳에 두어 회생하는 수가 있다는 것이다.

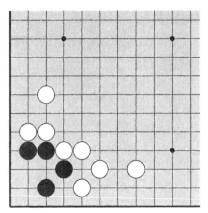

제6형 (흑선)

【제6형】

【제6형】

본형은 실전 기초 사활의 변화 과정에서 생긴 모양이다.

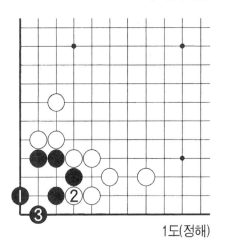

1도(정해)

1도(생명줄)

흑1의 한칸이 흑의 생명줄로, 백 2면 흑3으로 산다.

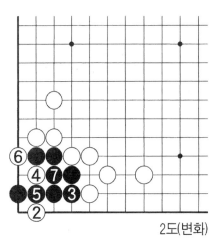

2도(변화)

2도(흑 삶)

전도의 흑1 때 백2로 치중하면 흑3이 유일한 활로로, 백4에는 흑 5·7로 삶을 얻을 수 있다.

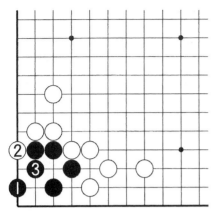

3도(변화)

3도(늦춤)

흑1 때 백2로 젖혀 오면 흑3으로 늦추는 침착함이 필요하다. 이것으로 간단히 산다.

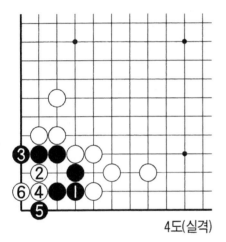

4도(실격)

4도(흑 죽음)

본도 흑1과 같이 수비하는 것은 백2로 쳐들어가, 이하 백6까지 삶이 없다. 수순중 흑5로 –

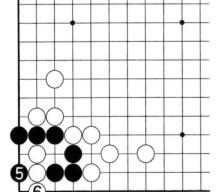

5도(변화)

5도(마찬가지)

본도 흑5에 공격해도 백6으로 빠져 마찬가지로 흑의 삶은 없다.

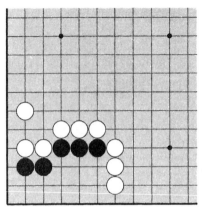

제7형 (흑선)

【제7형】

본형도 기초에 해당한다. 굳이 사활이 아니더라도 이런 모양을 정비하는 방법은 익혀 둘 필요가 있다.

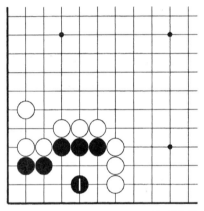

1도(정해)

1도(한칸 수비)

흑1의 한칸 수비는 일반적인 행마의 수비법이기도 하다. 이것으로 삶이 확보된다.

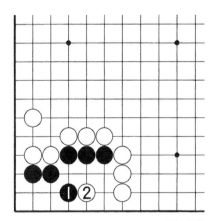

2도(실격)

2도(흑 죽음)

흑1의 호구는 백2로 안형을 탈취당하여 삶이 없다. 귀 끝은 자체로 죽음의 궁도다.

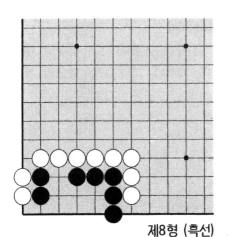

제8형 (흑선)

【제8형】

본형은 빅편에서도 선보인 바 있다. 그러나 맥의 유형으로 본다면 이 모양도 한칸의 맥으로 사는 형태다.

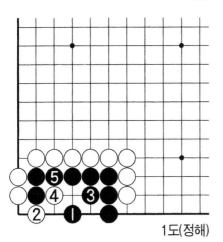

1도(정해)

1도(촉촉수)

흑1이 아니면 이 흑을 살릴 방법은 없다. 백2에는 흑3으로 늦추어 흑5까지 촉촉수를 이용해 살 수 있다.

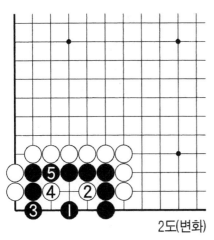

2도(변화)

2도(빅)

흑1 때 백2로 치중하면 흑3 이하로 빅을 만들 수 있다.

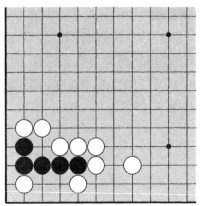

제9형 (흑선)

【제9형】

본형은 결론을 먼저 말하면 패다. 그러나 그냥 사는 것으로 착각하는 고급자가 많다.

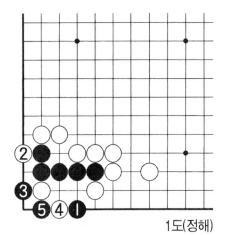

1도(정해)

1도(한칸대 마늘모)

흑1의 한칸도 맥이지만 백2에 이은 백4의 마늘모 또한 날카로운 맥이다. 이때 흑5로 패가 되는 것이다. 또-

2도(변화)

2도(역시 패)

흑1로 먼저 젖혀도 전도와 같은 결과다. 백도 2로 둘 수밖에 없기 때문이다. 만약 백2로-

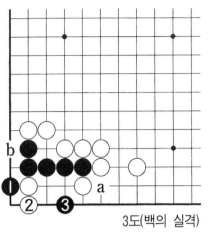

3도(백의 실격)

3도(흑 삶)

본도 백2는 흑3의 한칸에 의해 a, b를 맞보아 살게 된다.

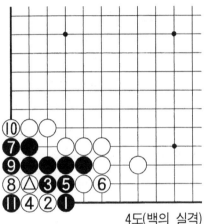

4도(백의 실격)

4도(눌러잡기)

상당수의 고급자가 착각하는 부분은 흑1 때 백2에 먼저 붙이는 것만 생각한다는 점이다. 그때는 물론 흑3 이하 흑15까지 눌러잡기가 된다. 따라서 백은 애초부터 백2로 두지 않고 1도로 두어야 할 것이다.

⑫…④ ⑬…△ ⑭…⑧
⑮…②

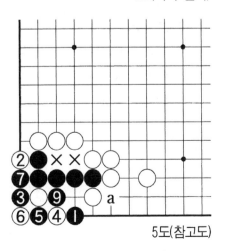

5도(참고도)

5도(공배가 2개 이상)

제9형이 패 없이 그냥 살기 위해서는 본도처럼 ×에 공배가 2개 이상 있어야 하는 전제가 따른다. 이때는 백2 때 흑3 이하 흑9까지의 수단이 있기 때문이다. 흑9로 따낸 다음 흑5의 곳과 a가 맞보기가 되므로 산다.

⑧…❺

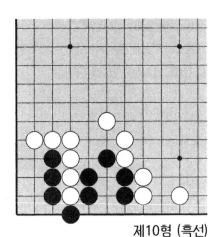

제10형 (흑선)

【제10형】
　본형도 한칸의 맥을 이용하지 않으면 살 수 없다.

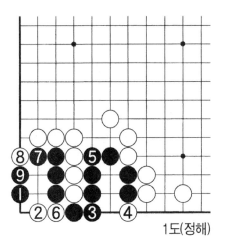

1도(정해)

1도(안형 확보)
　흑1의 맥과 백2의 치중 때 흑3으로 침착하게 잇는 수가 이 사활의 포인트다. 계속해서 백이 안형을 공격하면 흑9까지 양쪽으로 각각 안형을 확보하며 살 수 있다. 만약 백2의 치중으로-

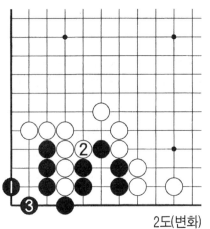

2도(변화)

2도(흑 완생)
　본도 백2로 우측의 안형을 박탈하면 흑3으로 좌측에서 완생의 모양을 만들 수 있다.

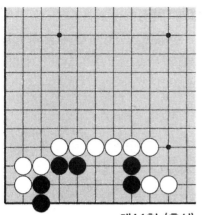

제11형 (흑선)

【제11형】

　본형은 기초형이지만, 한칸에 의해 먼 곳의 눈 모양까지 도움을 주는 맥다운 맥이다.

1도(촉촉수)

　흑1은 중급자들도 필수적으로 알고 있어야 할 만한 맥이다. 백2·4에는 흑5로 촉촉수로 대응하는 것까지 보고 있다.

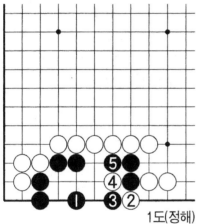

1도(정해)

2도(흑 죽음)

　본도 흑1과 같이 궁도만 넓히려는 것은 결국 백4에 치중당해 백6까지 죽음이다.

2도(실격)

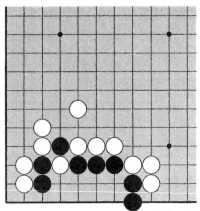

제12형 (흑선)

【제12형】

본형은 묘수풀이 같지만 사실상 제5형을 변으로 옮겨 놓은 것에 불과하다.

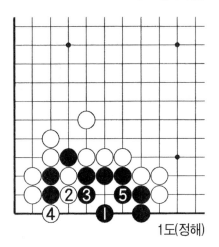

1도(정해)

1도(두 눈 확보)

흑1의 한칸으로 좌측 흑을 포기하고 흑5까지 두 눈을 확보하는 것이 유일한 활로다.

2도(실격)

2도(패)

본도 흑1로 따내면 백2·4의 수순으로 패가 되어 실격이다. 수순 중 백2로는 백4로 두어도 흑3에 받아 똑같은 패가 된다.

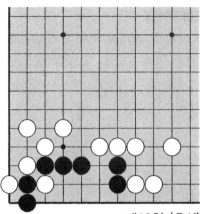

제13형 (흑선)

【제13형】

 본형은 실전 기초형이다. 그러나 알고보면 제11형의 수비와 같다고 할 수 있다.

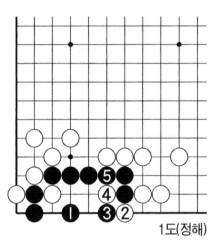

1도(정해)

1도(촉촉수)

 흑1은 왼쪽에 눈을 확보하면서 오른쪽 눈 만들기에도 협력하고 있다. 백2·4로 공격하면 흑5의 촉촉수가 기다리고 있는 것이다.

2도(흑 죽음)

 흑1은 왼쪽의 눈에만 신경을 쓴 것이다. 이하 흑7 때 백8이 좋은 수순으로 흑 죽음이다.

2도(실격)

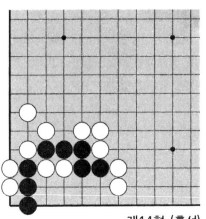

제14형 (흑선)

【제14형】

　본형도 대개의 맥이나 사활집에 실려 있는 문제로, 죽음의 궁도를 피하는 수읽기까지 할 수 있어야 한다.

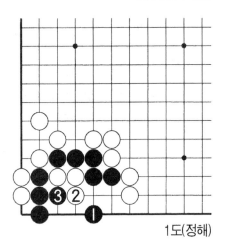

1도(정해)

1도(흑 삶)

　흑1·3이 이 사활의 포인트다. 이 수순이 아니면 삶이 없다.

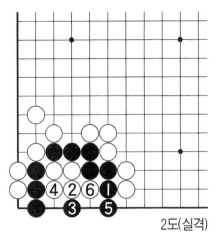

2도(실격)

2도(죽음의 궁도)

　본도의 수순은 백6까지 죽음의 궁도가 되는 과정을 보여 주고 있다.

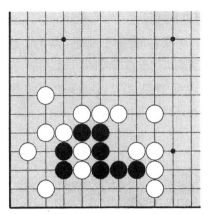

제15형 (흑선)

【제15형】

　본형도 백 두점의 연결을 방지
하면서 삶의 궁도를 만드는 일석
이조의 맥을 찾는 문제다. 그리고
또 하나의 수읽기가 필요하다.

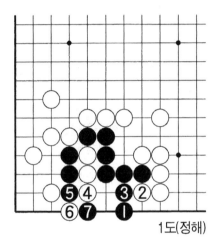

1도(정해)

1도(촉촉수)

　흑1의 한칸만이 본형의 설명. 중
두 가지를 모두 충족시키는 수다.
이하 흑7까지라면 촉촉수에 의해
삶이 확보된다. 다만 여기서 백4
로—

2도(변화)

2도(다른 촉촉수)

　본도 백4처럼 궁도를 공격해 왔
을 때의 수읽기가 필요할 것이다.
이때는 흑5 이하 흑9까지 역시 촉
촉수로 삶을 구한다.

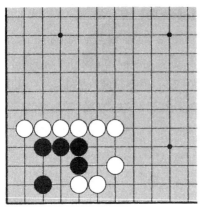

제16형 (흑선)

본형은 안형에 대한 감각이 필
요하다. 실전적이지는 않지만 안
형에 대한 감각 연습용으로는 볼
만하다.

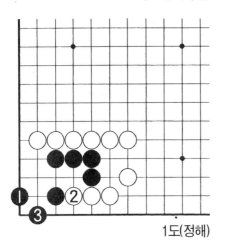

1도(정해)

1도(묘기)

흑1·3은 고난도의 묘기를 보는
듯한 수법이다. 이것으로 흑은 완
생이다.

2도(흑 죽음)

흑1로 막는 것은 백2·4로 삶이
없다. 참고로 백4로는 a에 두어도
잡을 수 있다.

2도(실격)

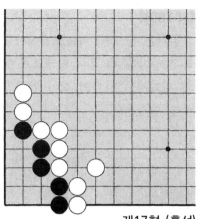

제17형 (흑선)

【제17형】

　본형은 냉정 침착을 요한다. 그
리고 사소한 버림돌에 연연해서는
실패한다.

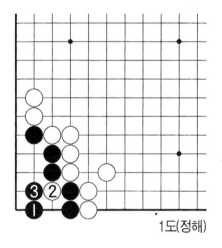

1도(정해)

1도(사석작전)

　흑1은 우측의 흑 두점을 포기하
는 조건으로 깨끗이 살려는 의지
다. 즉 백2면 흑3으로 회생할 수
있다.

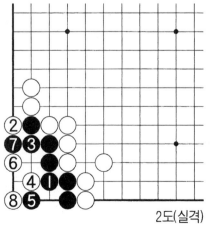

2도(실격)

2도(패)

　흑1로 꽉 잇는 것은 백2의 1선
단수를 당하여, 이하 백8까지 패
가 된다.

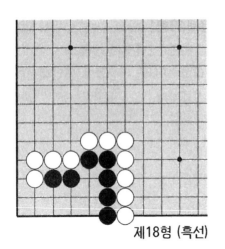

제18형 (흑선)

【제18형】

본형은 궁도편, 마늘모편에서도 본 모양이다. 이 흑이 명쾌하게 살기 위해서는 한칸의 맥이 절대적으로 필요하다.

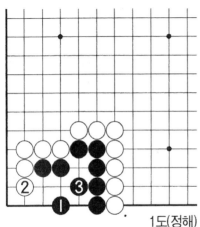

1도(정해)

1도(비겁한 삶?)

비겁한 듯하지만 본도의 수순이 최선이다. 흑1의 한칸으로 후퇴한 다음 백2로 공격하면 흑3으로 조그맣게 사는 수법이다. 수순중 백2로 -

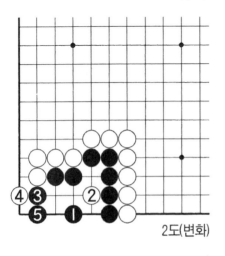

2도(변화)

2도(크게 삶)

본도 백2에 치중한다면 그때는 흑3·5로 궁도를 넓혀 크게 살 수 있다.

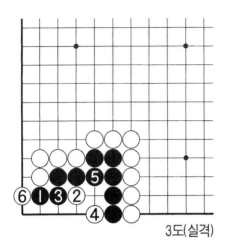

3도(실격)

3도(죽음의 궁도)

약점을 간과하고 흑1로 궁도를 넓히는 것은 무모한 짓이다. 백2 ·4의 연타로 백6까지 죽음의 궁도가 된다.

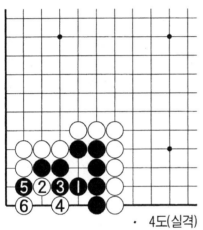

· 4도(실격)

4도(지나친 위축)

흑1은 위축이 지나쳐, 이하 백6까지 오히려 패가 되어 실격이다. 흑1이 아니면 안 되는 경우는—

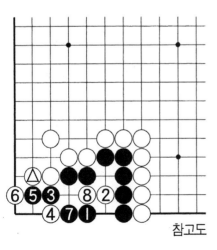

참고도

참고도(4도가 성립하는 경우)

본도와 같이 백△가 있을 때이다. 이때는 흑1의 수비가 백8까지 성립할 수 없으므로, 4도의 패가 정해가 되는 것이다.

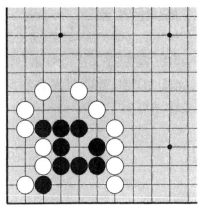

제19형 (흑선)

【제19형】

본형은 눈 만드는 수법을 찾는 것이지만, 결국은 어떤 맥을 구사하는가이다.

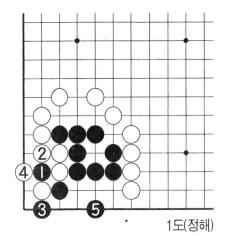

1도(정해)

1도(흑 완생)

흑1·3은 눈을 만들기 전의 수순이며, 흑5가 눈을 확보하는 한 칸의 맥이다. 만약 흑5의 수로—

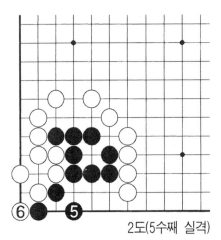

2도(5수째 실격)

2도(패)

본도 흑5에 호구로 지키는 것은 백6으로 패가 되어 실격이다.

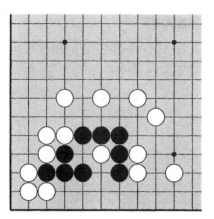

제20형 (흑선)

【제20형】

본형은 치중편 제23형에서 본 모양인데, 지금 흑이 사는 방법에 대해 참고하기 바란다.

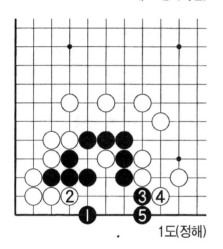

1도(정해)

1도(요소)

흑1의 한칸은, 치중편 제23형이나 지금이나 요소임에 틀림없다. 백2에는 흑3·5로 이쪽에 눈을 만들 수 있다.

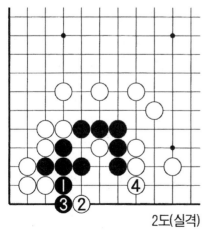

2도(실격)

2도(흑 죽음)

본도의 수순이 죽음이라는 것은 치중편 제23형에서 설명한 바 있다.

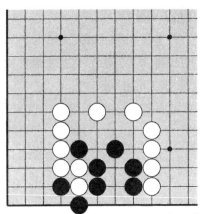

제21형 (흑선)

【제21형】

　본형은 실전적이다. 평범한 수단으로는 왼쪽에 눈을 만들 수 없으므로, 비상수단을 강구해야 한다.

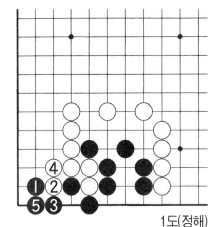

1도(정해)

1도(비상수단)

　흑1의 한칸이 패로 버티는 비상수단이다. 이렇게 하지 않고서는 삶이 없다. 백2·4로 공략하면 흑5로 잇고 버티게 된다.

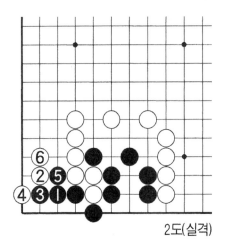

2도(실격)

2도(흑 죽음)

　본도의 수순으로는 어떻게 해도 눈을 만들 수 없다.

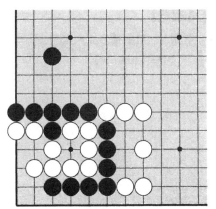

제22형 (흑선)

【제22형】

 본형은 백의 약점을 추궁해 눈을 만드는 문제인데, 귀의 끝이기 때문에 가능한 것이기도 하다.

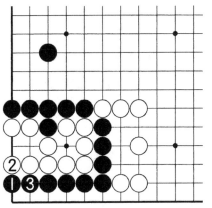

1도(정해)

1도(약점 추궁)

 흑1이 백의 약점을 추궁하여 귀 끝까지 눈을 차지하는 수법이다. 흑3까지 집을 넓히며 살 수 있다. 만약 백2로 −

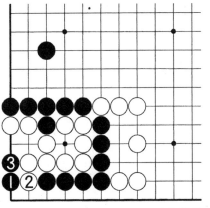

2도(변화)

2도(흑 1수 승)

 본도 백2라면 흑3으로 백의 안형을 탈취하여 수상전이 된다. 수상전은 흑의 1수 승. 접촉전의 수법을 구사하려면 이 정도의 수상전까지 읽을 수 있어야 한다.

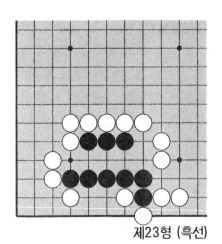

본형도 기초형으로, 백의 양쪽을 노리는 수법이다.

제23형 (흑선)

1도(오른쪽을 이으면)

흑1로 양쪽을 노리는 유형은 한 칸의 맥에 가장 많다. 백2로 오른쪽을 이으면 흑3에 끊어 백 한점을 잡고 살게 된다.

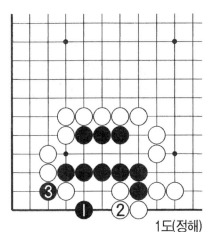

1도(정해)

2도(왼쪽을 이으면)

흑1 때 백2로 왼쪽의 약점을 이으면 흑3으로 촉촉수다.

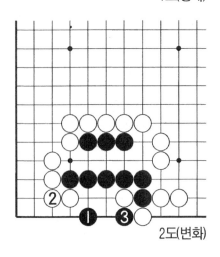

2도(변화)

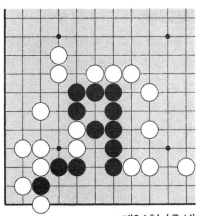

제24형 (흑선)

【제24형】

본형은 구조적으로 제20형과 같은 것이다.

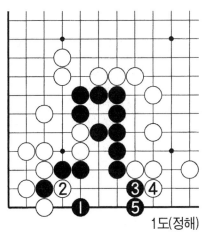

1도(정해)

1도(흑 완생)

흑1·3·5로 눈을 확보하는 수법이 기억나는지. 이 수순이 제20형의 1도에 있었던 것이다.

2도(흑 죽음)

흑1에 잇는 것은 백2·4의 수순으로 삶이 없다. 이후 흑a에는 백b로 그만이다.

2도(실격)

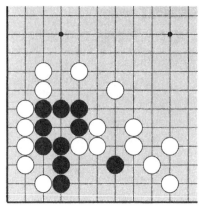

제25형 (흑선)

【제25형】

본형은 제11형에서 본 수법이다. 변에 눈을 만들기 위해서는 그 수법을 사용한다.

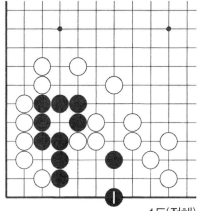

1도(정해)

1도(정맥)

흑1이 정맥이다. 이 수가 아니면 눈을 만들 수 없다.

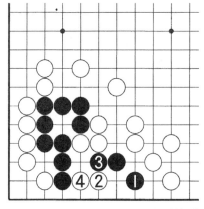

2도(실격)

2도(파호)

본도 흑1처럼 궁도를 넓히면 백 2·4로 파호하고 넘어가 버린다.

한칸(잡기)

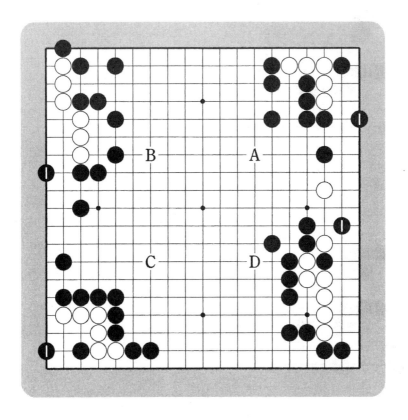

그림 A, B, C, D는 모두 한칸의 맥을 이용해 잡는 모양이다. 한칸으로 잡는 맥도 마늘모로 잡기와 더불어 사활에 가장 많이 사용된다.

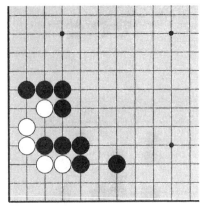

제1형 (흑선)

【제1형】

본형은 현현기경에 경운정서세
(慶雲呈瑞勢)라는 이름으로 실린
문제다. 한칸에 앞서 선치중이 필
요하다.

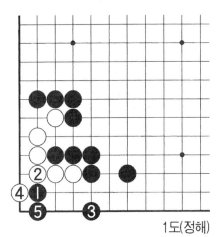

1도(정해)

1도(연결 모양)

흑1의 치중에 이은 흑3의 한칸
이 이 사활의 포인트다. 백4에는
흑5로 이 흑돌 두 점은 넘어가 있
는 모양이다. 만약 백4로 -

2도(백 죽음)

본도 백4로 껴붙이면 흑5·7로
잡는 것이 정수다. 이 외의 변화
는 궁도편에서 다루었던 것이다.

2도(변화)

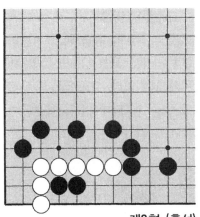

【제2형】

본형도 한칸의 맥으로 패를 만
들 수 있다.

제2형 (흑선)

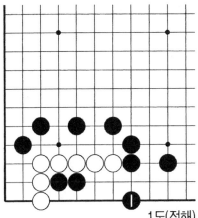

1도(반쯤 연결)

흑1이 정맥이다. 이 수로 흑 두
점이 반쯤 연결되어 있다.

1도(정해)

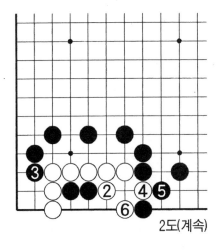

2도(패)

계속해서 백도 2가 최선이다. 흑
3으로 왼편의 안형을 박탈하게 되
는데, 백4·6의 패로 저항할 수밖
에 없다.

2도(계속)

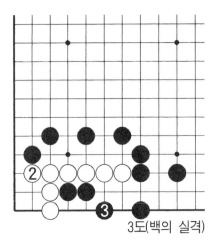

3도(백의 실격)

3도(완전 연결)

1도의 흑1에 대해 백2로 왼편의 안형을 확보하면 흑3으로 연결해 백의 삶은 없다. 1도에서 흑 두점이 반쯤 연결되어 있다고 말한 이유는 그래서이다.

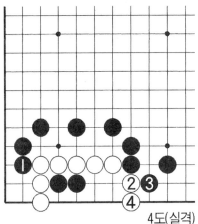

4도(실격)

4도(백 완생)

흑1은 백2 · 4의 삶을 보지 못한 탓이다.

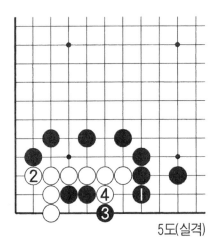

5도(실격)

5도(크게 삶)

본도 흑1로는 흑 두점의 연결에 전혀 도움이 되지 못한다. 백2 · 4로 크게 살고 만다.

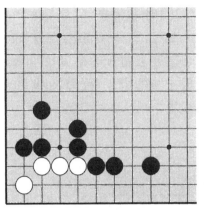

제3형 (흑선)

본형은 현현기경에 이자분애세(二子分愛勢)라는 이름으로 실려 있는 문제다. 이 모양은 앞서 종합 15의 제3형과 비슷한 것 같지만 중앙과 우측의 모양이 다르다.

1도(백 죽음)

흑1·3의 수순이 강타다. 이하 백6 때 흑7의 붙임으로 이 백의 삶은 없다. 만약 백2로-

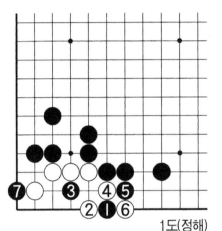

1도(정해)

2도(마찬가지)

본도 백2에 지킨다면 흑3 이하 흑9까지의 수순으로 역시 백에게 삶은 없다.

2도(변화)

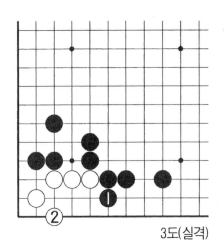

3도(실격)

3도(백 완생)

흑1은 이 경우 성립하지 않는다. 중앙에 공배가 하나 있어 자충이 없기 때문이다. 백2로 지켜 완생이다.

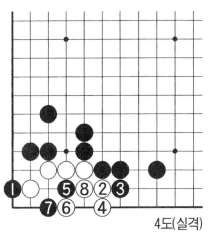

4도(실격)

4도(패)

본도 흑1의 붙임도 이하 백8까지 패는 만들 수 있으나 역시 실격이다.

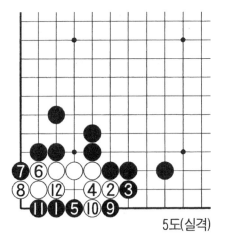

5도(실격)

5도(백 빅삶)

본도 흑1의 치중도 이하 백12까지 백의 삶을 방해하지 못한다.

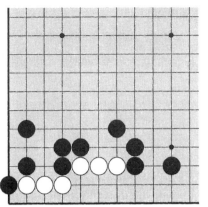

제4형 (흑선)

본형은 현현기경에 이자쟁공세 (二子爭功勢)라는 이름으로 실린 문제다. 한칸의 맥으로 잡는 가장 실전적인 모양일 것이다.

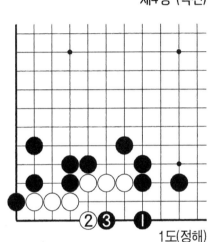

1도(정해)

1도(한칸 두 방)

흑1·3으로 백의 삶은 없다. 백을 잡는데 한칸의 맥이 두 번 사용되었다는 점이 흥미롭다.

2도(실격)

2도(백 완생)

단순히 흑1에 백2로 사는 것은 이제 낯설지 않을 것이다.

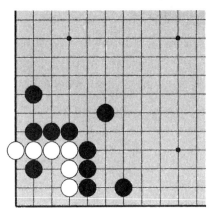

제5형 (흑선)

【제5형】

본형은 됫박형의 변화에서 백의 응수가 잘못되어 나타난 모양이다.

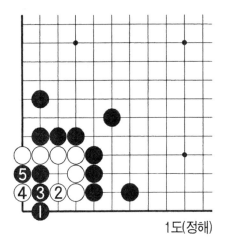

1도(정해)

1도(유가무가)

이때 흑1의 한칸이 치명적으로 작용한다. 흑5까지 유가무가로 백 죽음이다.

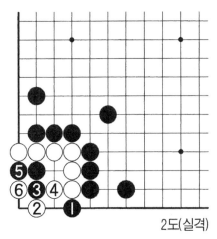

2도(실격)

2도(패)

흑1 젖힘은 백2의 곳을 놓쳐 이하 백6까지 패가 되므로 실격이다.

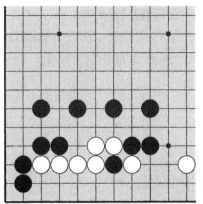

제6형 (흑선)

【제6형】

본형은 2선에서 한칸이 사용된다는 점이 이채롭다. 그러나 한칸의 맥은 본래 일반 행마에서도 사용하는 것이다.

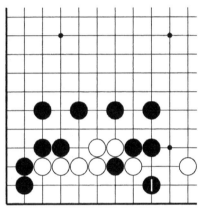

1도(정해)

1도(오랜 경험)

흑1의 한칸은 오랜 경험이 없이는 한눈에 들어오는 수는 아니다. 계속해서 –

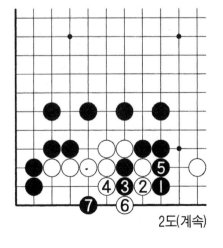

2도(계속)

2도(키워 죽임)

백2가 절대일 때 흑3으로 키워 죽이는 수법이 절묘하다. 그리고 흑7에 이르러 백의 죽음이 명쾌하다.

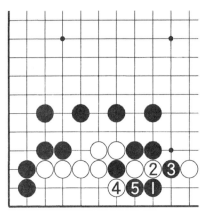

3도(변화)

3도(저항 불가)

흑1 때 백2의 저항은 불가하다. 흑5까지 아무런 도움도 되지 못한다.

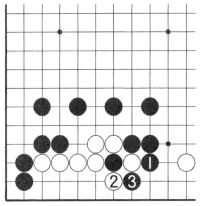

4도(백의 실격)

4도(흑의 기대)

흑1의 단수는 백2 때 흑3으로 패를 기대한 것이지만(사실 패도 여기서는 실격이다), 백은 2로-

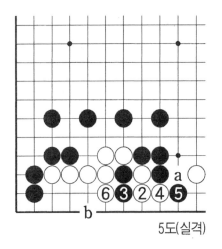

5도(실격)

5도(백 삶)

본도 백2에 빠진 다음 흑3으로 키워 죽이고자 하면, 이번에는 백4로 하나 나간 다음 백6으로 잡는 수순을 선택할 것이다. 흑은 a의 절단 때문에 b로 달릴 수 없다.

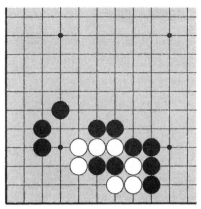

제7형 (흑선)

【제7형】

본형은 한칸 이후의 수법도 볼
만하다. 수순의 문제일 것이다.

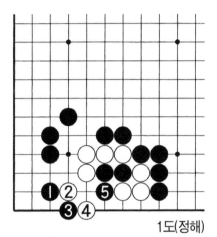

1도(정해)

1도(백 죽음)

흑1의 한칸과 더불어 흑3·5의
수법이 명쾌하다. 이것으로 백이
사는 수단은 없다.

2도(실격)

2도(패)

흑1은 복잡한 변화가 기다리고
있지만, 백14까지 일단 패이므로
실격이다. 다만 참고로 알아 둘 수
법이 있어 소개하겠다. 흑7의 치
중으로 패가 되는 수순이 만들어
지는 것인데, 수순중 백8로─

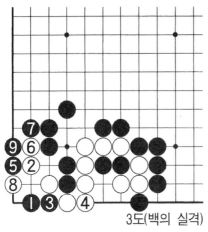

3도(백의 실격)

3도(백 절명)

본도 백2로 두는 것은 흑5의 맥을 당해 흑9까지 절명한다. 또 백8로 –

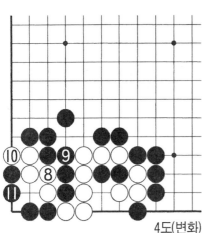

4도(변화)

4도(자충)

본도 백8에 두는 것도 흑11까지 자충에 걸려 삶이 없다. 이상이 참고 사항이다.

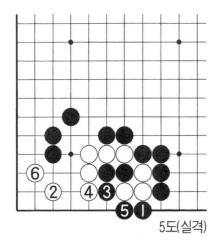

5도(실격)

5도(사석작전)

흑1로 먼저 응수를 묻는 것은 혼자 생각이다. 백은 2로 넓히고 흑3·5로 잡으면 백6까지 석점을 버리고 귀에서 산다.

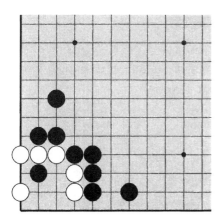

제8형 (흑선)

【제8형】

본형은 마늘모편에서도 보았던 것으로, 문제의 원형은 이것이다.

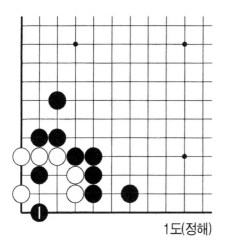

1도(정해)

1도(백 죽음)

흑1의 한칸 치중이 백의 명맥을 끊는 통렬한 수다. 이것으로 백의 삶은 없다. 이 수로 —

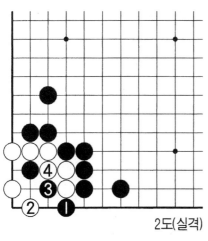

2도(실격)

2도(마늘모의 맥)

본도 흑1에 젖히면 백2의 마늘모로 사는데, 이 진행이 마늘모편에서 보았던 것이다.

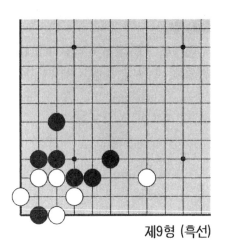

제9형 (흑선)

본형과 같은 귀의 모양은 기초
형인데, 우측의 백돌이 신경 쓰이
는 장면이다.

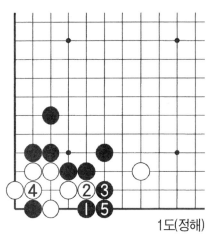

1도(정해)

1도(인내의 잇기)

흑1의 한칸이 정맥이자 정수다.
백4 때 흑5는 '인내의 잇기' 수법
에 해당한다.

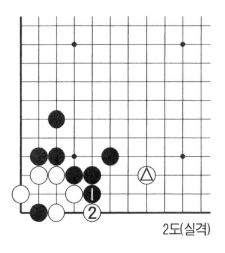

2도(실격)

2도(패)

본도 흑1도 보통 때는 성립하는
수지만, 백△가 접근한 지금은 백
2의 패로 저항하는 수단이 있어 실
격이다.

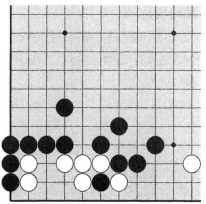

제10형 (흑선)

【제10형】

본형도 전형과 다르지 않다. 다만 치중의 수순이 하나 더 있을 뿐이다.

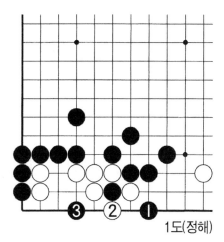

1도(정해)

1도(백 죽음)

흑1·3의 수순이 백의 명맥을 끊는 통렬한 수법이다.

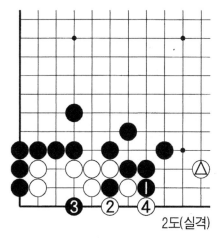

2도(실격)

2도(패)

본도 흑1·3은 백△로 인해 백 4의 저항이 있어 패가 되므로 실격이다.

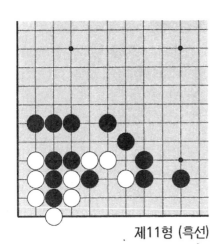

제11형 (흑선)

【제11형】

본형은 웬만한 맥, 사활집에는 거의 수록된 문제다. 어떤 한칸의 맥이 있을까?

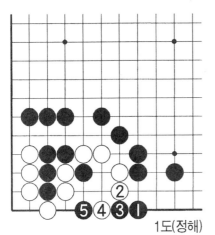

1도(정해)

1도(교묘한 수순)

외곽에서 흑1로 뛴 수법은 언뜻 보기에 어떤 영향력도 없는 듯 보이지만, 이 수가 아니면 백의 죽음은 기대할 수 없다. 백2에는 흑3·5의 수순이 교묘하다.

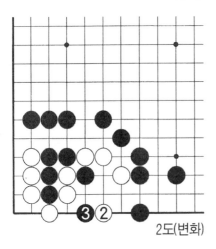

2도(변화)

2도(맥의 효력)

전도의 흑1 때 백2에 늦춰 지키면 흑3이 또한 한칸의 맥이다. 백은 이 넓은 공간에서 한 눈도 만들지 못하는데, 이것이 맥의 효력이다. 또 —

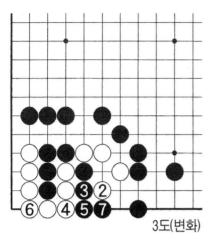

3도(변화)

3도(흑 연결)

백2에는 흑3 이하 흑7까지 처음 둔 한칸의 맥점으로 연결할 수 있다.

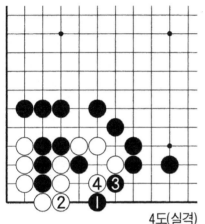

4도(실격)

4도(속수무책)

흑1은 교묘한 듯 하지만, 사실은 이맥이다. 백2의 이음이 묘수로, 백4까지의 반격에 속수무책이다.

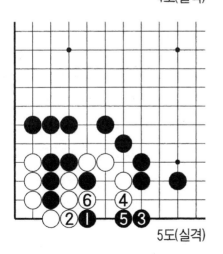

5도(실격)

5도(백 완생)

흑1도 한칸이지만 선택 미스다. 일단 자충 모양이 되어, 이번에는 흑3의 한칸도 듣지 않는다. 따라서 백4·6으로 살아간다. 참고로 흑5로 백6에 단수한 다음 흑5에 연결하면 자충의 영향으로 촉촉수가 기다리고 있음을 확인할 것.

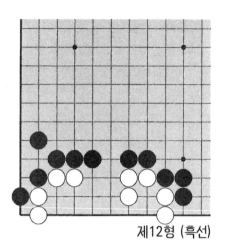

제12형 (흑선)

【제12형】

　본형은 심플하면서도 맥점이 구사되는 수순의 중요성을 일깨우는 문제다.

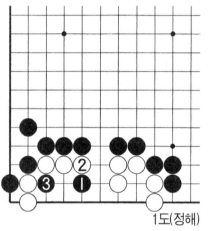

1도(정해)

1도(절단의 맥점)

　흑1의 한칸에 이은 흑3도 절단의 맥점이다. 이 수순은 참으로 명료한 것으로, 만약 수순이 바뀌어

－

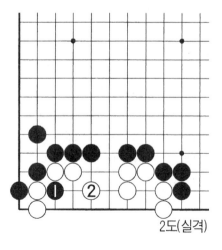

2도(실격)

2도(백 삶)

　본도 흑1의 절단부터 둔다면 백은 한칸의 맥이 놓여졌던 바로 그자리 백2에 놓고 살게 된다.

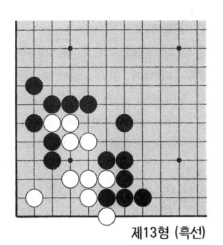

제13형 (흑선)

【제13형】

본형은 고전에 보이는 문제지만, 원형은 대단히 단순한 것이다.

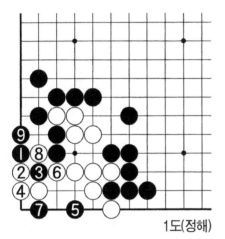

1도(정해)

1도(백 죽음)

흑1의 한칸부터 이하 흑9까지의 수순으로 귀의 백을 잡게 된다. 만약 흑1로 —

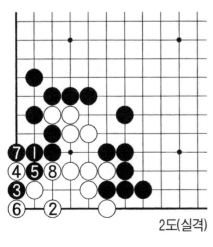

2도(실격)

2도(패)

본도 흑1에 두면 백2에 의해 백8까지 패가 있다는 것이 함정인 정도다.

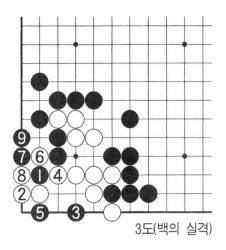

3도(백의 실격)

3도(착오)

흑1의 붙임은 백2로 빠지면 흑3에 치중하여, 이하 흑9까지 1도로 환원된다. 그렇다면 흑1의 붙임도 성립한다는 것일까. 그러나 수순중 백의 착오가 있었던 것이니 —

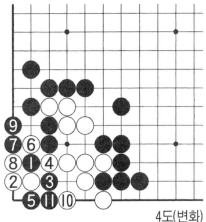

4도(변화)

4도(빅을 유도)

흑1 때 백2는 흑3·5를 기대한 것이 아닐까. 이렇게만 두어 준다면 백은 6·8을 선수한 다음 백10에 두어 흑11까지 빅을 유도할 수 있는 것이다.

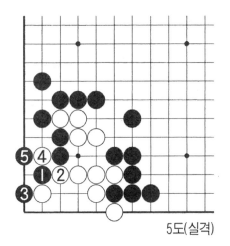

5도(실격)

5도(패)

흑1의 붙임은 애당초 실격이었다. 백2의 간단한 대응책이 있었던 것이다. 결국 흑3·5로 패를 할 수밖에 없게 된다.

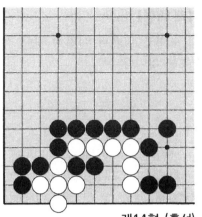

제14형 (흑선)

【제14형】

본형은 맥을 찾기가 수월할 것 같다. 패는 한눈에도 보이는 것이니까.

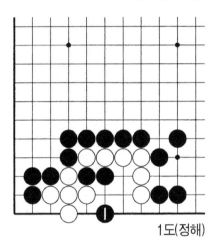

1도(정해)

1도(양자충 유도)

흑1은 바로 패가 되는 그 자리에 위치하고 있다. 계속해서 백이 이 수를 차단한다면 양자충이 기다리게 된다.

2도(실격)

2도(패)

흑1, 백2의 패는 아무나 할 수 있는 것이다.

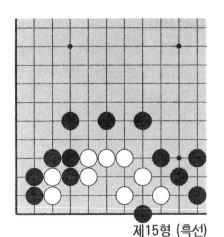

제15형 (흑선)

【제15형】

본형은 고전의 사활을 약간 개조한 것이다.

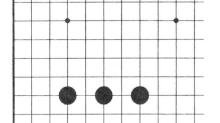

1도(정해)

1도(백 죽음)

흑1·3의 맥이 이 사활의 포인트다. 백4로 차단하면, 흑5·7까지 군더더기 없는 수순의 연속이라 하겠다.

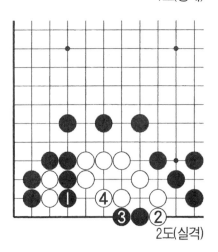

2도(실격)

2도(백 삶)

흑1로 단순히 백 두점을 잡는 것은 사활과 무관하다. 백2로 차단하여 백4까지 무난히 살게 된다.

날일자(잡기)

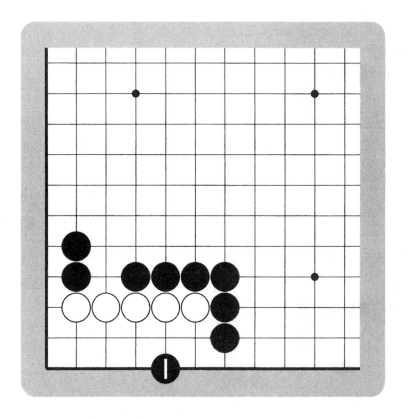

흑1과 같은 날일자의 맥은 실전의 사활에서는 많이 사용되지 않는다. 부분 사활인 경우에도 단순한 날일자 보다는, 날일자로 붙이는 등의 맥이 더 많다.

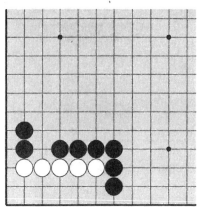

제1형 (흑선)

【제1형】

본형은 귀10궁의 사활이지만 실제로는 귀8궁의 내용과 같다.

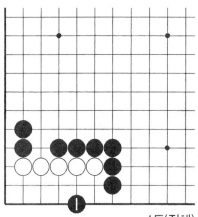

1도(정해)

1도(유일)

이 백을 그냥 잡는 수법은 흑1의 날일자 외에는 없다. 계속해서 -

2도(백 죽음)

백2로 차단하면 이하 흑9까지 이 백의 삶은 없다.

2도(계속)

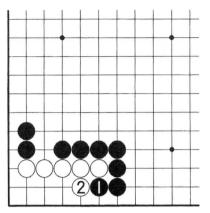

3도(실격)

3도(방어벽)

흑1로 백2를 두게 한 것은 사활에 대한 급소를 아직도 깨닫지 못한 탓이다. 이제는 방어벽이 생겨 쉽게 잡히지 않는 모양이 되었다.

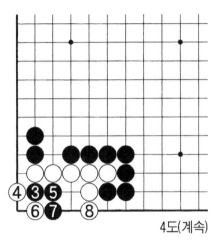

4도(계속)

4도(만년패)

계속해서 흑3으로 붙여 이제부터 최선을 다해 보아도 백8까지 만년패 이상을 기대하지 못하게 되었다.

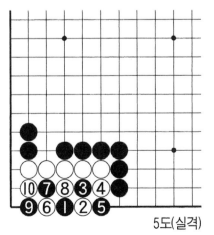

5도(실격)

5도(패)

흑1의 눈목자로 깊숙히 달리는 것은 용기는 가상하나 과속에 걸린다. 백2로 붙이기만 해도 제동에 걸려 이하 백10까지 패가 나는 모습이다.

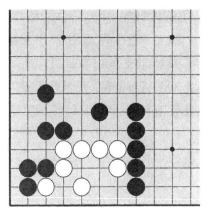

제2형 (흑선)

【제2형】

본형은 날일자 맥의 위력을 실감할 수 있는 모양이다.

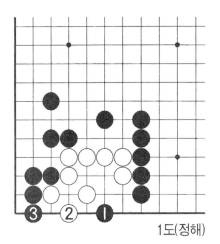

1도(정해)

1도(백 죽음)

흑1의 날일자에 이은 흑3으로 이 백의 삶은 없다.

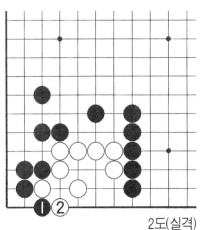

2도(실격)

2도(패)

단순히 흑1에 단수치는 것은 백2로 패가 되어 실격이다.

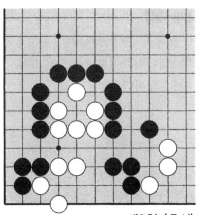

제3형 (흑선)

【제3형】

본형은 안형을 파괴하는 맥점을 찾는 문제다.

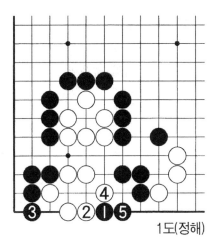

1도(정해)

1도(안형 상실)

흑1이 눈 모양을 없애는 첫 수다. 이어 백2 때 흑3이 침착한 호수로, 이 곳의 안형은 사라졌다.

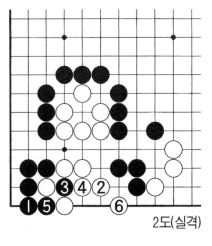

2도(실격)

2도(백 삶)

먼저 흑1에 뻗는 것은 우측의 백을 너무 과소평가한 것이다. 백6까지 백은 삶이 보장되었다.

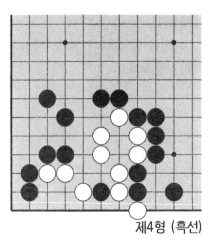

제4형 (흑선)

【제4형】

본형은 배움용보다는 감상용이다. 패턴이라기보다는 수읽기에 가까운 것이다.

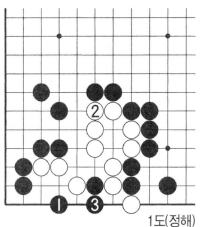

1도(정해)

1도(백 죽음)

흑1의 날일자에 이은 흑3이 결정타로 이 백의 죽음이 결정되었다.

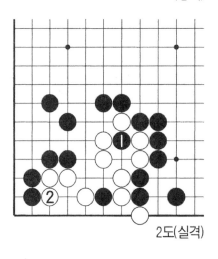

2도(실격)

2도(백 삶)

흑1로 이곳의 안형을 먼저 박탈하면 백2로 아래쪽의 궁도를 넓혀 그만이다.

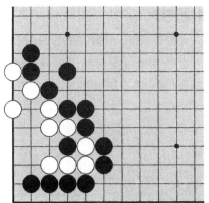

제5형 (흑선)

【제5형】

본형은 제2형과 더불어 날일자 맥의 유연성을 보여 주는 문제다.

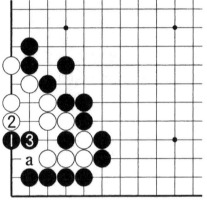

1도(정해)

1도(백 죽음)

흑1에 백2는 흑3이 있으며, 백2로 흑3의 곳에 두면 흑은 a에 두어 이 백을 잡을 수 있다.

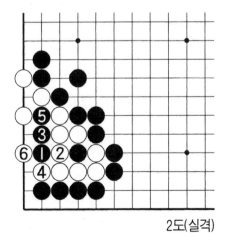

2도(실격)

2도(패)

흑1의 치중은 백2 이하 백6까지 패가 되어 실격이다.

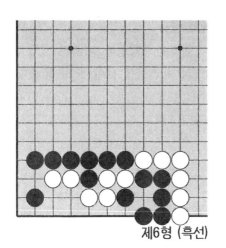

【제6형】

본형은 단순 사활이라기 보다는 수상전이며, 날일자의 맥이라기 보다는 치중에 가까울지도 모른다.

제6형 (흑선)

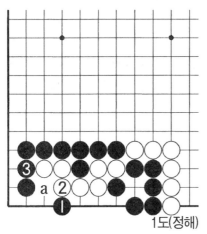

1도(자충)

흑1·3이 수순이다. 흑3으로는 a에 두어도 무방하다. 자충 때문에 백은 움직이지 못한다.

1도(정해)

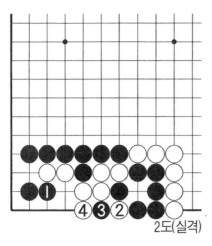

2도(패)

흑1은 백에게 백4까지의 패를 허용하여 실격이다.

2도(실격)

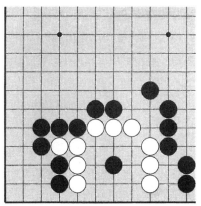

제7형 (흑선)

【제7형】

본형도 날일자의 맥이라기 보다는 치중에 가까울지도 모른다.

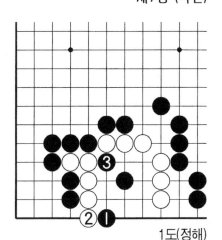

1도(정해)

1도(날일자 모양의 치중)

흑1의 날일자로 치중한 후 흑3에 끊는 것이 수순이다. 이 수순이 아니면 수단의 여지가 없다. 계속해서 -

2도(계속)

2도(패)

백4 이하 백10까지 패가 되는 것이 쌍방 최선이다. 만약 흑9로 -

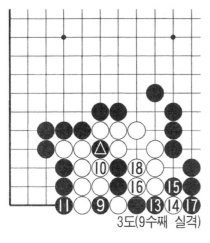

3도(9수째 실격)

3도(촉촉수)

본도 흑9로 먼저 따내면 백10 이하 백18까지 촉촉수로 백 삶이다.

⑫···△

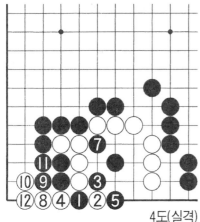

4도(실격)

4도(백8 호착)

흑1·3의 수순이 그럴 듯 하지만 백4 이하 흑7로 끊을 때 백8로 나가는 수가 호착으로, 백12까지 흑의 다음 응수가 없다.

⑥···❶

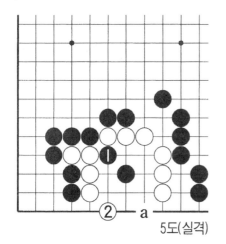

5도(실격)

5도(마늘모의 맥)

처음부터 흑1의 절단으로 시작하는 것은 백2 마늘모의 맥으로 그만이다. 백2는 a에 두어도 무방하다.

날일자(살기)

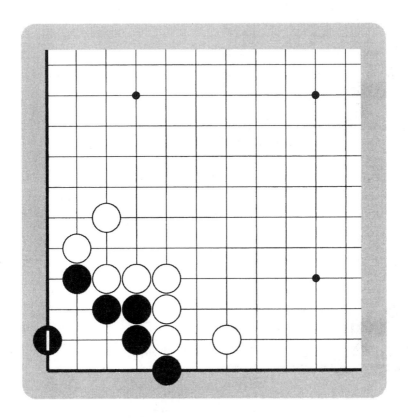

흑1과 같은 수는 사실 '2의 1'의 급소라고 할 수 있
다. 그러나 맥의 유형으로 본다면 이것도 날일자에 해
당한다. 한칸이 치중도 되고, 호구도 마늘모가 되는 것
처럼.

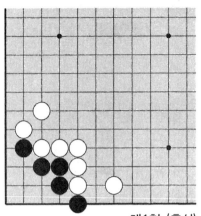

제1형 (흑선)

【제1형】

본형은 기초형 사활에 해당한다. 이 흑의 사활에는 날일자와 마늘모가 공존하고 있다.

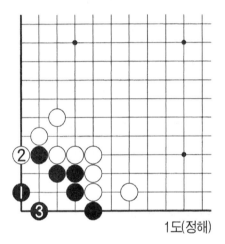

1도(정해)

1도(흑 완생)

흑1은 날일자의 맥이고 흑3은 마늘모의 맥이다

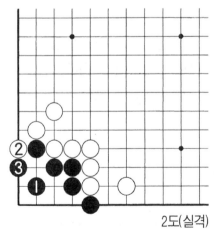

2도(실격)

2도(패)

흑1로 두는 것은 흑3까지 패를 피할 수 없어 실격이다.

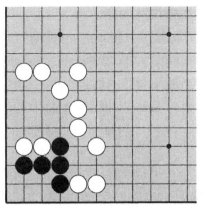

제2형 (흑선)

【제2형】

본형도 날일자의 맥이 사용되어 살기는 하지만, 여기서 날일자의 맥은 엄밀히 말하면 백 두점을 잡는 맥이기도 하다.

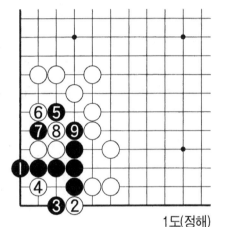

1도(정해)

1도(포획)

백2점을 포획하기 위해서는 일단 흑1로 빠져 두어야 한다. 귀의 흑을 잡으려면 백2·4의 수순을 거쳐야 하는데, 이때 흑5가 날일자의 맥으로, 이하 흑9까지 백을 포획할 수 있다.

2도(실격)

2도(죽음)

단순히 흑1로는 백2로 아무 수도 되지 않는다. 따라서 흑은 죽음뿐이다.

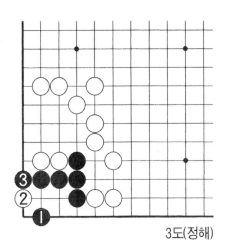

3도(마찬가지)

흑1로 지키는 수도 성립한다. 만일 백2로 귀를 공격하면 흑3을 둘수 있기 때문이다. 계속해서 백이 귀를 잡자고 덤빈다면 역시 1도의 수순이 기다리게 되는 것이다.

3도(정해)

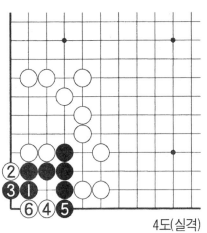

4도(젖힘)

흑1로 귀를 지키는 것은 조금 상황이 달라진다. 백이 먼저 2의 자리로 젖혀 공격할 수 있기 때문이다. 이하 백6까지 된 다음-

4도(실격)

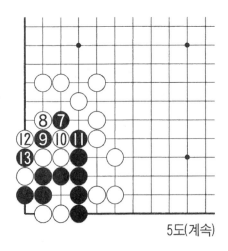

5도(패)

흑7의 맥은 계속 유효하지만, 이번에는 젖혀진 돌의 작용으로 흑13까지 패를 내야 하기 때문이다.

5도(계속)

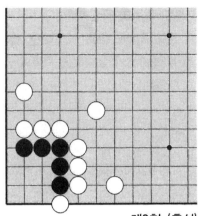

제3형 (흑선)

【제3형】

본형은 됫박형의 변화 중 하나다. 여기서 흑의 응수가 잘못되면 죽음이 있다.

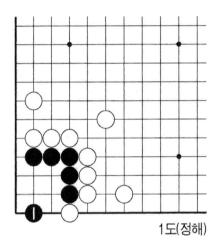

1도(정해)

1도(정맥)

흑1의 날일자가 정맥이다. 여기서부터 출발해야 삶의 길을 모색할 수 있다. 계속해서 —

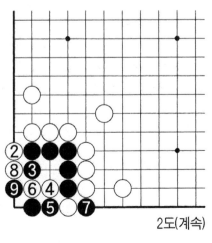

2도(계속)

2도(패)

백2 이하 흑9까지 패가 되는 것이 쌍방 최선이다. 수순중 흑3도 긴요하다. 만약 흑3으로 —

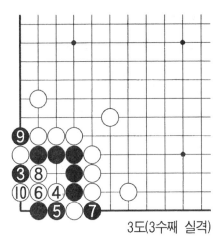

3도(3수째 실격)

3도(죽음의 궁도)

본도 흑3에 바로 막는다면 백4 이하 백10까지 교묘하게 죽음의 궁도가 된다.

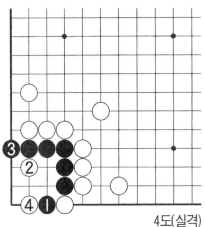

4도(실격)

4도(흑 궤멸)

최초 흑1에 바로 막으면 백2·4의 수단이 있어, 흑진은 순식간에 궤멸되고 만다.

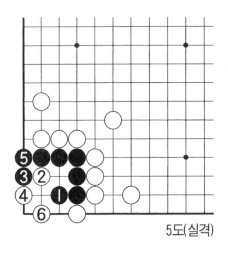

5도(실격)

5도(흑 죽음)

처음부터 흑1로 늦추는 것도 삶을 보장받지 못한다. 백2 이하 백6으로 역시 삶이 없다.

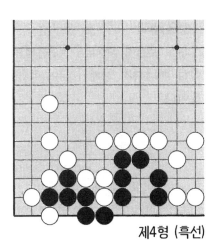

제4형 (흑선)

【제4형】

본형은 난이도가 매우 높다. 수 읽기의 갈래도 많을 뿐더러 숨겨진 맥만 해도 3가지나 된다. 흑은 전체가 한 눈 모양이라 어떤 수단을 강구해야만 할 것이다.

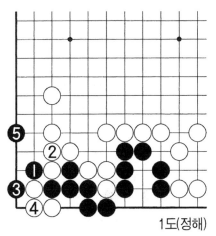

1도(정해)

1도(저항 수단)

흑1·3은 절대지만 흑5의 맥은 읽기 힘들다. 이 수 외에는 저항할 수단이 없다. 계속해서 –

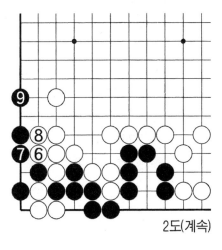

2도(계속)

2도(패가 최선)

백6·8 때 흑9의 한칸이 두 번째 맥이다. 이 패가 쌍방 최선인데, 만약 흑9로 –

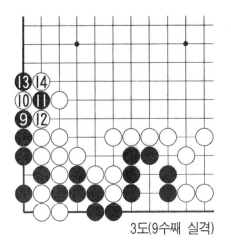

3도(9수째 실격)

3도(양패)

본도 흑9에 나가는 것은 백10 이하 백14까지 양패가 되어 흑 죽음이다.

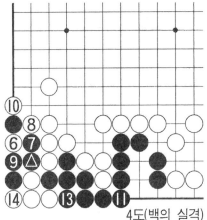

4도(백의 실격)

4도(후절수)

2도 백6으로 본도 백6으로 건너붙이는 것은 백의 착각이다. 이하 백10 때 흑11 이하 흑15까지 후절수가 있기 때문이다.

⑫…⑥ ⓯…△

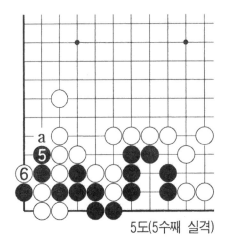

5도(5수째 실격)

5도(먹여침)

처음으로 돌아가서 1도 흑5의 날 일자로 a를 기대하여 흑5에 두는 것은, 백6으로 먹여쳐 후절수가 되지 않는다. 계속해서 흑a로 나가 억지로 패를 만들 수는 있으나 이 것은 늘어진 패가 된다.

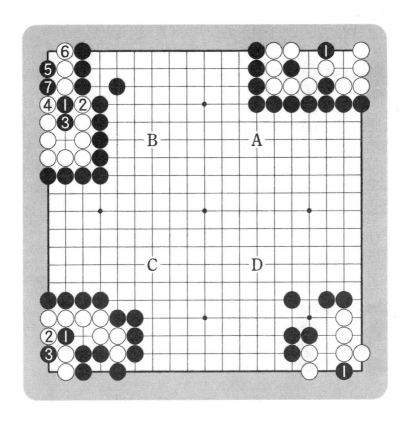

그림 A, B, C는 양환격의 사활을 나타낸 것이고, 그림 D는 환격을 이용한 사활을 나타낸 것이다. 본래 환격과 후절수도 맥의 일종이며 이와같은 맥은 극대화된 자충의 상태에서 이루어지는 만큼, 공배에 대한 개념 파악이 중요할 것이다.

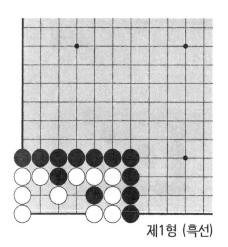

제1형 (흑선)

【제1형】

본형은 환격의 사활 중 기초적
인 것이다.

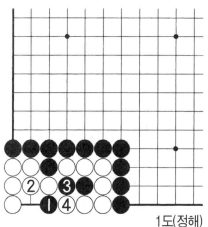

1도(정해)

1도(자살수)

흑1에 백2로 둘 수밖에 없을 때
흑3으로 자살수를 던져 넣어 백4
로 따내게 하면, 그 모양은 –

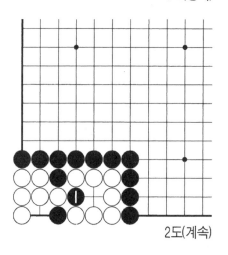

2도(계속)

2도(양환격)

본도와 같이 되는데, 그때 흑1
에 집어 넣으면 백은 어느 쪽도
따낼 수 없는 입장이 된다. 이것
이 바로 양환격이다.

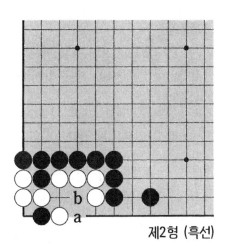

제2형 (흑선)

【제2형】

본형과 같은 모양을 잡을 때도 양환격이 이용된다. 물론 흑a라면 백b로 패가 되므로 이 수는 논외다.

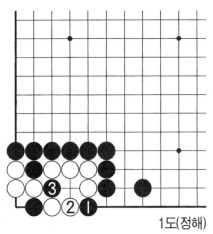

1도(정해)

1도(양환격)

흑1의 젖힘에 백2로 받으면 흑3으로 양환격이 된다. 만약 백2로

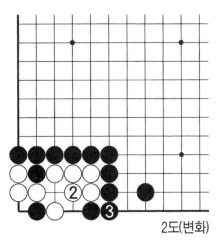

2도(변화)

2도(자충)

본도 백2에 늦춘다면 흑3으로 이어 역시 자충으로 두 눈을 확보할 수 없다.

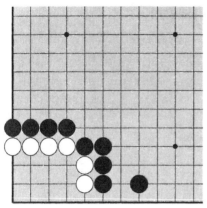

제3형 (흑선)

【제3형】

본형은 귀12궁인데 정해는 패가 되지만, 이 변화에도 양환격이 숨어 있다.

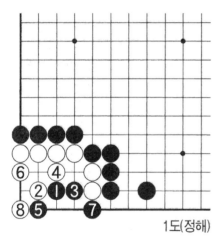

1도(정해)

1도(패)

흑1 이하 백8까지가 쌍방 최선의 결과로, 패가 된다. 수순중 흑3 때ー

2도(백의 실격)

2도(양환격)

백4 이하 백8까지 두면 그때 흑이 9·11로 양환격을 만들 수 있는 것이다.

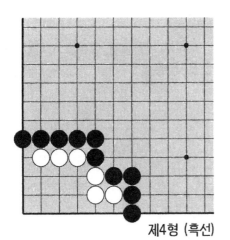

제4형 (흑선)

【제4형】

　본형도 양환격으로 잡는 수단이 있다.

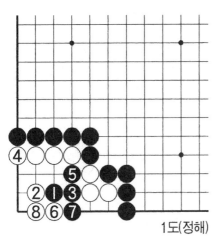

1도(정해)

1도(최선의 진행)

　흑1로 치중하여 이하 백8까지 되었을 때(이 과정에서 백6 때 흑7의 단수가 중요하다. 만일 이 수로 8의 곳에 먹여치면 패의 빌미를 주게 된다.) -

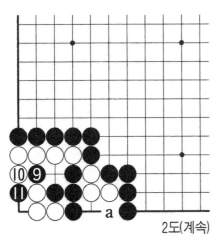

2도(계속)

2도(양환격)

　흑이 a에 후퇴하지 않고 흑9·11로 계속 공략하면 이것이 바로 양환격이다.

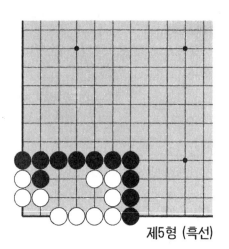

제5형 (흑선)

【제5형】

본형은 양환격을 연습하기 위한
응용 문제다.

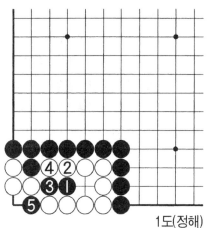

1도(정해)

1도(양환격)

흑1・3으로 두어 백4로 그 두점
을 잡게 한 다음 흑5까지가 양환
격의 수순이다.

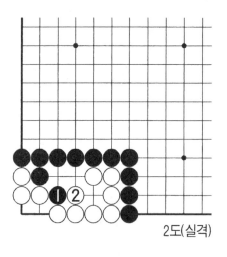

2도(실격)

2도(성급)

흑1로 성급하게 공격하는 것은
백2의 단수로 그만이다.

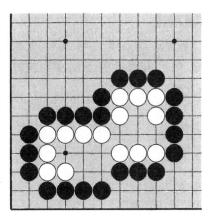

제6형 (흑선)

【제6형】

　본형은 현현기경에 구익해세(鉤弋解勢)라는 이름으로 실린 문제로, 이 역시 양환격을 만들 수 있는 모양이다.

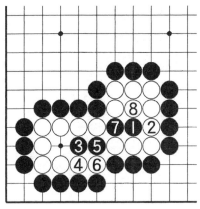

1도(정해)

1도(치중부터)

　흑1·3의 치중이 일단 중요하다. 이하 백8까지 된 후 ―

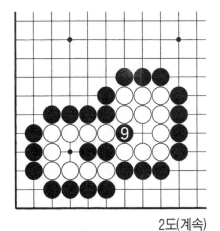

2도(계속)

2도(양환격)

　이런 모양이 머리속에 그려진다면, 흑9로 먹여쳐 양환격이 완성된 것이다.

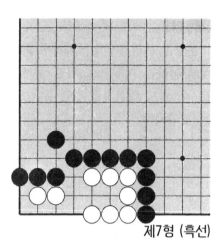

제7형 (흑선)

【제7형】

본형도 고전에 실려 있는 문제로 역시 양환격을 유도하는 모양이다.

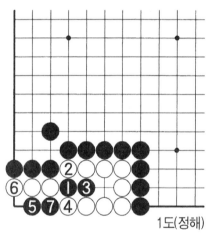

1도(정해)

1도(백 죽음)

흑1 이하 흑7까지 양환격의 전형적인 모양이다.

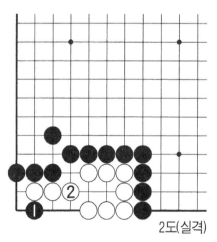

2도(실격)

2도(백 완생)

수순을 바꾸어 흑1로 붙이면 백2로 지켜 그만이다.

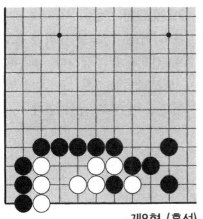

제8형 (흑선)

【제8형】

본형도 고전에 실려 있는 문제로, 이 사활은 환격을 이용해 안형을 탈취하는 것이다.

1도(백 죽음)

흑1의 치중이 절묘한 맥이다. 또 백2로 받을 때 흑3이 정확한 수순이다. 만약 백2로 –

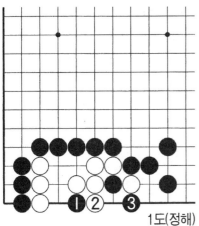

1도(정해)

2도(환격)

본도 백2에 따낸다면 흑3·5로 환격이 되므로 백은 두 눈이 나지 않는다. 또 –

2도(변화)

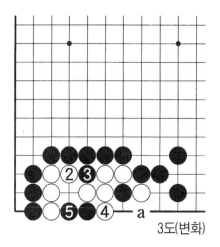

3도(변화)

3도(집요한 추궁)

본도 백2로 궁도를 넓히면 흑3으로 집요하게 추궁한다. 계속해서 백4에는 흑5까지, a는 흑의 차지이므로 이 백은 삶이 없다.

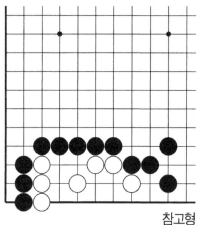

참고형

[참고형]

제8형의 원제는 본형이다. 보지 못한 변화를 하나 보면 —

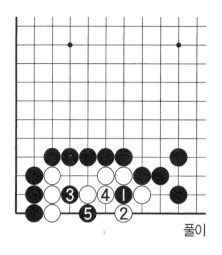

풀이

풀이(끼움)

흑1로 끊어 백2로 받으면, 이번에는 흑3에 끼워 백4 때 흑5로 젖히면 이 결과는 2도와 같다.

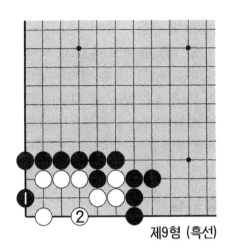

제9형 (흑선)

【제9형】

본형은 실전형의 변화에서 나타난 모양으로, 흑1 때 백2라면 어떻게 둘 것인가가 문제다. 이 사활의 과정 중에 환격을 이용한 눈 없애기가 있다.

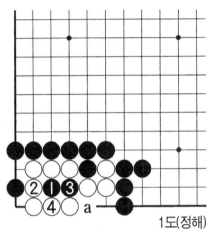

1도(정해)

1도(자살수)

흑1·3으로 자살하는 수순이 그것으로, a의 먹여침이 있으므로 백4에 따내면 —

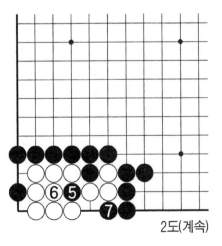

2도(계속)

2도(백 죽음)

계속 흑5로 먹여쳐 안형을 위협한다. 결국 백6 때 흑7로 잡을 수 있다.

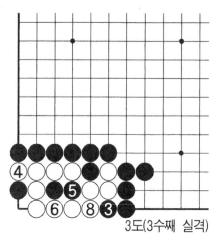

3도(3수째 실격)

3도(백 완성)

1도 백2 때 본도 흑3으로 시야에 바로 보이는 눈을 없애기 쉽지만, 백은 4로 눈을 낸 다음 이하 백8까지의 수순에 의해 이곳에도 눈을 확보할 수 있다.

❼…❺

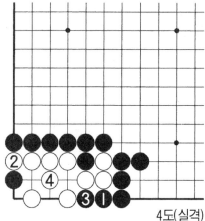

4도(실격)

4도(삶이 보장)

처음부터 흑1로 들어가는 것은 이하 백4까지 삶이 보장된다.

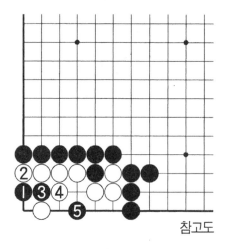

참고도

참고도(자충 유도)

참고로 흑1로 치중한 다음, 본형의 백2로 본도 백2에 차단하면 이하 흑5까지 자충에 의한 죽음이 있다.

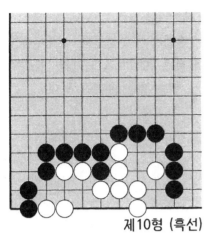

제10형 (흑선)

【제10형】

본형도 환격을 이용해 눈을 탈취하는 수법이 사용된다.

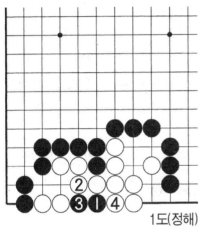

1도(정해)

1도(백 죽음)

흑1·3을 사석으로 활용하여 백4로 따낼 때 흑5에 먹여치면, 백은 이곳에 선수로 눈을 확보할 수 없다. 제9형과 같은 맥락이다.

❺…❸

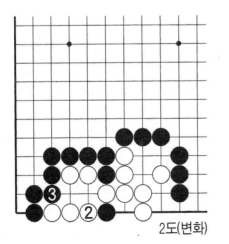

2도(변화)

2도(환격 이용)

전도의 흑1로 치중할 때 본도 백2에 받으면 흑3이 선수 한 눈을 방해하는 절묘한 자리다. 백은 더 이상 저항할 수 없다. 이러한 수법 모두 환격을 이용한 눈 없애기 수법이다.

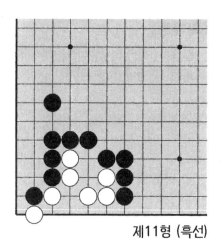

【제11형】

본형은 실전형이다. 보통 실전에서는 지나치기 쉽지만, 이곳에는 백을 잡는 수단이 있다.

제11형 (흑선)

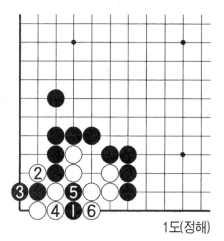

1도(정해)

1도(백 죽음)

흑1의 치중은 절대. 백2 다음 백4로 수비할 때 환격을 노리는 흑5·7의 수순이 백에게는 치명적인 수법으로, 이 백의 삶은 없다.

❼…❺

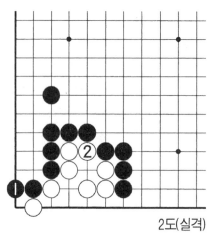

2도(실격)

2도(백 삶)

실전에서는 대개 흑1로 두고 백2로 사는 경우가 많다. 1도 흑5·7의 수순을 읽지 못했기 때문이다.

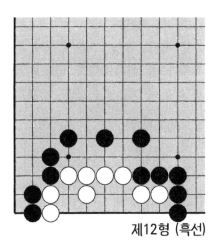

【제12형】

　본형은 결론을 먼저 말하면 패다. 그러나 외부에 공배가 없다면 패도 안 내고 잡을 수 있는 모양이다.

제12형 (흑선)

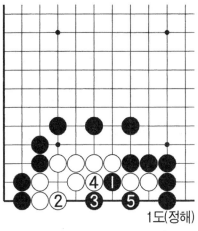

1도(패)

　흑1로 하나 끊어 두면 백2는 최선의 응수다. 이때 흑3 이하 흑5까지의 패가 쌍방 최선이다. 만약 백2로 -

1도(정해)

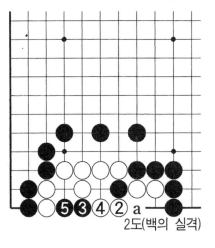

2도(백 죽음)

　본도 백2에 두면 흑3의 수단이 환격을 노리고 있어 백이 잡힌다. 흑5 다음, 흑a면 이곳이 옥집이기 때문이다. 이 수순은 제8형에서 설명한 바 있다.

2도(백의 실격)

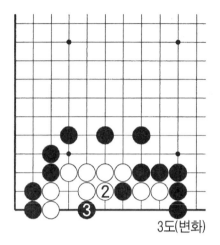

3도(변화)

3도(백 죽음)

또 백2도 흑3의 치중이 역시 환격을 노려, 백이 우측의 약점을 돌볼 여유가 없으므로 삶도 없다.

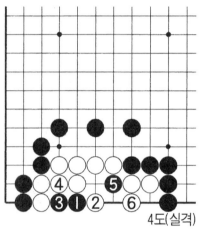

4도(실격)

4도(백 삶)

처음부터 흑1의 치중은 수순이 누락된 것으로, 이하 흑5로 끊어올 때는 백6이 기다리고 있다. 이로써 이번에는 옥집을 피할 수 있으므로 삶이 보장된다.

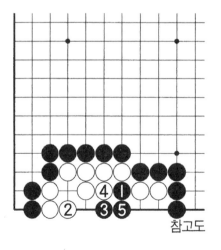

참고도

참고도(양자충)

본도처럼 외부에 공배가 없으면 1도처럼 패를 안 내주고도 백을 잡을 수 있다. 백4 때 흑5로 이으면 양자충이기 때문이다.

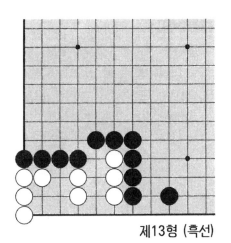

제13형 (흑선)

【제13형】

본형도 구조는 제8형 및 제12형과 다르지 않다. 문제는 수순이다.

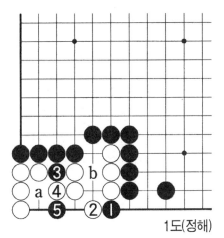

1도(정해)

1도(백 죽음)

흑1의 젖힘에 이은 흑3·5가 결정타다. a와 b가 맞보기로 이 백은 삶이 없다. 흑3으로는 흑5로 먼저 두어도 마찬가지다.

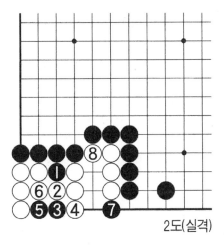

2도(실격)

2도(수순착오)

흑1부터 두는 것은 수순착오다. 마지막 순간 흑7에 이르러 지금은 백8로 궁도를 넓혀 백 삶이다.

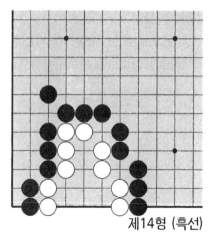

제14형 (흑선)

【제14형】

본형은 맥점을 찾기가 쉽지 않다. 그러나 첫 수에 안 되는 곳을 제외하면, 남는 곳은 단 한 군데일 뿐이다.

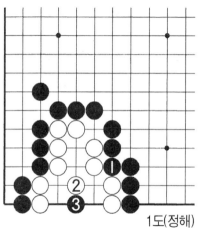

1도(정해)

1도(외부 공배)

흑1의 외부 공배가 그곳이다. 백2에는 흑3으로 한 수에 두 곳의 환격을 노리는 특이한 모양이 되어 백 죽음이다. 수순중 백2로 흑3의 곳에 지키면 흑2로 공격하여 역시 백은 삶이 없다.

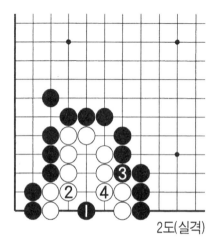

2도(실격)

2도(무용지물)

흑1과 같은 선치중은 지금과 같이 궁도의 경계선이 만들어진 상태에서는 무용지물이다. 백4까지의 수순은 그것을 확인시켜 준다.

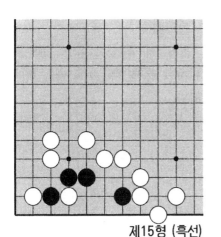

제15형 (흑선)

【제15형】

본형은 환격을 이용해 사는 수법을 묻고 있다. 중요한 사항은 패를 만들지 않아야 한다는 것이다.

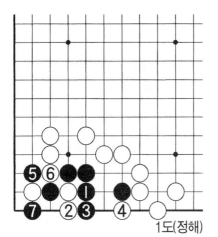

1도(정해)

1도(상식을 벗어난 묘수)

흑1·3이 단순 명쾌하면서도 상식의 허를 찌른 묘수다. 백4로 파호하면 흑5·7로 환격을 이용한 삶이 있다. 수순중 흑3으로—

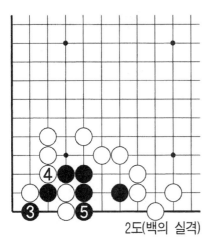

2도(백의 실격)

2도(흑의 독단)

본도 흑3에 젖혀도 백4, 흑5로 될 것 같지만, 이는 흑의 독단적인 수읽기다. 백은 4로—

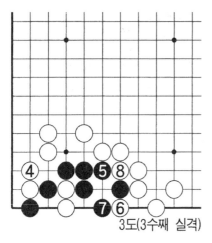

3도(3수째 실격)

3도(패)

본도 백4에 잇고 흑5로 궁도를 넓혀야 할 때 백6·8로 패를 하게 된다.

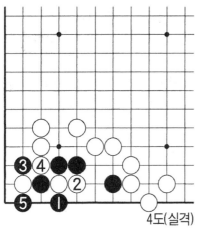

4도(실격)

4도(혼자생각)

흑1의 1선 단수는 더욱 심한 착각이다. 백이 2로 나가면 이하 흑5까지 패라도 내겠다는 수읽기는 혼자생각이다. 백은 4로 흑5의 곳으로 두어도 되지만, 또 하나의 명쾌한 수단이 있다.

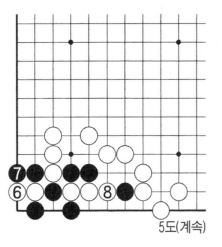

5도(계속)

5도(흑 죽음)

즉 본도 백6·8로 두어도 흑의 삶은 없는 것이다.

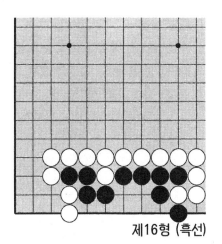

제16형 (흑선)

【제16형】

본형은 환격을 이용해 사는 수법 중 가장 신선한 문제다.

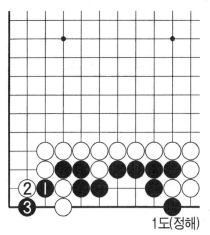

1도(정해)

1도(응수타진)

일단 흑1·3이 절묘한 응수타진이다. 계속해서-

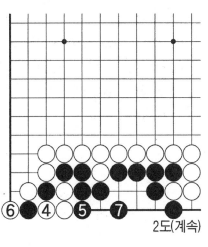

2도(계속)

2도(흑 삶)

백4로 따내면 흑5·7로 가볍게 산다. 만일 백4로-

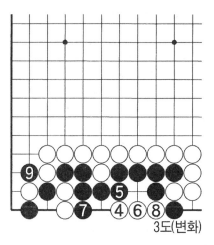

3도(변화)

3도(안전)

본도 백4로 치중해도 흑5 이하
흑9까지 안전하다. 수순중 8과 9
의 곳은 맞보기로 생각하면 된다.

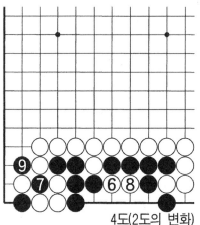

4도(2도의 변화)

4도(무사)

2도 백6으로 본도 백6에 끊는
것은 흑7·9로 무사하다.

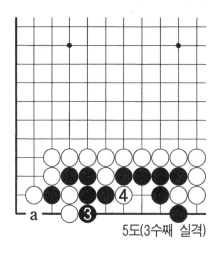

5도(3수째 실격)

5도(흑 죽음)

2도 흑3의 젖힘을 생략한 채, 그
냥 흑3의 단수는 백4로 바로 단수
에 걸려, 흑이 a에 젖힐 타이밍을
얻지 못해 죽음이다.

후절수(잡기)

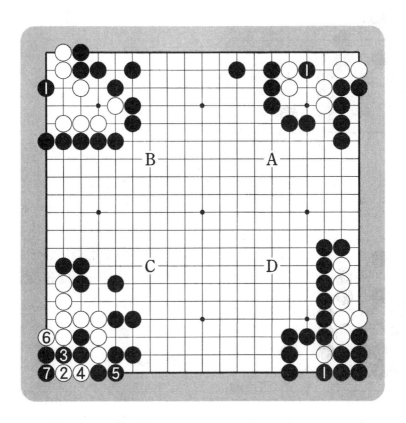

후절수는 '후치중수'와 더불어 '돌밑수'라는 수법의 하나로서 고급 맥의 범주에 속한다. 이 역시 자기 돌을 키워 죽임으로써 자충을 극대화시켜 되잡는 교묘한 기술이다. 그림 A, B는 일반화된 후절수가 있으며, 그림 C는 조금 더 난이도가 높고, 그림 D는 긴 수읽기를 필요로 하는 대단히 난해한 후절수가 숨어 있다.

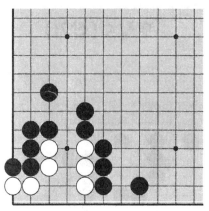

제1형 (흑선)

【제1형】

　본형과 같은 유형을 후절수로 유도하는 맥은 두 군데로, 본형의 1도와 다음 제2형의 1도가 전부다.

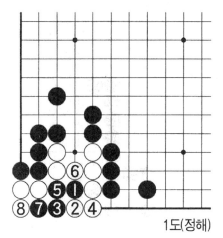

1도(정해)

1도(후절수)

　이 모양에서는 흑1 이하의 수순이 이러한 유형의 두 가지 맥 중 하나다. 백8까지 절대 수순을 밟은 다음 흑9로 5의 곳을 끊는 후절수가 성립한다.

❾…❺

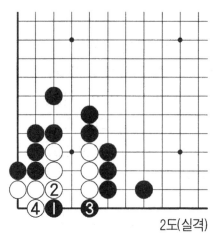

2도(실격)

2도(백 삶)

　흑1의 맥은 이 모양에서는 성립하지 않는다. 백2로 이은 다음 흑3에 넘어야 할 때 백4로 단수하면 두 눈이 만들어진다.

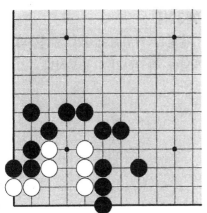

제2형 (흑선)

【제2형】

본형은 제1형과 같은 치중으로
는 실패한다. 지금은 제1형 2도에
서 성립하지 않았던 그 곳이 맥이
된다.

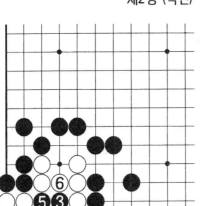

1도(정해)

1도(후절수)

흑1의 치중은 제1형에서 실패했
던 곳이지만, 지금은 이곳이 아니
면 안 된다. 백2로 차단할 수밖에
없을 때 역시 백8까지 외길 수순
을 거친 다음 흑9로 5의 곳을 끊
어 후절수가 성립된다.

❾…**❺**

2도(실격)

2도(백 삶)

흑1의 치중은 제1형의 맥이었지
만, 지금은 백2의 대응으로 그만
이다.

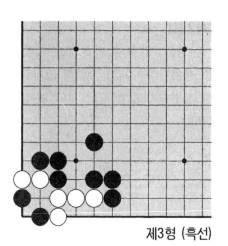

제3형 (흑선)

【제3형】

본형은 작위적이지만 후절수의 개념을 파악하기에 충분하다.

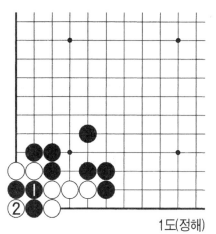

1도(정해)

1도(백 죽음)

흑1로 죽이는 것은 마치 단수도 모르는 초보자 같아 보이지만, 백 2로 돌을 들어낸 후 흑3으로 1의 곳을 끊고 보면 비로소 백의 사활에 문제가 생겼음을 알 수 있다.

❸···❶

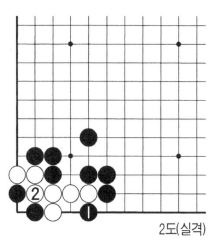

2도(실격)

2도(눌러잡기)

흑1로 눈에 보이는 안형만을 없애려 하면, 백2의 눌러잡기로 그만이다.

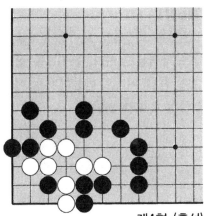

제4형 (흑선)

【제4형】

후절수가 만들어지는 부분을 관찰해 보면 모두 우형을 따낸 모습이라는 것을 알 수 있다.

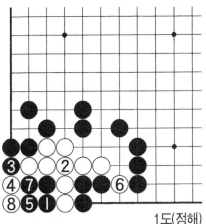

1도(정해)

1도(준비 작업)

흑1의 단수 다음 흑3·5가 후절수를 만드는 준비 작업이다. 계속해서 백6에 잡을 때 흑7로 끊어 백8로 잡혀 주고 나면 −

2도(계속)

2도(후절수)

본도의 모습이 드러난다. 이때 흑1로 끊는 것이 후절수의 열매와 같은 것이다.

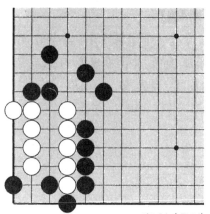

제5형 (흑선)

【제5형】

본형은 고전에도 보이는 문제를 약간 각색한 것이다. 돌 6개를 잡고도 한 눈이 안 만들어지는 이 수법은 음미할 만하다.

1도(정해)

1도(준비 수순)

일단 흑1이 수순이다. 백2를 기다려 흑3으로 파호하고 백4로 치중하여 촉촉수를 유도하면, 이때 후절수의 긴 수순으로 들어간다.

2도(계속)

2도(촉촉수이지만)

본도 흑5 이하 백12까지, 촉촉수에 의한 외길로 진행된 결과는-

⑩⑫…⑥ ⓫…△

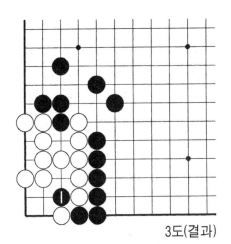

3도(결과)

3도(후절수)

본도와 같아진다. 이때 흑1로 끊어 긴 후절수의 여정이 끝난다.

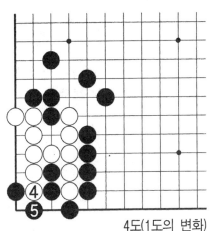

4도(1도의 변화)

4도(연결)

1도 백4로 본도 백4에 단수하는 것도 흑5로 연결하여 그만이다.

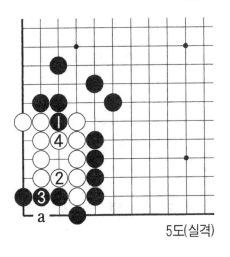

5도(실격)

5도(백 삶)

흑1로부터 들어가는 것은 지금까지의 수순이 누락되어, 백4까지 알뜰하게 살게 된다. 수순중 흑3으로 4의 곳에 파호하면, 백은 a로 치중하여 촉촉수가 있다.

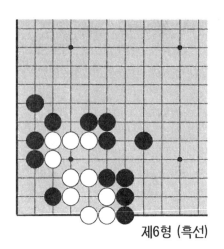

제6형 (흑선)

【제6형】

본형에 후절수의 변화가 숨어 있다고는 생각하지 않을 것이다. 다만 흑의 첫 수에 백이 패를 피할 경우에 한해서 만들어지는 변화인데, 그 후절수 또한 패가 된다.

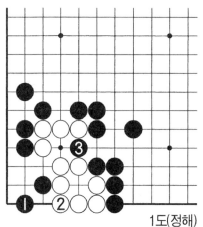

1도(정해)

1도(첫 패를 피할 경우)

흑1에 대해 패를 피하여 백2로 이으면 흑3으로 파호한 후, 후절수로 돌입한다. 계속해서 —

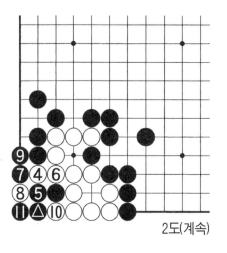

2도(계속)

2도(패)

백4 이하 백14까지 긴 수순을 거쳐 패로 결론지어진다. 수순중 흑13으로 5의 곳을 끊는 후절수가 성립하지만, 이번에는 백도 패로 버티는 수단이 생기므로 끝까지 포기해서는 안 된다.

⑫…⑧ ⑬…❺ ⑭…△

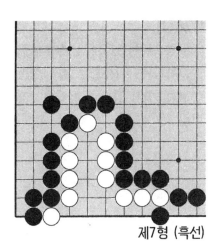

제7형 (흑선)

【제7형】

본형은 현현기경에 대공후세(大箜篌勢)라는 이름으로 실려 있는 문제다. 어떤 급소를 선택하느냐가 포인트인데, 마지막에는 양자충의 수읽기도 필요하다.

1도(양자충)

흑1은 제2형의 급소와 같은 곳이다. 이어 백2로 지켜야 할 때 이하 흑13까지 이번에는 양자충이 기다리고 있다.

1도(정해)

⑨…⑤ ⑪…❶ ⑫…❸

2도(급소 미스)

흑1의 치중은 급소의 선택 미스다. 백2로 받고 나면 더 이상 수단의 여지가 없다.

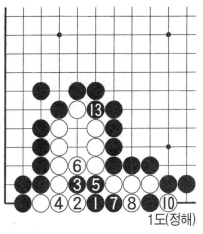

2도(실격)

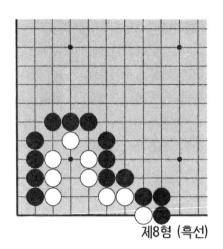

제8형 (흑선)

【제8형】

본형은 현현기경에 소공후세(小
箜篌勢)라는 이름으로 실려 있는
문제다. 역시 급소의 선택이 관건
이다.

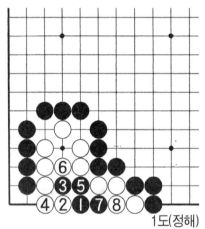

1도(정해)

1도(백 죽음)

흑1의 치중으로 후절수를 유도
하는 것이 수순이다. 이하 백8까
지의 외길 수순을 거쳐 흑9로 5의
곳을 끊으면 후절수가 된다.

❾…❺

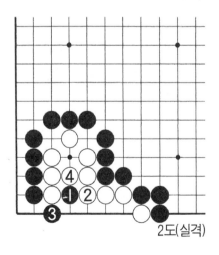

2도(실격)

2도(백 삶)

이 모양에서도 흑1은 급소의 선
택이 잘못되었다. 백4까지 대응하
여 삶에는 지장이 없다.

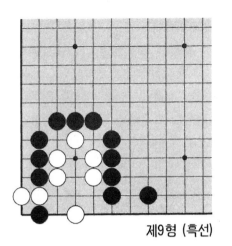

제9형 (흑선)

【제9형】

본형은 현현기경에 신선탈각세(神仙脫殼勢)라는 이름으로 실려 있는 문제에 수순을 하나 추가한 것이다.

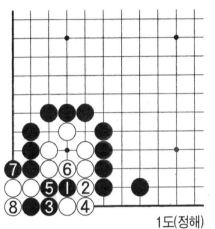

1도(정해)

1도(백 죽음)

흑1로 건너붙인 다음 이하 흑9까지가 후절수의 필연적인 수순이다.

❾…❺

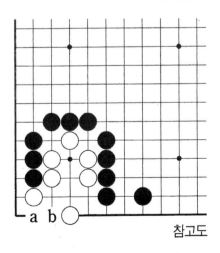

참고도

참고도(원형)

본형의 원형은 이것이다. 따라서 여기서 지금 흑a라면 백은 b로 패를 하는 것이 정수다.

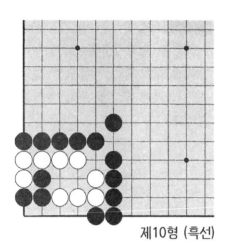

제10형 (흑선)

【제10형】

본형은 현현기경에 전금고주세(典琴沽酒勢)라는 이름으로 실려 있는 문제다. 본형의 변화 속에는 함정도 도사리고 있어 묘수풀이의 가치가 높다.

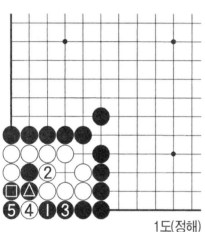

1도(정해)

1도(패)

흑1 이하 백8까지가 쌍방 최선의 응접으로 패가 된다. 만약 백2로-

⑥···④ ❼···❹ ⑧···▣

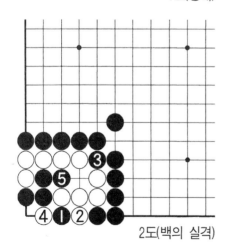

2도(백의 실격)

2도(촉촉수)

본도 백2에 막는 것은 흑5까지 촉촉수가 되므로 백의 실격이다.

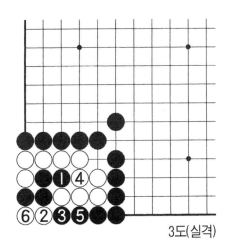

3도(실격)

3도(함정)

흑1은 스스로 함정에 빠진 모양이다. 이하 백6으로 따낼 때 후절수가 있는 것처럼 보이지만-

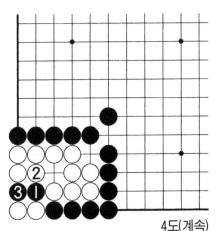

4도(계속)

4도(준비된 응수)

흑1에는 백에게 준비된 응수가 있다. 백2로 한 눈을 만들며 흑3으로 따내게 한 다음-

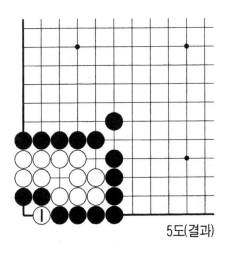

5도(결과)

5도(후절수의 후절수)

다시 백1의 후절수로 수습하는 것이다. 함정 속에 역으로 후절수를 만들었다는 점이 본형의 매력이다.

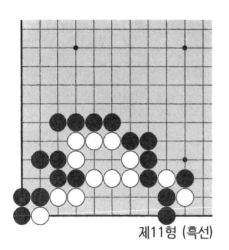

제11형 (흑선)

본형은 현현기경에 반사세(盤蛇勢)라는 이름으로 실려 있는 문제로, 역시 후절수를 유도하는 수순이 포인트다.

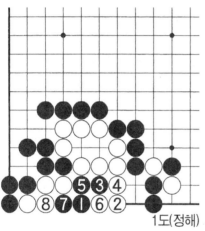

1도(정해)

1도(백 죽음)

흑1·3이 본형의 포인트다. 이하 흑9까지 훌륭하게 후절수가 성립하고 있다.

❾…❺

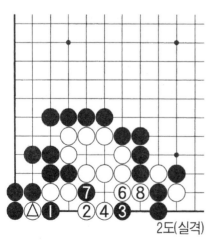

2도(실격)

2도(결함)

흑1·3은 일종의 안형을 탈취하는 수법이지만, 이 경우는 우측 흑에 결함이 있어 백8까지 실패한다.

❺…△

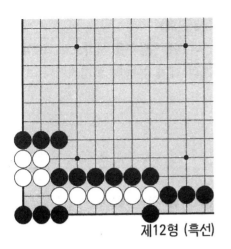

제12형 (흑선)

【제12형】

본형은 현현기경에 십왕주마세(十王走馬勢)라는 이름으로 실려 있는 문제인데, 난이도 높은 후절수가 포함되어 있다.

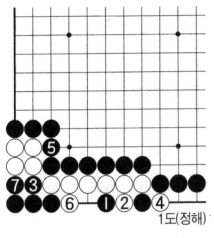

1도(정해)

1도(스타트)

흑1로 치중한 후 흑3에 끊는 것이 중요한 스타트다. 이하 흑7까지 서로 빈틈없는 수순의 연속인데, 흑7 다음-

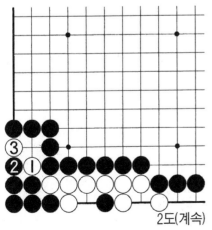

2도(계속)

2도(하일라이트)

백1로 끊을 때 흑2로 키워 죽이는 수법이 본형의 하일라이트다. 계속해서 -

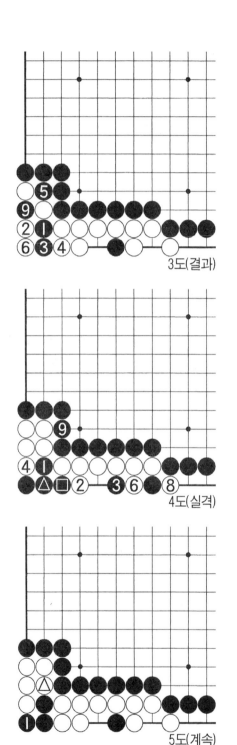

3도(결과)

4도(실격)

5도(계속)

3도(패)

흑1의 후절수를 시작으로 흑9까지의 패가 본형의 마지막이다.

⑦…❶ ⑧…❸

4도(먼저 끊으면)

처음부터 흑1에 먼저 끊는 것은 백2 다음 흑3의 치중으로 선전은 하고 있지만, 이하 백10까지 진행된 후-

⑤…△ ⑦…❶ ⑩…■

5도(후절수)

흑1의 따냄에 백2의 후절수가 있어 흑이 실패한다.

②…△

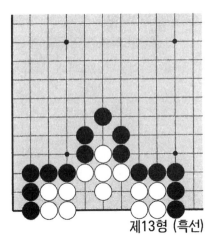

【제13형】

본형은 현현기경에 반복난심세 (反復難尋勢)라는 이름으로 실려 있는 문제로, 환격과 후절수가 혼합된 모양이다.

제13형 (흑선)

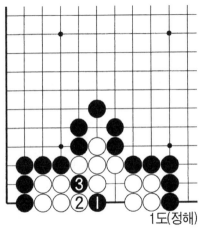

1도(자살수)

흑1의 양쪽 환격을 노리는 수에 대해 백2로 자살하는 수가 백의 대응책이다. 흑3으로 따낸 다음—

1도(정해)

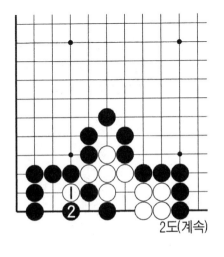

2도(패)

백1로 끊을 때 흑2로 패를 하는 것이 최선이다. 만약 흑2로—

2도(계속)

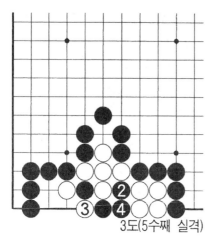

3도(5수째 실격)

3도(환격이지만)

본도 흑2의 환격으로 우측 백 넉 점을 잡는 것은, 흑4로 따낸 다음—

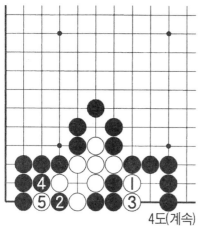

4도(계속)

4도(이단패)

백1 때 흑2로 먹여쳐 백5까지 패가 되는데, 이 패는 이단패이므로 흑이 손해다. 또 흑2 때—

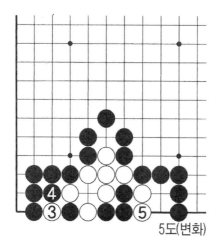

5도(변화)

5도(팻감 관계)

본도 백3으로 먼저 따내는 것은 백5가 후수이므로 흑의 선패가 되어, 백이 팻감 하나를 손해보는 셈이다.

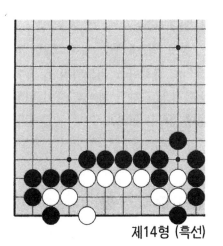

【제14형】

본도는 후절수를 이용한 응접이 볼 만한 문제다.

제14형 (흑선)

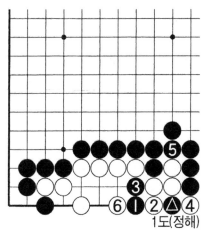

1도(상용의 맥)

흑1의 치중은 상용의 맥으로, 백 2 이하 흑7까지 진행된 후-

❼ … ⚫

1도(정해)

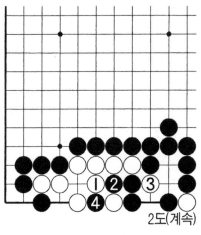

2도(패)

백1로 늦추는 것이 최선으로, 흑 2 때 백3으로 후절수를 이용한 패 가 정해다. 만약 백1로-

2도(계속)

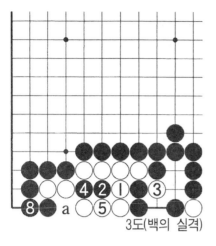

3도(자충)

본도 백1에 두는 것은 흑2면 백 3으로 잡겠다는 의도이지만, 흑이 8까지 공격하면 백이 자충이 되어 a에 둘 수 없으므로 백 죽음이다.

⑥···④ ⑦···②

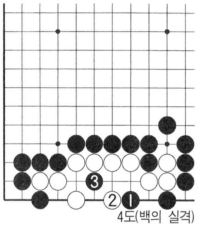

4도(치중)

흑1 때 백2로 수비하는 것은 흑 3의 치중으로 삶이 없다.

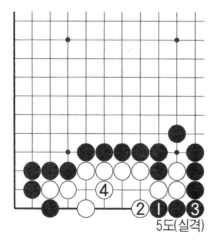

5도(백 삶)

단순히 흑1·3으로 궁도를 좁히 는 것은 백4로 간단히 산다.

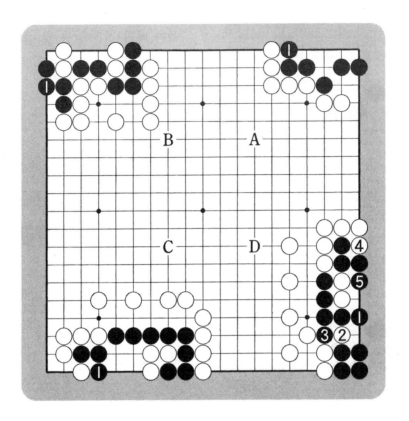

그림 A, B, C, D는 모두 후절수의 맥을 이용해 사는 수법이다. 특히 그림 C는 후절수를 인위적으로 만들어 자체에 두 눈을 만드는 수법이다.

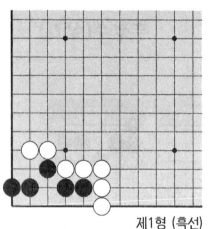

제1형 (흑선)

【제1형】

본형은 현현기경에 철갑세(鐵匣勢)라는 이름으로 실려 있는 문제인데, 아마 어떤 사활집에도 이 문제가 빠진 적은 없는 것 같다. 그만큼 후절수로 사는 대표적인 모양이다.

1도(시작)

흑1로 일단 궁도를 넓히는 것이 후절수의 시작이다. 이하 백8까지 진행된 결과는–

⑥…④ ⑧…②

1도(정해)

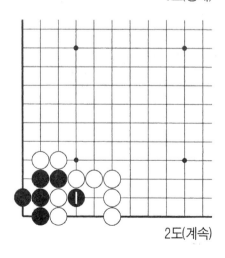

2도(결과)

본도의 모양이 되므로 이때 흑1로 후절수의 긴 수순이 끝난다.

2도(계속)

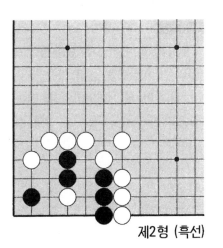

제2형 (흑선)

【제2형】

본형은 현현기경에 문창세(文昌勢)라는 이름으로 실려 있는 문제로, 제1형과 모양은 다르지만 내용은 같은 것이다.

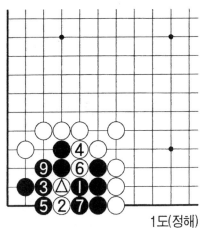

1도(정해)

1도(시작)

흑1 이하 백10까지 진행된 결과를 보면—

⑧···△ ⑩···②

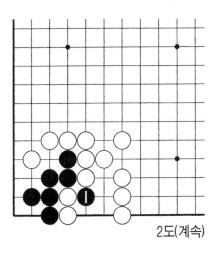

2도(계속)

2도(결과)

본도가 되므로 이때 흑1이면 후절수의 모든 수순이 끝나게 된다.

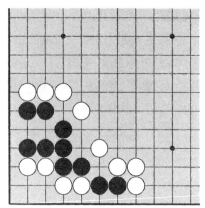

제3형 (흑선)

【제3형】

본형은 현현기경에 등진세(登眞勢)라는 이름으로 실려 있는 문제다. 최선은 패인데, 백이 패 없이 잡으려 할 때는 후절수를 피할 수 없다.

1도(패)

흑1 이하 흑7까지의 수순으로 패가 되는 것이 정해다. 수순중 흑3의 치중이 후절수를 만드는 빌미가 되는데, 만약 백4로—

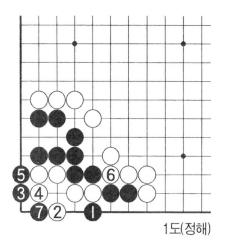

1도(정해)

2도(후절수)

본도 백4에 끊으면 흑5 이하 흑15까지 후절수가 성립하는 것이다.

⑮…△

2도(백의 실격)

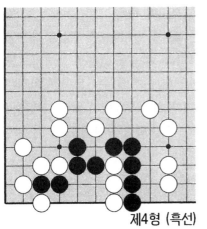

제4형 (흑선)

【제4형】

본형은 현현기경에 기피취차세 (棄彼取此勢)라는 이름으로 실려 있는 문제로, 후절수 그 자체로 산다기 보다는 후절수의 약점을 추궁해 두 눈을 확보하는 모양이다. 본형도 기초 맥사활이다.

1도(키워 죽임)

흑1·3으로 키워 죽이는 것이 포인트다. 이하 흑7로 따낸 결과는-

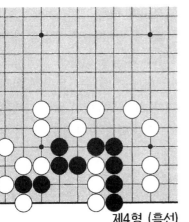

⑥···ⓐ

1도(정해)

2도(후절수를 추궁함)

본도가 되는데, 흑은 a의 후절수를 추궁해 b로 두 눈을 만드는 데 성공하는 것이다.

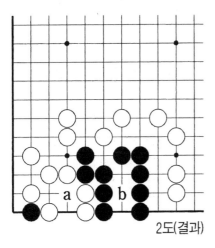

2도(결과)

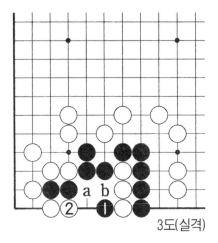

3도(실격)

3도(흑 죽음)

흑1의 단수는 백이 a로 잡으면 흑b의 따냄을 선수로 하여 두 눈만 내고 살겠다는 뜻이나, 이것은 흑의 요망사항이다. 백은 가볍게 2의 곳을 단수하여 잡으러 갈 것이다.

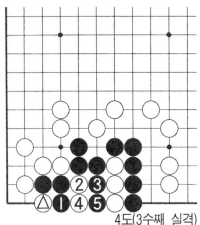

4도(3수째 실격)

4도(수순 누락)

만일 1도의 백2 때 ⊿를 잡는 수순을 누락하여, 본도 흑3에 바로 단수하는 것은 흑5까지 따낸 다음 -

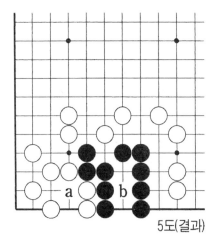

5도(결과)

5도(차이점)

이와 같은 모양이 만들어지는데, 이번에는 a의 후절수를 추궁하는 수단이 성립하지 않는다. 따라서 백이 b로 치중하면 흑은 그대로 사망이다. 이것이 본도와 2도와의 돌 하나의 차이점이다.

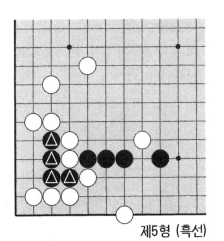

제5형 (흑선)

【제5형】

본형은 현현기경의 천금부박세(千金不博勢)다. 전체 사활이라기보다는 흑▲를 살리는 부분 사활에 해당하지만, 제4형의 후절수와 같은 모양이 중앙에 나타나므로 참고로 실어 보았다.

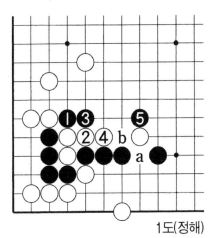

1도(정해)

1도(포위의 맥)

흑1 · 3을 거쳐 흑5는 포위의 맥이다. 이때 백b는 흑a가 아래쪽 백에 대해 듣고 있으므로—

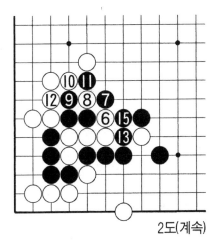

2도(계속)

2도(필연)

본도 백6으로 탈출해야 할 때, 이하 흑15까지 필연적인 진행이 되는데, 이 결과는—

⑭ · · · ⑧

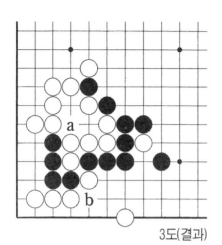

3도(결과)

3도(맞보기)

a의 후절수와 b의 절단이 맞보기가 된다. 즉-

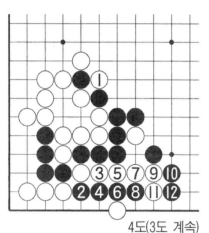

4도(3도 계속)

4도(빈축)

백1이 불가피할 때 흑2로 끊어 이하 흑12까지 빈축이 성립하는 것이다.

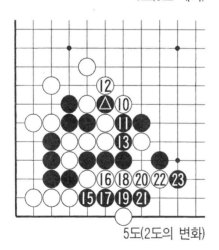

5도(2도의 변화)

5도(마찬가지)

2도 백10으로 본도 백10과 같이 탈출 방법을 달리 하는 것은, 흑11·13을 거쳐 흑23까지 역시 4도와 같은 빈축이다.

⑭···❹

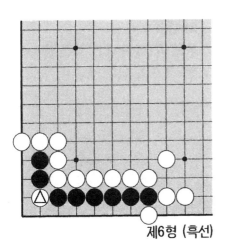
제6형 (흑선)

【제6형】

본형은 현현기경에 팔왕주마세 (八王走馬勢)라는 이름으로 실려 있는 문제로, 긴 수읽기의 후절수가 볼 만하다.

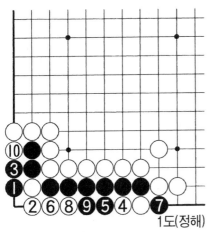
1도(정해)

1도(필연)

흑1·3이 일단 중요한 수순이다. 이하 백10까지는 필연의 진행이다. 계속해서 –

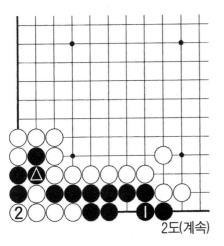
2도(계속)

2도(후절수)

본도 흑1로 한 눈을 먼저 마련하는 것이 이 사활의 포인트다. 백2에는 흑3의 후절수가 있다. 여기서 만약 흑1로 –

❸ … ▲

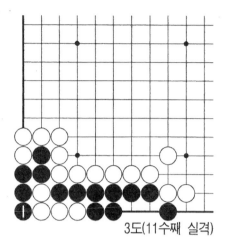

3도(함정)

본도 흑1에 따내는 것은 함정에 빠진 것이다. 이후 백은 -

3도(11수째 실격)

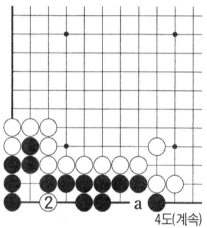

4도(맞보기)

본도 백2로 환격을 노려, a와 맞보기로 흑을 잡게 되는 것이다.

4도(계속)

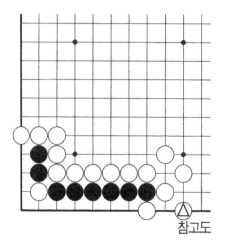

참고도(흑 죽음)

참고로 본도와 같이 ⓐ처럼 백돌이 있다면 이 흑은 살지 못한다. 1도~4도를 참고하면서 직접 생각해 보기 바란다.

참고도

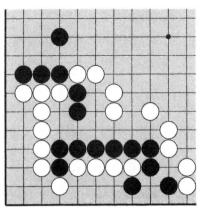

제7형 (흑선)

【제7형】

본형은 현현기경에 금선퇴각세 (金蟬退殼勢)라는 이름으로 실려 있는 문제다. 결론은 패지만 귀 끝 에 특별한 모양의 후절수가 생긴 다.

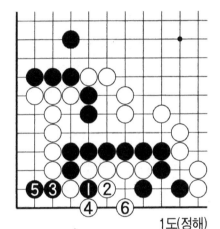

1도(정해)

1도(필연)

흑1 이하 흑5까지는 필연의 수 순이다. 백6부터 본형의 후절수가 시작되는데 –

2도(한 번 따냄)

흑7부터 흑17까지 역시 쌍방 필 연이다. 백18로 단수할 때 흑19로 한 번 따내는 것이 본형의 하이라 이트다. 계속해서 –

2도(계속)

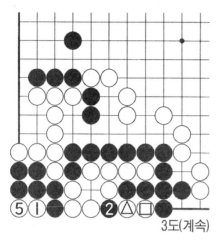

3도(계속)

3도(외길)

백1의 단수부터 백5의 따냄까지도 외길 수순이다. 그 결과는-

③…△ ❹…□

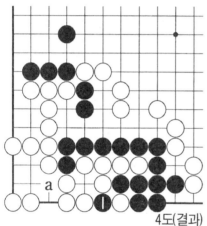

4도(결과)

4도(패)

본도와 같은 모양이므로, 흑1 때 a의 후절수가 있어 백5점을 이을 수가 없는 것이다. 따라서 패가 정답이다.

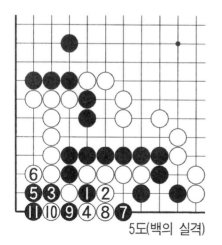

5도(백의 실격)

5도(백 불리한 패)

흑1에서 흑5까지 되었을 때, 본도처럼 백6으로 막아 이하 흑11까지 패를 하는 것은 백이 불리하다. 패에 지면 좌측 백이 죽는 수가 있기 때문이다.

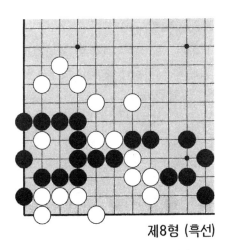

【제8형】

본형은 현현기경의 임위견기세 (臨危見機勢)로, 후절수의 수읽기로는 아마 가장 난해한 모양일 것이다.

제8형 (흑선)

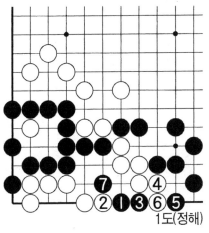

1도(흑5 묘수)

흑1의 치중부터 흑7까지가 본형의 후절수를 결정짓는 필연적인 코스다. 특히 흑5의 마늘모는 묘수와도 같다. 흑7 다음-

1도(정해)

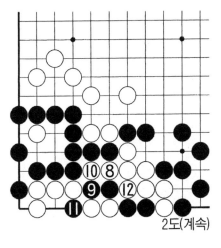

2도(필연)

백8 이하 백12의 단수까지도 필연의 진행이며, 계속해서-

2도(계속)

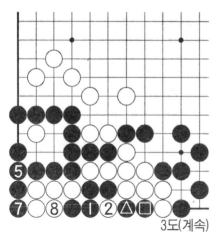

3도(계속)

3도(본론)

본도 흑1에 이으면서 후절수의 본론이 시작된다. 이하 백8까지 따낸 후의 결과는—

❸…△ ④…▣ ⑥…②

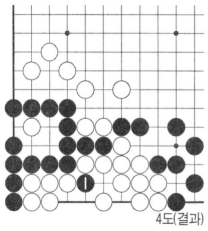

4도(결과)

4도(후절수)

본도와 같게 되므로, 이때 비로소 흑1의 후절수가 등장하게 되는 것이다.

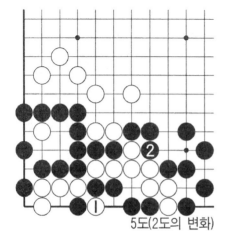

5도(2도의 변화)

5도(양자충)

2도 백12로 본도와 같이 흑1로 먹여치는 것은 흑2로 뒤에서 공배를 메워 양자충이다.

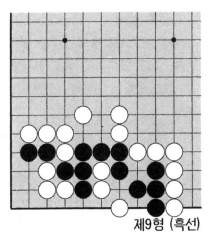

제9형 (흑선)

【제9형】

본형은 후절수로 잡으려는 것을 후절수로 반격하여 사는 모양이다. 그러나 내용은 종합 22-제10형의 4, 5도와 같은 것이다.

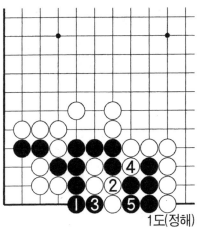

1도(정해)

1도(공격)

흑1은 절대다. 이때 백2·4가 후절수를 노리는 공격인데, 흑은 일단 죽음의 궁도를 피해 흑3·5로 대응한다. 계속해서 −

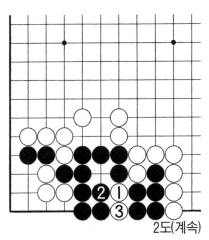

2도(계속)

2도(반격)

백1이 후절수를 이용한 공격인데, 이때 흑은 2로 반격하여 백3에 따내게 한 후 −

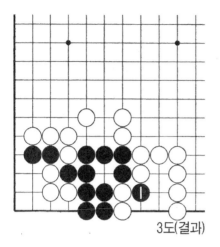

3도(결과)

3도(흑 삶)

다시 본도 흑1에 후절수를 구사하여 삶이 있다. 이 변화가 종합 22-제10형의 4, 5도에 있었던 것이다.

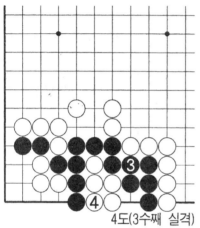

4도(3수째 실격)

4도(5궁도화)

1도 흑3으로 본도 흑3에 잇는 것은 백4로 5궁도화가 되며—

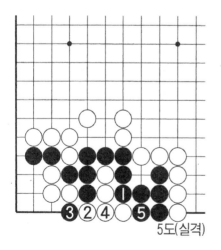

5도(실격)

5도(흑 죽음)

처음부터 흑1로 단수하면 백2로 둔 다음 흑3을 기다려 백4에 잇는다. 계속해서 흑5로 따내면 백6에 치중당하여 삶이 없다,

⑥…④

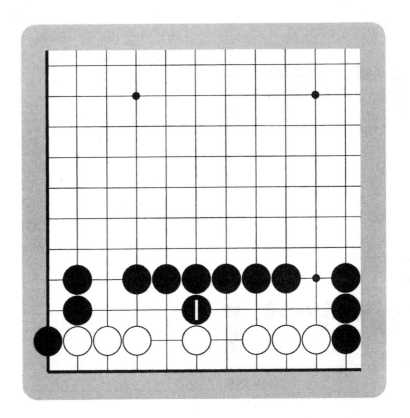

흑1로 치받는 것도 맥점의 일종이며, 일명 '찜기'라고
한다. 이 찜기가 사활에서 어떻게 작용하는지 살펴보도
록 한다.

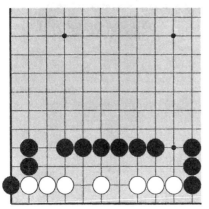

제1형 (흑선)

【제1형】

본형의 백의 길이는 9칸으로 6사8활의 격언에 따르면 살아 있는 것이지만, 가운데 결함이 있어 아직은 미생이다. 이 결함을 추궁하는 맥은 일명 찝기이다.

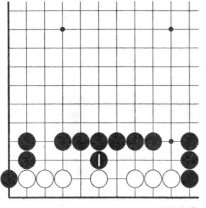

1도(정해)

1도(백 죽음)

흑1의 찝기는 두 군데 결함 중 한 곳을 끼워 이을 수 있기 때문에 백은 어떻게 해도 삶의 공간을 만들 수 없다.

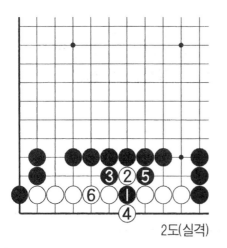

2도(실격)

2도(패)

흑1의 끼움은 조급한 수로 백은 6의 패로 버틸 수 있다.

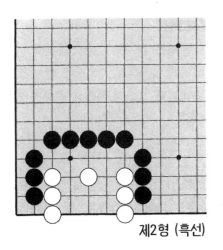

제2형 (흑선)

【제2형】

본형은 일명 좌우동형이다. 그러나 중앙에는 둘 곳이 3곳이나 있어 읽기가 필요하다.

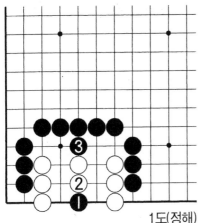

1도(정해)

1도(열쇠)

흑1의 치중에 이은 흑3의 찝기가 이 모양의 죽음을 확인하는 열쇠다.

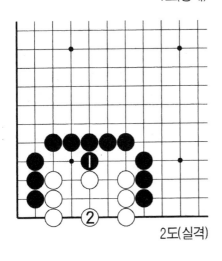

2도(실격)

2도(패)

단순히 흑1의 찝기는 백2의 수비가 좋아 그냥 잡는 수는 없다. 잘해야 패가 나는 것이다.

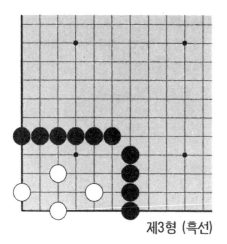

제3형 (흑선)

【제3형】

본형은 둘 곳이 많아 대단히 난해하게 보이지만, 찝기의 맥이 익숙해지면 그다지 어려운 풀이는 아니다.

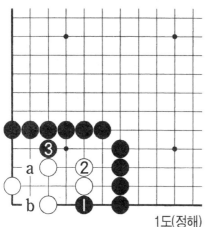

1도(정해)

1도(백 죽음)

흑1에 이은 흑3의 찝기가 본형의 포인트다. 다음 백a면 흑b의 치중으로 해결한다.

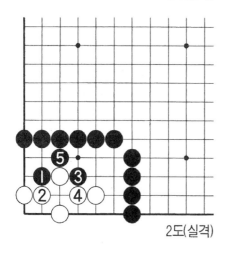

2도(실격)

2도(패)

패를 만드는 방법은 본도 흑5까지의 수순으로도 간단히 성립한다. 그러나 잡을 수 있는 모양이었으므로 실격이다.

바둑 新 사전 시리즈
이제 한국 바둑을 수출한다!

"한국형 바둑 사전 시리즈"
바둑의 브리태니커 백과사전

명국 新 사전	정석 新 사전	종합사활 新 사전	공통사활 新 사전	행마 新 사전	포석 新 사전

서능욱 9단 해설	서능욱 9단 해설	양재호 9단 해설	양재호 9단 해설	서능욱 9단 해설	서능욱 9단 해설
504P | 15,000원	512P | 18,000원	504P | 18,000원	504P | 18,000원	520P | 18,000원	512P | 18,000원

전술 新 사전	함정수 新 사전	실전맥 新 사전	접바둑 新 사전	끝내기 新 사전	신수신형 新 사전

양재호 9단 해설	서능욱 9단 해설	양재호 9단 해설	양재호 9단 해설	양재호 9단 해설	양재호 9단 해설
512P | 15,000원	512P | 15,000원	512P | 15,000원	512P | 15,000원	504P | 15,000원	504P | 15,000원

한국 땅에서 배출된 최고의 기사!

여의봉을 휘두르며 종횡무진 반상을 누비는 손오공 서능욱 9단
수읽기의 한계에 도전하며 바둑 노벨상을 꿈꾸는 실험실의 연구벌레 양재호 9단
두 정예기사가 세계최강 한국 바둑의 특징과 강점을 분석·집대성한다!

www.cyber.co.kr | TEL 031-950-6300 | FAX 031-955-0510 | BM (주)도서출판 성안당

Foreign Copyright:
Joonwon Lee
Address: 3F, 127, Yanghwa-ro, Mapo-gu, Seoul, Republic of Korea
            3rd Floor
Telephone: 82-2-3142-4151, 82-10-4624-6629
E-mail: jwlee@cyber.co.kr

바둑 新 사전 시리즈 ❸
종합사활 新 사전

2000. 12. 8. 초 판 1쇄 발행
2009. 9. 18. 초 판 3쇄 발행
2011. 6. 24. 초 판 4쇄 발행
2014. 10. 27. 장정개정 1판 1쇄 발행
2016. 2. 24. 장정개정 1판 2쇄 발행
2019. 3. 15. 장정개정 1판 3쇄 발행
2022. 5. 26. 장정개정 1판 4쇄 발행

저작권
본사
소유

지은이 | 양재호 九단
펴낸이 | 이종춘
펴낸곳 | **BM** ㈜도서출판 **성안당**

주소 | 04032 서울시 마포구 양화로 127 첨단빌딩 3층(출판기획 R&D 센터)
        | 10881 경기도 파주시 문발로 112 파주 출판 문화도시(제작 및 물류)
전화 | 02) 3142-0036
        | 031) 950-6300
팩스 | 031) 955-0510
등록 | 1973. 2. 1. 제406-2005-000046호
출판사 홈페이지 | **www.cyber.co.kr**
ISBN | 978-89-315-8785-2 (13690)
        | 978-89-315-7765-5 (세트)
정가 | **18,000원**

이 책을 만든 사람들
책임 | 최옥현
진행 | 정지현
표지 | 상:想 company
홍보 | 김계향, 이보람, 유미나, 서세원, 이준영
국제부 | 이선민, 조혜란, 권수경
마케팅 | 구본철, 차정욱, 오영일, 나진호, 강호묵
마케팅 지원 | 장상범, 박지연
제작 | 김유석

www.**cyber**.co.kr ★★★
성안당 Web 사이트

■ **도서 A/S 안내**

성안당에서 발행하는 모든 도서는 저자와 출판사, 그리고 독자가 함께 만들어 나갑니다.
좋은 책을 펴내기 위해 많은 노력을 기울이고 있습니다. 혹시라도 내용상의 오류나 오탈자 등이
발견되면 **"좋은 책은 나라의 보배"**로서 우리 모두가 함께 만들어 간다는 마음으로 연락주시기
바랍니다. 수정 보완하여 더 나은 책이 되도록 최선을 다하겠습니다.
성안당은 늘 독자 여러분들의 소중한 의견을 기다리고 있습니다. 좋은 의견을 보내주시는 분께는
성안당 쇼핑몰의 포인트(3,000포인트)를 적립해 드립니다.
잘못 만들어진 책이나 부록 등이 파손된 경우에는 교환해 드립니다.